Alter und Gesellschaft

Herausgegeben von
Peter Borscheid

Mit Beiträgen von
Peter Borscheid, Nils-Arvid Bringéus, Dietrich von
Engelhardt, Wolfgang Glatzer, Richard Hauser,
Gustav Heinz, Klaus-Dirk Henke, Jürgen Howe,
Jürgen Hübner, Arthur E. Imhof, Walter Kannengießer,
Andreas Kruse, Meinhard Miegel, Thomas Rentsch,
Leopold Rosenmayr, Eduard Tack
Mit einem Geleitwort von Hansgeorg Gareis

Marburger Forum Philippinum

S. Hirzel · Wissenschaftliche Verlagsgesellschaft Stuttgart 1995

Auf dem Marburger Forum Philippinum werden aktuelle Probleme der Zeit und wichtige Fragen der Gesellschaft erörtert. Dazu treffen sich international kompetente Wissenschaftler und Praktiker aus Wirtschaft, Hochschule und öffentlichem Leben zu einem interdisziplinären Gespräch, dessen Vorträge – wie in dem hier vorliegenden Band – veröffentlicht werden.

Die Fora Philippina werden vom Marburger Universitätsbund e.V. ausgerichtet und finden seit 1959 – zuletzt in fast jährlicher Folge – statt. Sie gehen auf die Initiative Karl Winnackers zurück, der früher auch Vorsitzender dieser Fördervereinigung war.

Die Deutsche Bibliothek — CIP-Einheitsaufnahme

Alter und Gesellschaft / Marburger Forum Philippinum.
Hrsg. von Peter Borscheid. Mit Beitr. von Peter Borscheid ...
Mit einem Geleitw. von Hansgeorg Gareis. — Stuttgart : Hirzel ;
Stuttgart : Wiss. Verl.-Ges., 1995
  (Edition Universitas)
  ISBN 3-8047-1419-6
NE: Borscheid, Peter [Hrsg.]; Marburger Forum Philippinum <25, 1993>

© 1995 Wissenschaftliche Verlagsgesellschaft mbH, Birkenwaldstraße 44, 70191 Stuttgart
Printed in the Federal Republic of Germany
Satz: Typomedia Satztechnik GmbH, Ostfildern
Druck: Druckerei Hofmann, Schorndorf
Umschlaggestaltung: Atelier Schäfer, Esslingen

Inhalt

Hansgeorg Gareis
Vorsitzender des Marburger Universitätsbundes

Zum Geleit

Alter und Gesellschaft – ein Titel, der den einen oder anderen vielleicht zuerst stutzen läßt. Beim zweiten Hinsehen jedoch offenbart sich eine notwendige Verbindung, die eine Auseinandersetzung fordert.

Statistisch sind wir eine alternde, eigentlich eine überalterte Gesellschaft. Eine solche Tatsache hat Konsequenzen. Immer mehr Alte müssen von immer weniger Jungen ernährt werden. Werden sie bereit sein, einen guten Teil ihres Einkommens dafür bereitzustellen? Oder kommt es darüber zu einer grundsätzlichen Unzufriedenheit? Und wie wird der alte Mensch mit der Tatsache fertig, daß er den Jungen „auf der Tasche liegt"?

Wie wird der alternde Mensch mit dem Alter fertig? Wenn der Ruhestand beginnt, steht er meistens von einem Tag auf den anderen vor der Frage, was tue ich mit meinem Tag? Dabei weiß er, daß er bereits 80 oder 90 Prozent seiner Tage schon gelebt hat.

Die Medizin kann durch ihr größeres Wissen das menschliche Leben noch weiter verlängern. Bedenken diejenigen, die diese Wissenschaft praktizieren, ob dieses verlängerte Leben in Wirklichkeit auch lebenswert ist? Wird der Mediziner sein eigener Gefangener, wenn er fast jedes Leben erhalten kann und damit auch erhalten muß?

Auch dieses Forum Philippinum will versuchen, im Austausch von Gedanken und Meinungen Fragen zu präzisieren und vielleicht auch einige wenige zu beantworten. Wieviele das sein werden, wird sich erst am Schluß der Tagung herausstellen.

Dem Marburger Universitätsbund ist es ein Anliegen, daß in den Fora Philippina Fragen oder auch Problemkreise aufgegriffen werden, die über einzelne wissenschaftliche Disziplinen hinausgehen. Sie sollen im interdisziplinären Dialog erörtert werden. Der Versuch soll unternommen werden, sie auf diese Weise einer Lösung nahezubringen oder gar Antworten zu finden. Die meisten großen Fragen sind so komplex geworden, daß Antworten nur durch den gemeinsamen Versuch gefunden werden können. Nicht nur mit Fachkollegen im eigenen Elfenbeinturm soll gesprochen werden. Die Diskussion soll weit draußen, ungeschützt vom eigenen Fachwissen, stattfinden. Ich wünsche uns, daß dies auch diesmal wieder gelingen möge.

Peter Borscheid

Alter und Gesellschaft

Einführung in die Thematik

Wir durchleben zur Zeit eine demographische Revolution, die ihren Höhepunkt im Jahr 2030 erreichen wird. Etwa 35 Prozent aller Deutschen werden dann über 60 Jahre alt sein. Gleichzeitig wird sich der Anteil der Hochbetagten nahezu verdoppelt haben. Die traditionelle, spitz auslaufende Bevölkerungspyramide wird dann zwar nicht auf dem Kopf stehen, aber doch sehr kopflastig sein. Damit einher geht eine deutlich höhere durchschnittliche Lebenserwartung der Frauen, so daß man zu Recht von einer Feminisierung des Alters spricht. Auch diese Entwicklung ist in der Geschichte in diesem Ausmaße ohne Beispiel.

Wir wissen alle um die Schlagzeilen, die sich auf diese Phänomene beziehen: Die Gesellschaft entdeckt ihre grauen Schläfen, heißt es in Anspielung auf die zahlreichen Probleme, die mit diesem demographischen Wandel verbunden sind. Von der Überalterung der Gesellschaft ist die Rede, weil die rentenverzehrende Last des anschwellenden Kopfes den schrumpfenden Fuß der Bevölkerungspyramide zu zerquetschen droht. Wer wird die Renten bezahlen? Wer soll die alten Menschen pflegen, mit denen der Tod heute in der Regel nicht mehr „kurzen Prozeß macht", wie dies noch bis weit in das vergangene Jahrhundert hinein die Regel war, deren

Leben vielmehr im Vergleich zu gestern ganz langsam, über Jahre und Jahrzehnte hinweg verlöscht?

Auf der anderen Seite häufen sich gleichzeitig die Schlagzeilen über körperliche und geistige Glanzleistungen älterer Menschen, die sich wie selbstverständlich unter die Marathonläufer reihen oder an

Prof. Dr. **Peter Borscheid**, geb. 1943 in Trier. Studium der Geschichte, Volkswirtschaftslehre, Politischen Wissenschaften und Mathematik in Clausthal und Heidelberg. 1974 Promotion an der Universität Heidelberg, 1978 Habilitation im Fach Sozial- und Wirtschaftsgeschichte an der Westfälischen Wilhelms-Universität in Münster. Seit 1983 Universitätsprofessor an der Universität Münster, seit 1989 an der Philipps-Universität Marburg. Neuere Buchveröffentlichungen: Geschichte des Alters. Vom Spätmittelalter zum 18. Jahrhundert (1989); Mit Sicherheit leben. Die Geschichte der deutschen Lebensversicherungswirtschaft, 2 Bde. (1989/93); 100 Jahre Allianz 1890–1990 (1990); Bilderwelt des Alltags. Werbung in der Kultur des 19. und 20. Jahrhunderts (1995) (zus. mit C. Wischermann).

Prof. Dr. Peter Borscheid, Philipps-Universität Marburg, Fachbereich 06, Fachgebiet Sozial- und Wirtschaftsgeschichte, Wilhelm-Röpke-Straße 6C, 35032 Marburg

den Universitäten Diplome erringen. Und als fast schon ganz selbstverständlich nehmen wir hin, daß die sogenannten Ruheständler zum Teil von extremer Mobilität sind, wenigstens während der ersten Phase des Dritten Alters. Wir erkennen dabei, daß in der Gruppe der Älteren eine breite Palette an Lebensstilen und Lebenszielen existiert.

Das Alter – und das wollen alle diese Schlagzeilen sagen – wirft Probleme auf, weil der demographische Wandel zu den einschneidendsten Prozessen zählt, denen heute alle Industrienationen unterworfen sind. Diese „graue Revolution" wird die Dynamik der Wirtschaft verändern und auch die Palette des Konsums. Sie wird nicht ohne Auswirkungen bleiben auf die politischen Machtverhältnisse und auch nicht auf die Infrastruktur. Sie wird die Einwanderungspolitik tangieren und der Gesundheitspolitik weitere Probleme bescheren. Sie wird in die Wohnmärkte eingreifen und unsere Kultur des Zusammenlebens auf eine Probe stellen. Sie wird einschneidende Verschiebungen in der Struktur des Lebenslaufs nach sich ziehen und die Arbeitsteilung zwischen den Generationen neu festlegen. Sie wird letztendlich dem jugendlich-glatten Image der Werbung einige Runzeln und Falten verpassen, weil die älteren Menschen in ihrer Rolle als Konsumenten einen der wenigen Wachstumsmärkte eröffnen.

Die Wissenschaft hat diese Probleme bereits seit Jahren und Jahrzehnten aufgegriffen und das Alter zu einem der ganz großen fächerübergreifenden Themen gemacht. Dies gilt nicht nur für die Medizin mit der Geriatrie und nicht nur für die Alternsforschung, also die Gerontologie. Es gibt heute kaum ein anderes wissenschaftliches Gebiet, das von so vielen Seiten aus zugänglich ist und so viele Facetten unseres Lebens berührt wie das Alter und das Altern. Man denke an die körper-

lichen und psychischen, an die sozio-ökonomischen und sozial-politischen und nicht zuletzt an die kulturellen Aspekte. Aus diesem Grund ist dieser ganze Themenkomplex für das Forum Philippinum in höchstem Grade prädestiniert, weil dieses Forum immer die Veranstaltung an der Philipps-Universität Marburg gewesen ist, die sich über alle Fachgrenzen hinweg an die gesamte Universität gewandt hat.

Zu diesem interdisziplinären Zugang möchte das diesjährige Forum Philippinum ein Fenster öffnen – wenigstens einen Spalt breit. Natürlich lassen sich an zwei Tagen nur einige wenige Forschungsschwerpunkte zur Sprache bringen, wobei auf manchen Zugang notgedrungen verzichtet werden muß; ich nenne nur die Geriatrie. Im Unterschied zu manchen anderen Tagungen über Alter und Altern stehen hier zunächst einmal kulturelle Aspekte im Vordergrund. Unser heutiges Kulturniveau wird sich auch daran messen lassen müssen, wie wir mit unseren alten Mitmenschen umgehen. Wenn wir aber zu einer neuen Kultur des Zusammenlebens finden wollen und müssen, dann sind auch die Philosophen gefragt, daneben die Historiker und Ethnologen. Der Vergleich mit anderen Kulturen und Epochen wirkt in jedem Fall sehr erhellend.

Unsere Gesellschaft bewertet die älteren Mitmenschen immer noch vorrangig unter der Verlustperspektive. Sie starrt auf die schwindenden körperlichen Kräfte und sieht die Älteren nahezu ausschließlich in der Rolle der Passiven, der zu Betreuenden, der Rente und Pflege Empfangenden. Einzig und allein die Kostenseite findet Beachtung. Gleichzeitig verrät die Umgangssprache viel von unterschwellig vorhandenen Ängsten. Es ist von Vergreisung die Rede, von Altenlast und Rentenberg, und wenn von Innovationsfähigkeit gesprochen wird, geht der Blick ganz automatisch in Richtung Jugend. Wenn auch die psychologische Gerontologie mit viel Energie gegen dieses Defizit-Modell des Alterns angeht und dabei auch mit einigem Erfolg Wortkosmetik betreibt, so bleibt dennoch eine ganze Menge zu tun. In der Wirtschaft dienen die älteren Arbeitnehmer noch immer vorrangig als betriebliche Dispositionsmasse, während ihre Produktivitätsenergie kaum Beachtung findet. Gegenüber diesem „Belastungsdiskurs" wird im zweiten Teil des Forum, in dem es um gerontologische Fragen geht, vor allem das „Alterskapital" thematisiert. Letztendlich geht es um ethische Fragen, die sich aufgrund der Verlängerung des Lebens und Sterbens und des Einsatzes einer kostspieligen Hightech-Medizin vermehrt auftun.

Im dritten Teil des Forum kommen schließlich die Formen des modernen Sozialstaates in einer alternden Gesellschaft zur Sprache. Die zähe und zum Teil unwürdige Diskussion um die Einführung der Pflegeversicherung hat einen ersten Vorgeschmack von den vielfältigen Problemen geliefert, die auf die Politiker zukommen werden. Dabei steht ganz außer Frage, daß unser System der sozialen Sicherung an einer Modernisierung nicht vorbeikommt. Wie diese Modernisierung jedoch zu gestalten ist, steht noch nicht fest, weil es sich hierbei um ein äußerst hochgradig komplexes System handelt,

das durch eine einzige falsche Entscheidung leicht aus der Balance geraten kann. Angesichts der vielen Variablen, die es zu berücksichtigen gilt, darf es keine „Unstimmigkeitslücke" geben. Dabei muß eine solche neue Sozialpolitik so gestaltet sein, daß ihr nicht nur die Rolle eines Kostgängers zufällt, sondern sie muß auch die Aufgabe einer Zukunftsinvestition übernehmen. Die Frage ist: Hat eine alternde Gesellschaft eine Zukunft? Wie sichert sie angesichts eines härter werdenden wirtschaftlichen Wettbewerbs auf den internationalen Märkten diese Zukunft ab und damit die Zukunft der nachfolgenden Generationen? Es existieren dabei keine einfachen Lösungen, weil nicht nur die „Altersschere" historisch ohne jedes Beispiel ist, sondern gleichzeitig auch der heutige Ruhestand als eine für alle gültige und sich stetig verlängernde Lebensphase. Es gibt nicht wenige, die angesichts dieser Konstellation vermuten, daß die „demographische Zeitenwende" (H. Birg) eine „demographische Zeitbombe" (M. Biallo) parat hält. Es bleibt zu fragen, wie in der modernen „Erlebnisgesellschaft" die „späte Freiheit" bewahrt oder sogar ausgebaut werden kann, ohne die Wettbewerbsfähigkeit unseres Landes einzubüßen. Wie ein solcher Weg auszusehen hat, dazu könnte dieses Symposion vielleicht einige Lösungsvorschläge bereitstellen.

Dietrich von Engelhardt

Altern zwischen Natur und Kultur

Kulturgeschichte des Alters

Altern ist Natur und Kultur; das gilt auch für das Kranksein und Sterben. Die Geschichte des Alters, wie sie im folgenden Beitrag referiert wird, macht durchgängig auf diese komplexen Zusammenhänge aufmerksam und bietet damit wesentliche Anregungen für Gegenwart und Zukunft.

Aus dem ausgehenden 15. Jahrhundert stammen von dem Renaissancephilosophen Marsilio Ficino diätetische Empfehlungen für Gelehrte: nicht zuviel Speise und Trank, Zurückhaltung in der Sexualität, keine Arbeit während der Nacht, Verzicht auf Schlaf am Tage, vor allem Erfrischungen der inneren wie äußeren Sinne: Ausflüge mit dem Wagen oder zu Pferde, auch Schiffsfahrten, edle Düfte, wohlklingende Musik, rote und grüne Farben, glitzerndes Wasser, Umgang mit sympathischen Menschen, anregende Gespräche.[1]

Ficino erinnert mit seinen Empfehlungen zu Beginn der Neuzeit im Geist der Renaissance an die kosmologische Humoralpathologie sowie anthropologische Diätetik der Antike, die auch das 20. Jahrhundert noch anzuregen vermögen. Schwarze Galle gilt nach dieser Auffassung bei Menschen im mittleren und höheren Alter und vor allem bei Gelehrten als entscheidend, bei alten Menschen soll dagegen der phlegmatische Schleim im Vordergrund stehen.

Prof. Dr. **Dietrich von Engelhardt**, geb. 1941 in Göttingen. Studium der Philosophie, Geschichte und Slavistik, Promotion in Philosophie 1969, 1971 Assistent am Heidelberger Institut für Geschichte der Medizin, Habilitation 1976. Seit 1983 Direktor des Instituts für Medizin- und Wissenschaftsgeschichte der Medizinischen Universität zu Lübeck. Forschungsgebiete: Philosophie der Medizin, Entwicklung der Medizinischen Ethik, Medizin in der Literatur der Neuzeit, Naturwissenschaften und Medizin in Idealismus und Romantik, Umgang des Kranken mit der Krankheit (Coping). Neuere Buchveröffentlichungen u.a.: Mit der Krankheit leben. Grundlagen und Perspektiven der Copingstruktur des Patienten (1986); (Hrsg.) Bibliotherapie. Arbeitsgespräch der Robert Bosch Stiftung (1987); (Hrsg.) Diabetes in Medizin- und Kulturgeschichte: Grundzüge, Texte, Bibliographie (1989); (Hrsg.) Ethik im Alltag der Medizin: Spektrum der medizinischen Disziplinen (1989); Medizin in der Literatur der Neuzeit (1991); (Hrsg. zus. m. F. Hartmann) Klassiker der Medizin, 2 Bde. (1991).

Prof. Dr. Dietrich von Engelhardt, Medizinische Universität zu Lübeck, Institut für Medizin- und Wissenschaftsgeschichte, Königstraße 42, 23 552 Lübeck

In Renaissance und Antike werden Alter und Krankheit stets auf Natur und Kultur bezogen; das Mittelalter geht mit seiner transzendenten Orientierung über Kosmologie und Anthropologie hinaus, hebt diese aber nicht auf. Mit der Säkularisierung der Neuzeit kommt es zur einzelwissenschaftlichen Betrachtung, zur Trennung der Geistes- und Naturwissenschaften, zum Verlust von Kosmologie, Anthropologie und Transzendenz in der Medizin – bei gleichzeitiger Ausdehnung der Naturwissenschaften und ohne Zweifel zahlreichen wohltätigen Fortschritten in Diagnostik und Therapie.

Die Auswirkungen dieser Entwicklung auf das Altern und das Alter des Menschen sind tiefgreifend. Gegenwärtige Betrachtungen werden mit Gewinn die Vergangenheit berücksichtigen.

Antike

Das kosmologische Viererschema der Antike, in einem langen Prozeß der Medizinentwicklung entstanden und vollendet bei dem Mediziner Galen, entwirft mit seinen Elementen, Qualitäten und Säften die Grundstruktur des Makrokosmos und Mikrokosmos, gültig auch für die Gesundheit und Krankheit des Menschen. Diätetik heißt im anthropologischen Verständnis der Antike der Umgang mit den sechs Bereichen („sex res non naturales"): Luft und Licht, Bewegung und Ruhe, Essen und Trinken, Schlafen und Wachen, Ausscheidungen und Affekte. Diätetik in diesem umfassenden Sinn wird neben dem Medikament und dem chirurgischen Eingriff eine herausragende Bedeutung für die Erhaltung der Gesundheit und Überwindung der Krankheit in allen Lebensphasen – auch und besonders im Alter – zugeschrieben.

Alter muß auf das gesamte Leben und seine Gliederung bezogen werden, Alter erhält seinen spezifischen Sinn aus der Nähe zum Tod als dem natürlichen Ende des Lebens. Verschiedene Konzepte zur Gliederung des Lebens werden in der Antike entwickelt, abweichend auch in der Bewertung der einzelnen Phasen. Pythagoras unterscheidet vier, Hippokrates sieben, Aristoteles drei Phasen des menschlichen Lebens, selbst eine Zehngliederung kommt vor.

Von Aristoteles wie auch von Horaz und Terenz wird das Alter negativ beurteilt, während Plato, Cicero und Seneca dieser Lebensphase positive Seiten abgewinnen: Beherrschung der Leidenschaften, Vernunft und Besonnenheit. Cicero fordert zu einer aktiven Reaktion auf das Alter auf: „Widerstand muß man dem Alter entgegensetzen und durch sorgfältige Pflege der Gesundheit die Gebrechen desselben zu verhindern wissen. Kämpfen muß man dagegen wie gegen eine Krankheit." Seneca gibt im Blick auf die Welt der Politik zu bedenken: „Wenn ihr Geschichte lesen oder hören wollt, so werdet ihr finden, daß oft die größten Staaten von Jünglingen erschüttert, aber von Greisen aufrechterhalten und gestützt worden sind." Für Aristoteles gilt der Satz „Krankheit gleich erworbenes Alter, Alter gleich natürliche Krankheit". Der Dichter Terenz setzt seinerseits Alter mit Krankheit gleich („senectus ipsa morbus"). Im „Ödipus auf Kolonos" des Sophokles wird auf Einschränkungen der Jugend wie des Alters hingewiesen: dort herrsche „beschwingte Sorglosigkeit", hier einsame Kraftlosigkeit, bei der die „gesamten Übel der Übel hausen". Lukrez läßt das Altern zunächst den Körper und dann den Geist ergreifen: „Wenn der Leib schon von den mächtigen Schlägen des Alters gebrochen ist und die schwindende Kraft der Gelenke verrostet, erlahmt der Verstand und gehen Zunge und Geist aus den Fugen."

Bereits in der Antike wird der Unterschied des physiologischen und pathologischen Greisenalters erörtert. In der medizinischen Schriftensammlung (Corpus Hippocraticum) und bei Galen finden sich zahlreiche Beobachtungen und Analysen über Leiden und Mißbefindungen im Alter wie ihre Prophylaxe und Therapie; diese Hinweise und Überlegungen stehen immer in Verbindung mit dem erwähnten antiken Viererschema und Konzept der Diätetik. Alter und Alterskrankheiten sind durch die Qualitäten trocken und kalt charakterisiert, Phlegma und Phlegmatik herrschen vor, die typische Tageszeit ist die Nacht, die entsprechende Jahreszeit der Winter. Zu einer spezifischen Schrift über die Krankheiten des alten Menschen ist es in der Antike aber nicht gekommen.

Marasmus (maraínomai = erlöschen) gilt Galen als Vertrocknung in physiologischer und Abkühlung in pathologischer Sicht; plädiert wird von ihm für Alterspflege, für das „gerokomikon" (geras = Alter, komeo = pflegen). Wichtig für die theoretische Pathologie wie medizinische Praxis ist die galenische Dreiteilung: Gesundheit – Neutralität – Krankheit; mit dieser Dreiteilung relativiert sich die der Gegenwart vertraute und konfliktreiche Unterscheidung von Gerontologie und Geriatrie. Die Therapie muß nach Galen in Übereinstimmung mit Pathologie und Ätiologie wärmend und feuchtigend ausfallen. Wärme wird seit der Antike immer wieder für die Leiden des Alters empfohlen – wärmende Tiere, wärmende Menschen, besonders junge Mädchen sollen die Krankheiten und Gebrechen des alten Menschen lindern können. Bekannt ist das Beispiel von David aus der Bibel, dem es im hohen Alter nicht mehr warm wurde. „Da sprachen seine Großen zu ihm: Man suche unserem Herrn, dem König, eine Jungfrau, die vor dem König stehe und ihn umsorge und in seinen Armen schlafe und

unseren Herrn, den König, wärme". Empfehlungen dieser Art werden in der weiteren Entwicklung der Medizin bis weit in die Neuzeit gegeben, so zum Beispiel noch von Christoph Wilhelm Hufeland um 1800.

Medizinische Ethik als Ethik des Arztes, des Kranken und der Gesellschaft spielt für den Umgang mit dem alten Menschen und seinen Krankheiten auch nach antikem Verständnis eine große Rolle. Der platonisch-aristotelische Arzttyp für Freie wie der Arzt als medizinisch gebildeter Laie stellen hohe Anforderungen an den alten Menschen, während der von den Philosophen ebenfalls bedachte Typ des Sklavenarztes, der diktatorisch seine Anordnungen erläßt, ohne diese dem Kranken zu erläutern, Widerstand hervorruft und zugleich Verantwortung abnimmt.

Mit dem hippokratischen Eid wird jede aktive Beendigung des Lebens durch den Arzt ausgeschlossen, von der Stoa wird Euthanasie unter bestimmten Voraussetzungen dagegen gerechtfertigt. Seneca setzt seinem Leben unter Beihilfe des ihm befreundeten Arztes ebenso ein Ende wie Cato. Caesar und Augustus sind Beispiele für den Zusammenhang von Persönlichkeit, Krankheitsverhalten und Sterbestilistik. Wünscht sich der vitale Epikureer Caesar einen plötzlichen, unvorhergesehenen Tod auf der Höhe des Lebens, will sich der stets kränkliche Augustus bewußt auf das Sterben einstellen können; für diesen Tod wählt er die griechische Bezeichnung „euthanasia". Zahlreiche Trostschriften für das Sterben und den Tod werden in der Antike geschrieben; verbreitet ist die beruhigende Vorstellung vom Schlaf als dem Bruder des Todes.

Mittelalter

Während das antike Verständnis von Alter und Krankheit unter den Prinzipien von

Kosmologie und Anthropologie steht, folgt das Mittelalter dem Gedanken der Transzendenz. Auch für die aus der Antike übernommenen Phasengliederungen des Lebens erweist sich die religiöse Perspektive als entscheidend. Neben der dominierenden Dreigliederung wird auch eine Siebengliederung in jener Epoche vertreten. Nicht nur in theologischen und medizinischen Schriften, sondern ebenfalls in Werken der Kunst, auf Fresken, Mosaiken und Skulpturen finden sich die Auffassungen jener Zeit über das Altern und das Alter wiedergegeben.

Heilsgeschichte und Individualentwicklung werden in einen tiefen inneren Zusammenhang gebracht. Gottesstaat („Civitas Dei") und irdische Macht („Civitas terrena") gliedern bei dem Kirchenvater Augustinus den Weltverlauf und die Lebensentwicklung des einzelnen Menschen. Das Leben des Menschen wird im Mittelalter auf den eschatologischen Verlauf von der „Konstitution" als der paradiesischen Existenz über die „Destitution" als dem irdischem Leben zur „Restitution" als der zukünftigen Auferstehung bezogen. Jede Einzelbiographie greift diese große Weltfigur auf, jeder Übergang von Gesundheit in Krankheit und Krankheit in Heilung ist auf diese Bewegung bezogen, jede Altersdeutung erhält von dieser Perspektive ihre Basis. Isidor von Sevillas Einteilung des Lebens in sieben Phasen folgt der transzendenten Orientierung. Hildegard von Bingen bezieht die individuelle Biographie nicht nur auf das Verhältnis zu Gott, sondern zugleich auf die Jahreszeiten.

Die Gesundheitsregimina des lateinischen und arabischen Mittelalters für das Alter stehen in der Tradition der antiken Medizin. Von Roger Bacon stammt ein „Regimen senum", von Arnald von Villanova die Schrift „De conservanda juventute et retardanda senectute". Der arabische Philosoph und Mediziner Avicenna widmet seinerseits eine Studie dem Alter. In der Schrift „De contemptu mundi" behandelt Innocenz III. die Kürze des Lebens und die Einschränkungen des Alters. Viererschema und Diätetikkonzept der Antike bleiben wesentlich, Religion, Alchemie, Astrologie und Magie kommen hinzu. Die Werke der Barmherzigkeit wie die sieben Tugenden sollen im Umgang mit Alter und Sterben eine Hilfe sein. Lebenskunst („ars vivendi") soll nach mittelalterlicher Überzeugung stets auch Sterbekunst enthalten („ars moriendi"). Euthanasie ist dem gläubigen Mensch jener Epoche wie Suizid unmöglich. Auch im Mittelalter wird keine spezifische Abhandlung zur Geriatrie wie ebenfalls nicht zur Pädiatrie veröffentlicht.

Neuzeit

Renaissance

Die Neuzeit steht durchgängig unter dem Prinzip der Säkularisierung als Verweltlichung der Paradieseshoffnungen von Jugend, Gesundheit und ewigem Leben. Verlust von Transzendenz wie Verzicht auf Anthropologie und Kosmologie bei zunehmender Naturalisierung und Spezialisierung haben ihre weitreichenden Folgen für Einstellung und Verhalten gegenüber Alter und Sterben. Der Weg führt zur berühmten WHO-Definition der Gesundheit als eines „Zustandes vollkommenen körperlichen, geistigen und sozialen Wohlbefindens" und der verbreiteten Verdrängung des Todes.

In der Renaissance wird von Gabriele Zerbi die erste gerontologische Monographie unter dem Titel „Gerentocomia" 1489 veröffentlicht; mit ihren Betrachtungen über Erscheinungen, Ursachen und Therapie der Altersbehinderungen gehört diese Schrift in die antike Galentradition.

Nahezu zeitgleich erscheint 1472 die erste pädiatrische Monographie von Paolo Bagellardis.[2]

Die Bewertungen des Alter fallen bleibend abweichend aus. Für Erasmus von Rotterdam sind Leiden und Unbequemlichkeiten typische Kennzeichen des Alters. Den Wissenschaftler charakterisiert nach Juan Huarte[3] im Alter größerer Verstand und geringeres Gedächtnis, die Jugend zeichne sich umgekehrt durch geringeren Verstand und größeres Gedächtnis aus. Von Francis Bacon[4] werden die Möglichkeiten der Lebensverlängerung wie die Besonderheiten erörtert, die sich im physischen und psychischen Bereich für die verschiedenen Lebensphasen ergeben; der junge Mensch sei „religious, fervently, zealous, being unexperienced in the miseries of the world", der alte Mensch dagegen „cold in piety and charity, through much experience and incredulity"; der junge Mensch sei „haughty in desires, adorer of superious, time-pleaser", der alte Mensch „careful for necessaries, a sensurer, time-rememberer".

Montaigne reflektiert in den „Essais" (1580–95) über die Veränderungen, die aus dem medizinischen Fortschritt für den Umgang mit dem Alter gefolgt seien: „Vor Alter sterben ist ein seltener und außerordentlicher Tod, ist darum weniger natürlich als die andern; es ist die letzte und äußerste Art des Sterbens." Altern zeige sich auf der physischen wie auf der psychischen Ebene: „Bald ist es der Körper, der zuerst vor dem Alter die Waffen streckt, bald ist es die Seele; und ich habe deren genug gesehen, bei denen das Gehirn vor dem Magen und den Beinen schlaff wurde; und gerade weil dies ein Schrecken ist, das der, den es befällt, wenig verspürt und das nur dunkel in Erscheinung tritt, ist es doppelt gefährlich." Von Transzendenz ist bei dem Stoiker Montaigne keine Rede.

Auch in der Kunst wie Literatur finden sich seit der Renaissance bis in die Gegenwart zahlreiche Darstellungen und Deutungen des alten Menschen – in der gesamten Perspektive der Lebensentwicklung oder als Phase für sich. Die Totentänze des späten Mittelalters und der beginnenden Neuzeit werden bis in die Gegenwart von der Kunst aufgegriffen. Besondere Zeitsymbolik besitzen der „Jungbrunnen" (1546) von Lucas Cranach d. J. mit seiner Hoffnung auf ewige Jugend, Gesundheit und Schönheit im Diesseits und die Sprachlosigkeit der Angehörigen von Adam angesichts seines Sterbens auf dem Fresko „Leggenda della Croce" (1453–64) von Piero della Francesco in der Franziskuskirche von Arezzo.

Shakespeare hält an der Siebengliederung des Lebens fest und läßt den alten Menschen wieder zur Kindheit zurückkehren: „zweite Kindheit, gänzliches Vergessen, ohne Augen, ohne Zahn, Geschmack ist alles". An den Zusammenhang von Persönlichkeit und Verhalten im Alter erinnert Goneril in einem Wort über ihren Vater Lear: „Schon in seiner besten und kräftigsten Zeit war er zu hastig: Wir müssen also von seinen Jahren nicht nur die Unvollkommenheit längst eingewurzelter Gewohnheiten erwarten, sondern außerdem noch den störrischen Eigensinn, den gebrechliches und reizbares Alter mit sich bringt." F. A. Kehrer wird in diesem Sinne 1952 sagen: „Der alte Mensch gleicht einem entblätterten Baum, der erst im Herbst das charakteristische Gepräge seines Geästes ganz zu erkennen gibt."

Zahlreiche allgemeine Studien wie Spezialuntersuchungen über das Alter und die Alterskrankheiten werden in der kommenden Zeit publiziert – unter weitgehendem Verzicht auf religiöse oder philosophische Dimensionen. Das ganzheitliche Diätetikschema der Antike behält dagegen zunächst noch seine Gültigkeit. Bedeutende Beiträge stammen von Luigi Cornaro[5], Heinrich Stromer[6], David de' Pomi[7]. In den Konzepten und Empfehlungen der Renaissance werden die Anregungen der Vergangenheit aufgegriffen, wie zum Beispiel die Linderung der Altersleiden durch den Kontakt mit jungen Mädchen.

Humoralpathologie und Diätetik der Antike werden differenziert und konkretisiert durch neue empirische Beobachtungen, durch exakte Messungen der Verdauung, des Pulses, der Atmung. Santorio berichtet von der erschwerten Atmung („perspiratio insensibilis") des alten Menschen, die letztlich zum Tod durch Erstickung führen könne.[8] Als Therapie werden Bäder, feuchtmachende Diät, Mäßigung im Essen und Trinken, spezifische Tätigkeiten und immer wieder bestimmte geistige Beschäftigungen empfohlen.

Euthanasie und Suizid können seit der Renaissance für den kranken und auch alten Menschen wieder gerechtfertigt werden, so zum Beispiel von Morus (1516) und Bacon (1623); Freiwilligkeit bleibt in diesen Plädoyers allerdings unverzichtbare Voraussetzung, zugleich wird der kranke und leidende Mensch mit dem Hinweis auf die Last, die er für seine Umwelt bedeute, unter einen bedenklichen Druck gesetzt. In den historisch überlieferten Sterbeszenen manifestiert sich die epochenspezifische Verbindung von Natur und Kultur. Montaigne und Philipp II. verlangen nach einem Sterben in Einsamkeit – jener in stoischer, dieser in christlicher Sicht.

Aufklärung

Im 18. Jahrhundert werden neben philosophischen Deutungen mehrfach psychologische wie medizinische Studien über das Alter publiziert. Interpretationen finden sich in der französischen „Encyclopédie" wie ebenfalls bei den deutschen Philosophen und Geschichtstheoretikern der Zeit. Herder[9] vertritt eine Parallelisierung von Individualentwicklung und Natur- wie Menschheitsgeschichte. „Der ganze Lebenslauf eines Menschen ist Verwandlung; alle seine Lebensalter sind Fabeln derselben, und so ist das ganze Geschlecht in einer fortgehenden Metamorphose."

In der Behandlung der Alterskrankheiten tritt die religiöse Interpretation weiter zurück; die Tradition der Diätetik wird noch fortgeführt, so in der Schrift von John Flower mit dem bezeichnenden Titel: „Medicina gerocomica, or the Galenic art of preserving old men's health" (1724); wichtig sei die Differenzierung: „No one method can be used for all old men to preserve their health." Besonders umfassend vor allem in therapeutischer Hinsicht fällt die Monographie von Johann Bernhard Fischer „De senio eiusque gradibus et morbis" (1754) aus, die unter ausgesprochener Orientierung an Morphologie und Funktionen bestimmte Besonderheiten des alten Menschen hervorhebt („cordis et artheriae aortae enormis amplitudo"; „arteriarum descendentium ossificatio"; „cerebri densitas et glandularum durities"; „pulmonum status incolumis, lienis cartilaginositas"; „ossium nunc arida frangibilitas, nunc vegetativa virtus"). Der Erhaltung der Gesundheit im Alter soll auch die Schrift: „De senum valetudine tuenda" (1778) von Gerard van Swieten dienen. Burkhard Wilhelm Seiler setzt sich in seiner „Anatomia corporis humani senilis" von 1799 für die Unterscheidung von Altersveränderungen und Alterskrankheiten ein und fordert zu Beobachtungen in Altershospizen auf. Weite Beachtung gewinnen Hufelands Hinweise in seiner berühmten Makrobiotik aus dem Jahre 1796. In medizinisch-anthropologischer Ganzheitlichkeit erörtert Johann Christian Reil 1796 den physiologischen Altersprozeß mit dem Verlöschen des organischen Lebens („marasmus senilis"), seine diätetischen Anweisungen sind noch einmal dem weitgespannten Konzept der antiken „sex res non naturales" verpflichtet. „Die wahre Kunst lange zu leben besteht also darin, daß wir alle Organe verhältnismäßig und abwechselnd anstrengen, und keins allein; daß wir sie nicht zu stark anstrengen, in gehörigen Zwischenräumen ihnen wieder Ruhe verstatten, keine stärkeren Reize anwenden, als zur Erhaltung der Tätigkeit notwendig ist; in betreff der Leidenschaften, Luft, Nahrung usw. jedes Organ durch seine spezifische, ihm angemessene, und nicht durch widernatürliche Reize in Bewegung setzen."[10]

Romantik, Idealismus, Klassik

Philosophen, Psychologen und Mediziner im Zeitalter des Deutschen Idealismus und der Romantik veröffentlichen mehrfach Darstellungen und Deutungen der menschlichen Lebensentwicklung und in ihr auch der Altersphase. Eindrucksvoll sind auch die Gedanken und Bilder der Dichter und Maler jener Epoche.

„Die Seele, der im Leben ihr göttliche Recht nicht ward, die ruht auch im Orkus nicht", heißt es bei Hölderlin. In klassisch ausgeglichener Verbindung von Natur und Kultur, von Biologie und Anthropologie wird von Goethe die Freiheit und Selbstverantwortung des alten Menschen hervorgehoben: „Wir leben so lange es Gott bestimmt hat. Aber es ist ein großer Unterschied, ob wir im Alter jämmerlich wie arme Hunde leben oder wohl und frisch – und darauf vermag ein kluger Arzt viel." In dem Bild „Lebensstufen" (1835) bringt Caspar David Friedrich die verschiedenen Lebensphasen untereinander und mit Natur, Kultur und Transzendenz in einen ganzheitlichen Zusammenhang.

Romantik und Idealismus stellen Naturentwicklung, Menschheitsgeschichte, Individualgeschichte und Hierarchie der Bewußtseinsformen in eine immanente Verbindung. Der Naturforscher und Naturphilosoph Henrik Steffens setzt die Lebensalter in seiner Anthropologie aus dem Jahre 1822 in eine Beziehung zur Erdgeschichte und der gesamten Entwicklung der Natur, überzeugt von der Einheit von Kosmologie und Anthropologie oder Biologie und Kultur oder stets im Wissen, „daß es ebenso seicht, ja albern ist, wie frevelhaft den Menschen als bloß leiblichen zu betrachten". Zugleich dürfe das Biologische nicht verleugnet werden: „Im Greisenalter ist das venöse System auf eine entschiedene Weise vorwaltend. Die Thätigkeit der Sinne nimmt ab, mit dieser der Genuß; die Arterien verknöchern, die rüstige Thätigkeit des arteriellen Bluts und der Muskeln hört auf, mit dieser erstirbt die That; selbst die Energie, mit welcher der Mann die Zukunft umfaßt, erlahmt; die Sehnsucht verliert sich in ruhige Gleichgültigkeit und das erlöschende Leben ruht aus in dem Urgrunde des Lebens und des Todes."

Hegel gibt dem Alter und Sterben in seiner „Philosophie der Natur" (1817, [3]1830) einen Sinn im Zusammenhang der gesamten Lebensentwicklung. Unterschieden werden von ihm drei Stufen: am Beginn steht die Stufe der Identität als natürlicher Harmonie des Kindes mit sich und der Welt; es folgt die gedoppelte Stufe der Differenz einerseits der Jugend, die Wahrheit und Gutes sich zuschreibt und die Welt insgesamt für veränderbar hält, andererseits des Erwachsenen, der die Vernünftigkeit der Wirklichkeit und seine eigene Begrenztheit anerkennt; den Abschluß bildet die Stufe der Identität des Greises, der in Gewohnheiten erstarrt ist („Untätigkeit abstumpfender Gewohnheit"), sich zugleich von den Aufgaben des

Alltags befreit hat und in eine neue Harmonie ähnlich der des Kindes zurückgekehrt ist („Freiheit von den beschränkten Interessen und Verwicklungen der äußerlichen Gegenwart"). Das Alter besitzt nach Hegel eine geistige Dimension in einem spezifischen Sinne, insofern die Genese des Geistes mit dem Untergang des Individuums verknüpft ist; das Leben endet „mit der Einbildung der Gattung in die Einzelheit oder dieser in jene, mit dem Siege der Gattung über die Einzelheit, mit der abstrakten Negation der letzteren, – mit dem Tode". Nur über diesem individuellen Tode kommt aber es zur Welt des Geistes, an der der einzelne zeit- und raumübergreifend während seines ganzen Lebens bereits teilnimmt.

Im Geiste der Romantik werden mehrfach medizinische Abhandlungen über Alter und Alterskrankheiten publiziert. In seiner Studie über den senilen Marasmus (1808) macht C. A. Philites auf die Heterochronie des Alterns der verschiedenen Organe aufmerksam. In der romantischen Tradition steht auch das erste Lehrbuch der Geriatrie von Carl Cannstatt „Die Krankheiten des höheren Alters und ihre Heilung" aus dem Jahre 1839: hohes Alter wird mit Involution gleichgesetzt, blutgierige Therapie wie Polypragmasie werden verworfen, attackiert wird aber auch das zu lange Abwarten: „Der Arzt überlasse in Alterskrankheiten nicht zu viel den Kräften der Natur." Auch für Jean Martin Charcot, wie er in seiner Besprechung hervorhebt, ist der romantische oder naturphilosophische Charakter dieser Schrift unübersehbar: „composé sous l'influence de la doctrine de Schelling".

Das 19. Jahrhundert

Eine Fülle empirischer Studien über das Alter erscheinen während des 19. Jahrhunderts auf den verschiedenen Ebenen der Biologie und Kultur oder in der Perspektive der verschiedenen Wissenschaften der Natur und des Geistes.

Schopenhauer meint in seiner Philosophie der Lebensphasen über das Alter: „Nur wer alt wird, erhält eine vollständige und angemessene Vorstellung vom Leben." Jacob Grimm weist in seiner Rede von 1860 über das Alter auf positive wie negative Aspekte der Jugend wie des Alters hin. Das Alter biete stärkere Gefühle des Wohlbefindens als die Jugend. „Man könnte also, ohne paradox zu sein, aufstellen, dasz im alter so oft es die gesundheit angreife und erschüttere, dazwischen ein gefühl des wohlseins reger walte, als in den vorausgegangenen lebensstufen." Wissen steigert die Lust. Ebenso behandelt Grimm die Vor- und Nachteile in geistiger Hinsicht und zieht den Schluß, „dasz das alter nicht einen blossen niederfall der virilität, vielmehr eine eigene macht darstelle, die sich nach ihren besonderen gesetzen und bedingungen entfalte; es ist die zeit einer im vorausgegangenen leben noch nicht so dagewesenen ruhe und befriedigung". In seinen „Psychologischen Briefen" (1851) lenkt auch J. E. Erdmann den Blick auf positive wie negative Seiten jeder Lebensphase und so auch des Alters: „Das ungehorsame Kind, der träge Jüngling, der unzuverlässige Mann, der greise Geck, der mürrische Jubelgreis – sie alle bieten einen gleich unerfreulichen Anblick."

Mit dem 19. Jahrhundert beginnt der wahre Beginn einer empirischen Erforschung des Alters. Adolf Quetelet gilt mit Recht als „Begründer der wissenschaftlichen Lebensforschung". Körper, Psyche, Soziales werden gleichermaßen beachtet; ebenso zeigen sich aber auch Tendenzen zu einseitiger Betrachtung, zu fachspezifischer Spezialisierung. In Frankreich werden Beiträge auf der Basis von Untersuchungen in den Hospitälern Salpêtrière und Bicêtre unter Einbeziehung statistischer Verfahren von Léon Rostan[11], und von Réné-Clovis Prus[12] veröffentlicht. Von Lorenz Geist wird die „Klinik der Greisenkrankheiten" (1857/60) publiziert, von Charcot 1868 die „Leçons cliniques sur les maladies des vieillards".

Der Zug zur Objektivität und Spezialisierung ist bei diesen Forschungen offensichtlich. Physikalische und chemische Diagnostik wird für wichtig gehalten. Weiterhin wird von den Medizinern Euthanasie abgelehnt. Gegenüber der objektivistisch-naturwissenschaftlichen Entwicklung kommt es im 20. Jahrhundert zu Gegenbewegungen, die im Verlauf der Auseinandersetzungen zwischen Zellularpathologie und Bakteriologie zur Konstitutionspathologie und Anthropologischen Medizin mit ihrer Anerkennung auch des kranken und sterbenden alten Menschen in seiner Personalität führen.

Das 20. Jahrhundert

Die Fülle differenzierter Forschungen zur Altersentwicklung und zum Alter in biologischer, psychologischer, sozialer und geistiger Hinsicht ist im 20. Jahrhundert und vor allem der Gegenwart nicht mehr zu überschauen.

Neben den Beiträgen der empirischen Wissenschaften werden bedeutende Anregungen auch aus der Philosophie und Theologie veröffentlicht, zum Beispiel Eduard Sprangers Schrift „Das Wesen der Lebensalter" von 1941 oder Romano Guardinis Studie „Die Lebensalter" aus dem Jahre 1967. Wertvoll sind auch die Deutungen der Dichter und Schriftsteller, die – wie die philosophisch-theologischen Beiträge – in den empirischen Wissenschaften allerdings kaum noch Beachtung finden. Vor allem in diesen Texten wird an die unaufhebbare Endlichkeit des menschlichen Daseins erinnert. In Muriel Sparks

Roman „Memento Mori" (1959) werden alte Menschen von einer geheimnisvollen Stimme angerufen, die sie daran zu denken ermahnt, daß sie sterben müssen; eindrucksvoll ist das Spektrum der Reaktionen auf diese Stimme des Todes.

1909 wird der Begriff Geriatrie durch den aus Wien stammenden Amerikaner Ignaz Leo Nascher eingeführt („Geriatrics, the diseases of old age"). Die Spannung zwischen Geriatrie und Gerontologie erhält nun ihre terminologische Entsprechung. Der Gedanke der Rehabilitation des alten Menschen (Gerokomie) und seiner Behandlung (Gerotherapie) breitet sich aus. Im Hintergrund der Entwicklung in diesen Jahrzehnten steht grundsätzlich die Auseinandersetzung zwischen naturwissenschaftlicher und anthropologischer Medizin. Max Bürger (1959) stellt dem biologischen das kalendarische Alter gegenüber. Von den Psychologen Charlotte Bühler und Rudolf Ekstein wird in ihrer systematischen Konzeption (1973) die Vereinbarkeit von verstehender oder teilnehmender Erforschung mit statistischer Auswertung betont.

Wesentliche Anregungen gehen von den Studien von Hans Thomae und Ursula Lehr aus. Sechs Dimensionen sind nach diesen Forschern für das Alter zentral: biologische Veränderungen; krankhafte Veränderungen; funktionell-psychologische Veränderungen; persönlichkeitspsychologische Veränderungen; soziale und sozialpsychologische Veränderungen sowie Veränderungen, die sich aus der Auseinandersetzung des alten Menschen mit dem Alter ergeben. Neben den Beobachtungen der Empirie werden von Thomae und Lehr auch Vorschläge für die Lebensbewältigung des alten Menschen entwickelt.

Wichtige Beiträge zum Verständnis des Alters stammen aus den Forschungen zum Umgang des Kranken mit dem

Kranksein (= Coping) und zu „life-events". Neue Aufgaben ergeben sich aus sozialkulturellen Veränderungen, vor allem der Zunahme an Freizeit; von Schmitz-Scherzer stammt die Wendung: „Diese Freizeit ist so ‚frei' wie das Individuum und so ‚absolut' wie es seine Situation zuläßt" (1981).

Ausblick

Gesundheit und Krankheit sind stets körperliche, psychische, soziale und geistige Erscheinungen, die im Alter gegenüber den anderen Lebensphasen mit spezifischen Aspekten verbunden sind: für den älteren und alten Menschen in seinem Selbstverständnis und seinem Verhalten, für Angehörige, Ärzte und die Gesellschaft in ihrem Umgang mit dem alten Menschen.

Geriatrie und Gerontologie besitzen ihre jeweilige Perspektive, geraten auch immer wieder in Opposition, müssen aber zugleich aufeinander bezogen bleiben; ihr gemeinsames Thema ist der alte Mensch. Prävention, Kuration und Rehabilitation werden von der Verbindung profitieren; Arztbild, Krankheitsverständnis, Arzt-Patient-Beziehung, Gesundheitsbildung, Krankheitsbegleitung, und Sterbebeistand müssen altersgemäß geprägt sein, bezogen zugleich auf die Individualität des alten Menschen.

Notwendig ist über jede Biologie, Psychologie und Soziologie hinaus und zugleich mit ihnen in Verbindung ein geistiges Verständnis des gesamten Lebens in allen seinen Phasen von der Jugend bis zum Alter, in Gesundheit, Krankheit und Tod. Zentral bleibt die autonome Selbstverantwortung des alten Menschen – im Sinne eines Wortes von Romano Guardini aus dem Jahre 1967: „Was helfen aber alle Gerontologie der Medizin und alle Fürsorge der Sozialpflege, wenn nicht zugleich der alte Mensch selbst zum Bewußtsein seines Sinnes gelangt?"

[1] *M. Ficino:* Liber de vita, 1489. – [2] *P. Bagellardi:* Libellus de aegritudinibus infantium, 1472. – [3] *J. Huarte:* Examen de ingenios para las ciencias, 1575. – [4] *F. Bacon:* History of Life and Death, 1623. – [5] *L. Cornaro:* Discorsi della vita sobria, 1558. – [6] *H. Stromer:* Decreta aliquot de senectute, 1536. – [7] *D. de'Pomi:* Enarratio brevis de senum affectibus praecavendis atque curandis, 1588. – [8] *Santorio:* De medicina statica, 1614. – [9] *J. G. Herder:* Ideen zur Philosophie der Geschichte der Menschheit, 1784–91. – [10] *J. Chr. Reil:* Von der Lebenskraft, 1796. – [11] *L. Rostan:* Asthma cardial, 1817. – [12] *R.-Cl. Prus:* Recherches sur les maladies de la vieillesse, 1840.

Literatur

F. Boll: Die Lebensalter. In: Neue Jahrbücher für das Klassische Altertum 31 (1913); auch Leipzig 1913

C. Bühler/R. Ekstein: Anthropologische Resultate aus biographischer Forschung. In: Neue Anthropologie, Bd. 5, Stuttgart 1973, S. 349–385

M. Bürger: Biomorphose, Gerontologie und Geriatrie. In: Wissenschaft und Praxis 7 (1959), S. 3–11; 8 (1959), S. 3–16

A. Englert: Die menschlichen Altersstufen in Wort und Bild. In: Zeitschrift des Vereins für Volkskunde 15 (1905), S. 399–412; 17 (1907), S. 16–42

J. Grimm: Rede über das Alter, 1860. In: Kleinere Schriften. Bd. 1, Berlin 1864, S. 188–210

M. D. Grmek: On aging and old age, Den Haag 1958

R. Guardini: Die Lebensalter, Würzburg 1967

F. A. Kehrer: Vom seelischen Altern, Münster 1952

G. Keil: Altern und Alter in der Antike. In: Aktuelle Gerontologie 13 (1983), S. 47–52

P. Lüth: Geschichte der Geriatrie, Stuttgart 1985

E. Spranger: Das Wesen der Lebensalter mit besonderer Berücksichtigung der späteren Lebensalter, 1941. In: E. Spranger: Gesammelte Schriften, Heidelberg 1973, S. 328–245

J. Steudel: Zur Geschichte der Lehre von den Greisenkrankheiten. In: Sudhoffs Archiv 35 (1942), S. 1–27

H. Thomae/U. Lehr (Hrsg.): Altern, Probleme und Tatsachen, Frankfurt/M. 1968

W. Wackernagel: Die Lebensalter. Ein Beitrag zur vergleichenden Sitten- und Rechtsgeschichte, Basel 1862

F. D. Zeman: Life's later years. In: Journal of the Mount Sinai Hospital 11 (1945), S. 45–52, 97–104, 224–231, 300–307, 339–344; 12 (1945/46), S. 783–792, 833–846, 890–901, 939–953; 13 (1947), S. 241–256; 16 (1950), S. 308–322; 17 (1951), S. 53–68

Arthur E. Imhof

Der Beitrag der Historischen Demographie zur Altersforschung

Wie kann der Beitrag der Historischen Demographie, die sich nicht auf das bloße Erstellen von Tabellen und Graphiken beschränkt, zu einer zeitgemäßen Altersforschung beitragen? An vier Beispielen wird deutlich gemacht, daß die Historische Demographie aufgrund ihres breiten Zeithorizontes überraschende Problemlösungen anbieten kann.

„Jede Generation schreibt ihre Geschichte neu." Ebensogut kann man sagen: „Jeder Historiker, der lange genug in seinem Beruf tätig war und viel Erfahrung gesammelt hat, schreibt seine Geschichte neu." Die Aufgabe, die mir von den Veranstaltern des Marburger Forum Philippinum gestellt wurde, wirkte auf mich zwar wie maßgeschneidert: interdisziplinärer Zuschnitt; Aufgreifen von aktuellen Problemen; kulturelle, historische, soziale, psychische Aspekte des Alterns und des Alters. Dennoch dürfte der folgende Beitrag wahrscheinlich etwas anders ausfallen, als es sich die Veranstalter und manche Marburger Zuhörer gedacht hatten oder es die Leser hier erwarten.

Um die Erwartungen jedoch nicht ganz zu enttäuschen, beginne ich, mein Thema auf eine Weise abzuhandeln, wie dies ein Historiker-Demograph nach landläufiger Meinung wohl tun sollte. Hierbei greife ich aus zwei Gründen auf schwedisches

Material zurück. Zum einen verfügt Schweden über das weltweit mit Abstand beste und älteste historisch-demographische Quellenmaterial. 1749 nahm das erste Statistische Zentralbüro der Welt seine Tätigkeit in Stockholm auf. Seit jener Zeit sind für sämtliche administrativen Einheiten des Königreiches bis hinunter auf die Ebene von Kirchengemeinden nicht nur

Prof. Dr. **Arthur E. Imhof**, geb. 1939 in der Schweiz. Seit 1975 Professor für Sozialgeschichte der Neuzeit an der FU Berlin. Regelmäßige Gastaufenthalte in Forschung und Lehre in Skandinavien, Brasilien, Australien und Südostasien.

Hauptforschungsgebiet: Historische Demographie. Neuere Buchveröffentlichungen u.a.: Die Lebenszeit. Vom aufgeschobenen Tod und von der Kunst des Lebens (1988); Lebenserwartung in Deutschland vom 17. bis 19. Jahrhundert (1990); (zus. mit anderen) Leben wir zu lange? (1992); (Hrsg. zus. m. R. Weinknecht) Erfüllt leben – in Gelassenheit sterben (1994); (Hrsg.) Lebenserwartung in Deutschland, Norwegen und Schweden im 19. und 20. Jahrhundert (1994).

Prof. Dr. Arthur E. Imhof, Freie Universität Berlin, FB Geschichtswissenschaften, Friedrich-Meinecke-Institut, Habelschwerdter Allee 45, 14195 Berlin

die monatlichen und – addiert – die jährlichen Zahlen für ehelich und außerehelich geborene Knaben und Mädchen, für Heiraten und Wiederverheiratungen sowie für alle Verstorbenen nach Alter, Geschlecht und Todesursache genau bekannt. Sondern es liegen darüber hinaus – völlig einzigartig – auch noch exakte Angaben über die Größe und Zusammensetzung der jeweiligen Ausgangsbevölkerungen nach Alter und Geschlecht, nach Berufs- und Schichtenzugehörigkeit, Haushaltsgrößen u. a. m. vor. Dieses einzigartige Material hat sich praktisch zu 100 Prozent erhalten. Auszüge daraus sowie eine Reihe wichtiger Ergebnisse und Berechnungen wurden im Verlaufe unseres Jahrhunderts wiederholt veröffentlicht.[1] Weiteres Material steht in bereits existierenden bzw. im raschen Auf- und Ausbau befindlichen, umfangreichen historisch-demographischen Datenbanken vor allem an den Universitäten von Umeå und Linköping sowie in Stockholm abrufbereit zur Verfügung.[2]

Zum anderen ist es nicht etwa so, daß die Schweden bislang ihr eigenes Material nicht selbst für Untersuchungen verschiedenster Art herangezogen und die Goldgrube für ihre Belange ausgewertet hätten. Diese Feststellung trifft nicht zuletzt auch im Hinblick auf hier besonders interessierende Themen zu wie „Rückgang der Sterblichkeit", „Zunahme der Lebenserwartung", „demographische und epidemiologische Transition", „Entwicklung von Größe und Zusammensetzung älterer, alter und sehr alter Bevölkerungsgruppen; deren Sterblichkeit und Todesursachen" u. a. m.[3] Erstaunlicher ist dagegen die Tatsache – und hierin liegt einer der Gründe für meine eingangs erwähnte „unerwartete" Vorgehensweise –, daß schwedische Kollegen immer wieder auf die Idee kommen, mich als Außenseiter zu ihren historisch-demographisch-gerontologischen

Symposien und Konferenzen hinzuzubitten. Und dies, obschon ich an sich doch in einem Land forsche und lehre, das im westeuropäischen Kontext bezüglich der Historischen Demographie das Schlußlicht bildet.

Harte Fakten

Doch beginnen wir den Beitrag, wie von einem zünftigen Historiker-Demographen erwartet, mit der Präsentation „harter Fakten". So zeigt die Abbildung 1 die Entwicklung der durchschnittlichen Lebenserwartung für schwedische Männer und Frauen bei der Geburt sowie im Alter von 1, 15, 50, 65 und 80 Jahren zwischen 1751 und 1991.

Im Verlaufe von rund zweieinhalb Jahrhunderten erweiterte sich die durchschnittliche Lebenserwartung in Schweden somit um mehr als das Doppelte (Abb. 1, oben links). Bei den Männern stieg sie von 33,72 Jahren 1751/1790 auf 74,94 Jahre 1991, bei den Frauen von 36,64 auf 80,54. Jeder Schwede und jede Schwedin hat heute folglich *zwei* Leben zur Verfügung, und dies mit einer relativen *Gewißheit*, die früher undenkbar war. Wie entscheidend wichtig es seinerzeit war, vor allem über die niedrigsten Altersstufen lebend hinwegzukommen, geht aus der Tatsache hervor, daß im Vergleich zu heute die Zunahme der Lebenserwartung noch während des ganzen 18. und 19. Jahrhunderts im Kindes- und Jugendlichenalter enorme Sprünge machte. So hatten zum Beispiel, wie schon erwähnt, männliche Schweden bei der Geburt 1751/1790 im Durchschnitt ganze 33,72 Jahre vor sich, im Alter von einem Jahr dagegen (ab der Geburt gerechnet) 43,06 und mit 15 Jahren sogar 55,60 Lebensjahre. Heute (1991) sind es dagegen zu allen Zeitpunkten im Leben fast immer gleich viele Jahre, nämlich 74,94 (bei der

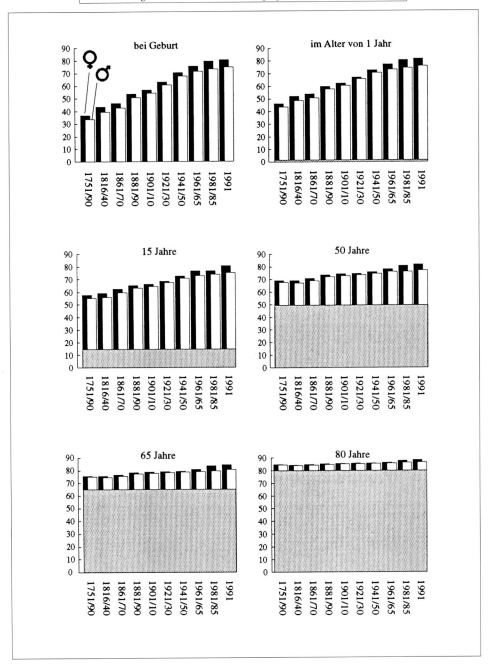

Abb. 1: Entwicklung der durchschnittlichen Lebenserwartung schwedischer Männer und Frauen bei der Geburt sowie in den Altern von 1, 15, 50, 65 und 80 Jahren zwischen 1751 und 1991.
Quelle: Historisk statistik för Sverige 1969, 118, ergänzt durch persönliche Angaben von Hans Lundström von der Abteilung Bevölkerung des Schwedischen Statistischen Zentralbüros Stockholm 1993.

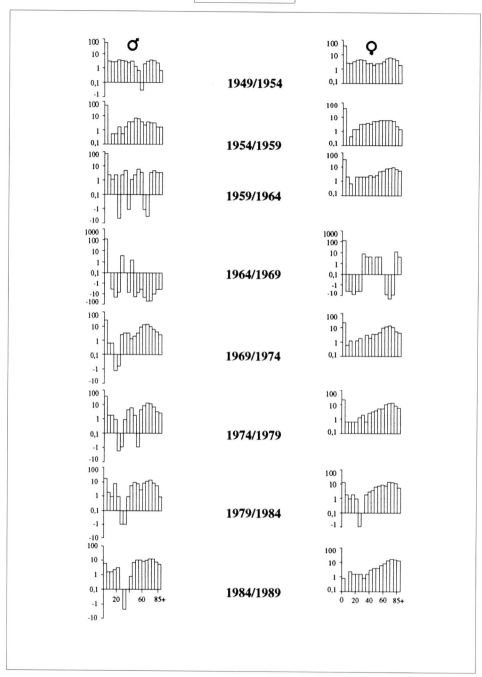

Abb. 2: Beitrag unterschiedlicher Alter zur Zunahme der Lebenserwartung bei Männern und Frauen in Jahren; Frankreich 1949–1989. Semilogarithmische Anordnung.

Quelle: A. Parant: Croissance démographique et vieillissement. In: Population 47 (1992), S. 1666, 1674–1675.

Geburt), 75,44 (im Alter von 1 Jahr ab der Geburt gerechnet) und 75,60 (mit 15 Jahren). Wie üblich fallen die Unterschiede bei den Frauen markanter aus. Hier lauten die Zahlen für 1751/1790: 36,64, 45,65 und 58,09 Jahre. Heutzutage sind es 80,54, 81,00 und 81,18 Jahre.

Je höher das Ausgangsalter der Gruppe ist, deren restliche Lebenserwartung wir über die Zeiten hinweg verfolgen und miteinander vergleichen wollen, desto geringer fällt die Zunahme zwischen einst und heute aus. So hatten 65jährige Schweden 1751/1790 im Durchschnitt noch 10,02 Lebensjahre vor sich, Schwedinnen 10,51. 1991 waren es 15,42 und 19,21 Jahre. 80jährige Männer hatten vor zweieinhalb Jahrhunderten im Durchschnitt noch 4,60, heute hingegen 6,62 Jahre; die Frauen seinerzeit 4,76, nunmehr 8,43. Die biologische Lebenshülse scheint sich im Verlaufe der Zeit somit kaum merklich ausgedehnt zu haben (vgl. Abb. 1, unten rechts). Was sich dagegen grundlegend geändert hat, ist die Zahl der Geborenen, die jemals auch nur in die Nähe dieses Daches gelangt. Oder anders gesagt: noch nie war der Anteil von gleichzeitig zur Welt gekommenen Menschen, die ihr Leben weitgehend zu Ende leben konnten, so groß wie bei uns heute.

Wer historisch nicht gleichermaßen weit ausholen kann (oder will) wie die Schweden und sich bei Lebenserwartungsanalysen auf die nur letzten vier oder fünf Jahrzehnte beschränkt, der wird hierbei fast zwangsläufig – weil besonders augenfällig – dem rascheren Mortalitätsrückgang der Frauen im höheren Alter verglichen mit den Männern die größte Aufmerksamkeit widmen. So zeigt uns die Abbildung 2 – diesmal auf französischem Quellenmaterial basierend – den Beitrag unterschiedlicher Altersgruppen beiderlei Geschlechts zur Zunahme der Lebenserwartung, gemessen in Jahren, zwischen

1949 und 1989. Während dieser vier Jahrzehnte nahm die durchschnittliche Lebensspanne männlicher Franzosen um 10,35, die der Französinnen um 13,16 Jahre zu.

Betrachtet man die einzelnen Altersgruppen indes näher, wird sogleich deutlich, daß insbesondere Französinnen höherer Alter ihrem Leben in beachtlichem Ausmaß weitere Jahre hinzugefügt haben. Konzentrieren wir uns auf die Jahrgänge über 60, so betrug die Zunahme bei den 60- bis 64jährigen Männern 0,53 Jahre, bei den Frauen 0,74; bei den 65- bis 69jährigen 0,61 bzw. 0,96, bei den 70- bis 74jährigen 0,68 bzw. 1,17, bei den 75- bis 79jährigen 0,58 bzw. 1,16, bei den 80- bis 84jährigen 0,38 bzw. 0,87 und bei Männern in einem Alter von 85 und mehr Jahren 0,22, bei Frauen 0,58 Jahre. Addiert kommen wir bei den Männern insgesamt auf 3,00 zusätzliche Lebensjahre, bei den Frauen jedoch fast auf das Doppelte, nämlich 5,48 Jahre.

Um auch diesbezüglich nochmals einen Blick auf die Entwicklung in Schweden zu werfen, so sehen wir in der Abbildung 3 die Anzahl „gewonnener Leben" in den verschiedenen Altern beiderlei Geschlechts, die sich in diesem skandinavischen Land aufgrund der rückläufigen Sterblichkeit zwischen 1951 und 1988 ergeben haben. Es betraf insgesamt rund 330 000 Menschenleben.

Bei der Erstellung von Abbildung 3 wurde vom alters- und geschlechtsspezifischen Sterberisiko während der Periode 1951–1955 ausgegangen. Damals betrug die Lebenserwartung bei der Geburt für schwedische Männer 70,6 Jahre, für Frauen 73,5. Die hieran anknüpfenden Berechnungen legten nun für den ganzen Zeitraum von 1951 bis 1988 die alters- und geschlechtsspezifischen Ausgangssterblichkeiten als konstante Größe zugrunde, was in Wirklichkeit selbstver-

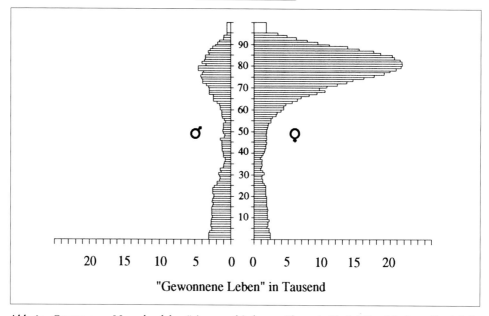

Abb. 3: „Gewonnene Menschenleben" in verschiedenen Altern beiderlei Geschlechts, die sich in Schweden zwischen 1951 und 1988 aufgrund gesunkener Sterblichkeit ergeben haben.
Quelle: S. Martinelle: On the Causes of Changes in the Age Structure. The Case of Sweden, Stockholm 1990, S. 9–10.

ständlich nicht der Fall war. So lag am Ende der Beobachtungsperiode die Lebenserwartung schwedischer Männer um 3,6 und diejenige der Frauen gar um 6,7 Jahre höher als zu deren Beginn. Bei Vergleichen mit der Realität von 1988 stellte sich heraus, daß damals nicht weniger als 86 000 Männer noch am Leben waren, die gemäß dem 1951er Sterberisiko das Zeitliche eigentlich längst hätten gesegnet haben müssen. Bei den Frauen waren es sogar 244 000, also das Dreifache der Männer. Auch hier zeigt sich somit erneut, daß die Frauen in weitaus höherem Maß vom Mortalitätsrückgang profitierten als die Männer. Und was aus der Abbildung 3 besonders deutlich hervorgeht: Hauptgewinnerinnen dieser gesamten Entwicklung waren insbesondere Frauen höherer Jahrgänge, vor allem jene in einem Alter von über 60 Jahren. 1988 fielen rund 50

Prozent sämtlicher Schwedinnen der Altersgruppe 85–89 Jahre in die Kategorie „gewonnene Frauenleben". 1951 wären sie in diesem Alter nicht mehr am Leben gewesen. Bei den Männern verteilten sich die neuen Überlebenden dagegen ziemlich gleichmäßig auf alle Altersgruppen.

Harte Fakten?

Gäbe es in Deutschland – ehemals West ebenso wie Ost – ähnlich wie in Italien, der Schweiz, in Frankreich, Großbritannien oder Skandinavien eine ganze Reihe von Historiker-Demographen, so möchte es noch angehen, daß sich der eine oder andere unter ihnen ausschließlich der Aneinanderreihung von derlei Zahlenmaterial und der Um- oder Beschreibung von Statistiken, Tabellen, Graphiken widmete. Eine solche Reihe von Historiker-Demographen gibt es hierzulande aber nicht. Den wenigen, die auf dem Gebiet tätig sind, kommt somit gleichzeitig die Aufgabe zu, einen oder gar mehrere Schritte hinter ihr bloßes Zahlenmaterial zurückzutreten und jenseits aller Statistiken, Tabellen und Graphiken zu den „wirklichen Fragen" vorzustoßen.

Wirkliche Fragen? – Überlegen wir uns einmal, ob wir in der „historisch-demographischen" Einleitung nicht eben auf dem besten Weg waren, uns eine Menge Sand in die Augen zu streuen. Was heißt dort eigentlich „harte Fakten"? Nur weil ihr Geburtszeitpunkt gleich viele Monate oder Jahre zurücklag, packten wir Hunderttausende schwedischer bzw. französischer Männer und Frauen höchst rigide in bestimmte Altersgruppen, stellten diese einander gegenüber, verglichen sie miteinander über Zeit und Raum hinweg. Ganz so, als ob ein Alter von 50, 65, 80 Jahren auch nur für zwei Männer, zwei Frauen in welchem Land der Welt auch immer dasselbe wäre, ganz zu schweigen von einem Alter von 80 Jahren heute verglichen mit einem Alter von 80 Jahren am Ende des Zweiten Weltkriegs oder während der Anfangsphase des Statistischen Zentralamts Mitte des 18. Jahrhunderts in Schweden. Es dürfte kaum übertrieben sein zu behaupten, daß jeder Hörer, jeder Leser in welchem Alter auch immer heute sowohl bereits ungleich mehr erlebt als auch ungleich weniger an fundamentalen Erfahrungen gesammelt hat als ein Altersgenosse 50, 100, 200 Jahre früher. So habe ich mit 54 Jahren (ich bin Jahrgang 1939) einerseits längst die ganze Welt gesehen und sämtliche Kontinente bereist. Wer hätte das schon gekonnt von meinen Vorfahren auch nur vor zwei, drei Generationen? Andererseits weiß ich mit 54 Jahren noch immer nicht, was eine „richtige Krankheit", ein gestorbenes kleines Kind, ja nicht einmal, was Hunger, Frieren, auch

nur Wassermangel ist. *Alle* meine Vorfahren wußten das, und zwar schon in wesentlich jüngeren Jahren. Als reifem Erwachsenen fehlen mir nach wie vor grundlegende Kenntnisse und Erfahrungen des Menschseins aller Zeiten und aller Länder. Wie soll ich da meine Vorfahren verstehen und mir anmaßen, ihre Geschichte zu schreiben? Aus dem gesicherten Ghetto, in dem ich mich befinde? Aus einer Situation heraus, die etwas Unmenschliches an sich hat, weil ihr ganz wesentliche Züge der conditio humana abgehen? Ein paar ernüchternde Einsichten dieser Art dürften genügen, um das vorgegebene Thema anschließend anders, weniger naiv als im „richtigen" Eingangskapitel anzugehen.

„Der Beitrag der Historischen Demographie zur Altersforschung" kann hierzulande aber auch nicht meinen – wie manchmal ebenfalls erwartet –, über Themen zu handeln wie: „Der Wandel in der Einstellung zum Alter"; „Gesellschaft und ältere Menschen in der Geschichte"; „Historische Entwicklung des ‚Lebensabends'" und dergleichen mehr. Dies mögen schöne Titel für Seminararbeiten von Geschichtsstudenten sein. Als Beiträge zu einer viel umfassenderen Altersforschung greifen sie zu kurz. Lassen wir hier zur Untermauerung unserer Überlegungen einen Historiker zu Wort kommen, der über Jahre hinweg selbst über Alter und Altern geforscht und publiziert hat, den Marburger Peter Borscheid. In einer neueren Studie über den „Wandel der ‚Lebensstufen' im Abendland" kommentiert er die einstmals verbreitete bildhafte Gliederung des Lebens gemäß einer Lebenstreppe: „An jeder Stufe der Lebenstreppe war unübersehbar ein Warnschild eingerammt: Vorsicht Einsturzgefahr. Der Tod holte sich völlig wahllos seine Opfer in allen Altern. So erreichte denn in der Realität kaum einer der Menschen das Ende der Treppe. Ein Drittel bis die Hälfte gelangte über die erste Stufe erst gar nicht hinaus, und die, die weiterkamen, starben meist mitten im Leben an allen möglichen Krankheiten und Unglücksfällen, nur an Altersschwäche starb kaum jemand. *Der eigentlichen Altersphase, nach welchen Kriterien wir sie auch definieren, kam daher kaum eine Bedeutung zu.*"[4]

Und da soll sich der Historiker-Demograph, wenn ihm schon die Gelegenheit zu grundsätzlichen Äußerungen über seinen Beitrag zur Altersforschung gegeben wird, ausgerechnet des langen und breiten über diese historisch gesehen *bedeutungslose Altersphase* auslassen? Soll von ein paar Ausnahmen, die auch früher schon älter und alt geworden waren, Lehrhaftes für heute entwickeln? Wie unsinnig ein solches Vorgehen wäre, mag jeder selbst beurteilen, wenn er sich die Versform der eben angesprochenen Lebenstreppen-Einteilung nochmals ansieht. Sie lautet:

Zehen Jahr ein Kind,
Zwanzig Jahr ein Jüngeling,
Dreißig Jahr ein Mann,
Vierzig Jahr wohlgetan,
Funffzig Jahr stille stahn,
Sechzig Jahr gehet das Alter an,
Siebenzig Jahr ein alter Greiß,
Achtzig Jahr nimmer weiß,
Neunzig Jahr der Kinder Spott,
Hundert Jahr gnad dir Gott.

Wer die Abbildung 1 oben nicht schon wieder vergessen hat, greift sich an den Kopf. Um die Mitte des 18. Jahrhunderts betrug die durchschnittliche Lebenserwartung bei der Geburt für die Männer rund 34 (in Worten: vierunddreißig!), für die Frauen rund 37 Jahre (siebenunddreißig!). Und da gehen die gleichzeitigen Lebenstreppen unbekümmert bis hundert! Für wen war diese rigide Stufung eigentlich gedacht? Aberwitzige Wunschträume? Von irgendwelchen Realitäten, von „harten Fakten" gar sind wir jedenfalls auch hier weit entfernt.

Relevante Fragen stellen

Nach so viel klarstellender Abgrenzung ist es höchste Zeit, auf den durchaus möglichen Beitrag der Historischen Demographie – auch hierzulande! – zur Altersforschung einzugehen. Bleiben wir bei der Abbildung 1 und versuchen, von ihr ausgehend einige *relevante* Fragestellungen zu entwickeln. Relevant meint, der heutigen, a priori nicht historisch geprägten Altersforschung Zusammenhänge klarzumachen und Problemlösungen anzubieten, gegebenenfalls auch unangenehme Fragen aufzudrängen, die alle auf jahrzehnte- und jahrhunderteumspannenden Einsichten basieren und die den anderen Disziplinen aufgrund derer fachspezifisch weitaus engeren Zeithorizontperspektiven zuerst einmal fernliegen und fremd sind.

So scheint mir die für eine zeitgemäße Altersforschung relevante Konsequenz aus der Abbildung 1 nicht in erster Linie zu sein, daß sich die Lebenserwartungs-Stapel bei der Geburt (oben links) im Verlaufe von zweieinhalb Jahrhunderten verdoppelt haben, sondern daß heute bei uns praktisch *alle* damit *rechnen* können, bis nahe an die Grenze der biologischen Lebenshülse vorzustoßen. Altern ist erstmals nicht mehr die Angelegenheit einiger weniger, sondern die Angelegenheit von jedermann, vor allem jeder Frau. Denn sie sind es, die in größtem Ausmaß auch die ganz späten Jahre erreichen (vgl. hierzu auch nochmals die Abbildungen 2 und 3).

Nun ist „Lebenserwartung", gemessen in Anzahl durchlebter Jahre, die eine Sache. Eine andere Sache ist „Lebenserwartung bei guter Gesundheit". Je älter Menschen werden, um so höher steigt die Wahrscheinlichkeit, daß sie zuerst hilfe-, dann pflegebedürftig und schließlich institutionalisiert werden – alles, bevor sie sterben. Über diesen Sachverhalt - Multimorbidität, „insult-accumulation" aufgrund von zwar überstandenen, aber deswegen nicht spurlos vorbeigegangenen Gesundheitseinbußen im Verlaufe eines langen Lebens und dergleichen mehr – braucht der Historiker-Demograph die Altersforschung gewiß nicht aufzuklären; im Gegenteil hat er hier von ihr zu lernen. Historiker, Historiker-Demographen werden aber andere Schlüsse aus diesen Gegebenheiten ziehen und mit anderen Lösungsvorschlägen aufwarten. *Hierin* besteht ihr eigentlicher, ihr genuiner, ihr möglicher Beitrag zur interdisziplinären Altersforschung.

In einem solchen umfassenderen Kontext wissen Historiker zum Beispiel, daß mentalitätsgeschichtliche Veränderungen nur sehr langsam vor sich gehen und daß, will man sie beschleunigt vorantreiben, viel geduldige Überzeugungsarbeit geleistet werden muß. Haben wir – so frage ich – wirklich realisiert, daß wir praktisch *alle* ins Vierte Alter kommen? Daß wir unser Leben *zum ersten Mal* von einem einigermaßen kalkulierbaren Ende her leben können? Daß die erstmalige Massenperspektive eines einigermaßen berechenbaren späten Ablebens die vielfältigsten Investitionen – keineswegs nur materieller Art – in ein langes Leben sinnvoll und erforderlich macht? Daß das konzentrierte Sterben in hohem Alter von uns allen die Lebensführung nach einem bestimmten Plan voraussetzt, der auch die Eventualitäten der späten Jahre mit in Betracht zieht, und zwar schon ab dem frühen Erwachsenenalter? Leben die meisten von uns – so frage ich weiter – nicht vielmehr noch immer mit der Mentalität von gestern und vorgestern, als die Lebenszeit unsicher war und täglich zu Ende gehen konnte? Als man getrost von einem Tag zum andern, in den Tag hinein leben konnte? Versuchen wir nicht immer noch allzuoft, unser Nichtstun mit dem schnöden Hinweis auf einen jederzeit möglichen

„Big Bang" oder das nie auszuschließende Überfahrenwerden beim Überqueren der Straße zu entschuldigen? Wo sind die Konzepte der Altersforscher, hier vorbeugend, aufklärend, überzeugend gegenzusteuern? Und welche Versuche unternehmen sie – was vielleicht noch wichtiger ist –, es *allen* zu sagen? Der Historiker-Demograph wird im nächsten Abschnitt mit dem Vorschlag zu einer Problemlösung aufwarten (= Problemlösung 1).

Einem Historiker-Demographen, der sich nie auf das bloße Erstellen von Tabellen und Graphiken beschränkt hat, sondern als gleichzeitiger Sozialhistoriker zu keinem Zeitpunkt vergaß, daß hinter allen Tabellen und Graphiken Menschen aus Fleisch und Blut stehen, ist ferner bewußt, daß die meisten unserer Vorfahren vehement dagegen protestiert hätten, in der Abbildung 1 nur die irdischen Lebensjahre auf die Länge ihres Lebens angerechnet zu erhalten. Als ob es sich bei den paar Erdenjahren für sie nicht um eine zu vernachlässigende Größe im Vergleich zur anschließenden Ewigkeit im Jenseits gehandelt hätte. In ihren Augen wäre es zwischen 1750 und heute keineswegs zu einem Anstieg, gar zu einer Verdoppelung der Lebenserwartung gekommen, sondern gerade umgekehrt zu einer unendlichen Verkürzung. – Wer eine solche Sichtweise naiv findet, möge überlegen, ob der mittlerweile weitgehend eingetretene Verlust des Glaubens an ein Weiterleben in alle Ewigkeit nicht vielen, vor allem älteren Menschen große Probleme bereitet, das Wissen darum, daß die 80, 85 Jahre bereits alles waren. Das kollektive lange Gedächtnis sorgt derzeit zudem noch immer dafür, daß die meisten von uns trotz Dechristianisierung nach wie vor spüren, was wir da häufig erst in allerjüngster Zeit verloren haben. Wir empfinden das Vakuum und übertünchen und übertönen es, so lange es im Zweiten, Dritten Alter nur irgend geht. Bislang hat die Altersforschung, soweit ich sehe, noch keinen vollgültigen Ersatz für diesen Ewigkeitsverlust geschaffen. Der Historiker-Demograph wird im nächsten Abschnitt mit dem Vorschlag zu einer Problemlösung aufwarten (= Problemlösung 2).

Als in historischer Zeit die Lebenserwartung noch aus zwei Teilen bestand, einem mehr oder weniger kurzen irdischen und einem unendlich viel längeren ewigen in himmlischer Glückseligkeit, kam hienieden alles darauf an, einen guten, gottwohlgefälligen Tod zu sterben. Vor allem sollte man nicht in letzter Minute noch den Versuchungen teuflischer Mächte erliegen, sonst würde die Seele nie und nimmer zu den himmlischen Heerscharen stoßen, sondern der ewigen Verdammnis anheimfallen. Da während der damaligen häufigen Seuchen immer wieder zahlreiche Menschen ohne irgendwelchen geistlichen Beistand allein auf sich gestellt starben, bereitete sich jeder anhand eines allgemein verständlichen Holzschnitt-Leitfadens ab jungen Jahren auf ein gutes Sterben vor. Wer auf diese Weise erst einmal sterben gelernt hatte, brauchte sich anschließend selbstverständlich vor dem Sterben nicht mehr zu fürchten, auch nicht vor dem allein Sterben. Im Zuge der Säkularisierung haben wir uns von dieser Ars moriendi abgewandt. Zwar sterben auch heute wie damals wieder viele Menschen allein, aber den neuen Gegebenheiten entsprechend konzentriert in fortgeschrittenen Altern. Doch wer lehrt sie, wer lehrt uns sterben? Soweit ich sehe, hat die heutige Altersforschung auch hier noch keinen Ersatz für die verlorene alte Ars moriendi geschaffen. Auch hier wird der Historiker-Demograph im nächsten Abschnitt mit dem Vorschlag zu einer Problemlösung aufwarten (= Problemlösung 3).

Krankheiten hatten für unsere Vorfahren einen Sinn. Sie waren ein gnädiger Fingerzeig Gottes, noch rechtzeitig in dem sündigen Lebenswandel einzuhalten, in sich zu gehen und umzukehren, damit die ewige Glückseligkeit nicht in Gefahr geriete. Für die meisten heutigen Menschen haben Krankheiten keinen Sinn mehr. War es von unseren Vorfahren jedoch so falsch, in Gesundheitseinbußen einen Sinn zu sehen? War es so schlecht, gelegentlich (von Krankheiten) gezwungen zu werden, in sich zu gehen? Gewiß können wir uns heute zum ersten Mal zumindest während der besten Jahre unseres Lebens „mit einem gewissen Recht" „ein bißchen unsterblich" fühlen. Stößt uns etwas zu, werden wir im allgemeinen prompt und zuverlässig repariert. Doch wiewohl uns eine rührige Präventionspropaganda glauben machen will, daß wir bei zusätzlichem Joggen und noch mehr Birchermüesli mit einem noch größeren Anteil an Ballaststoffen und ganz ohne Rauchen schließlich wohl unsterblich würden, sind wir alle Sterbliche geblieben. Wäre es nicht redlicher, sich der guten Jahre zwar durchaus zu freuen, ohne dabei jedoch die Endlichkeit aus den Augen zu verlieren? Wäre es nicht humaner, diese simple conditio humana als Meßlatte anzulegen? Daß wir vergänglich sind, braucht keineswegs zu einer pessimistischen Grundhaltung zu führen. Im Gegenteil, wessen Jahre gezählt sind, der wird sie besser nutzen, wird um so intensiver und zielstrebiger leben. Erneut ist ein Lebensplan gefragt. Welche tragfähigen Konzepte hat die Altersforschung hier bislang vorgelegt? Der Historiker-Demograph wird im nächsten Abschnitt mit dem Vorschlag zu einer Problemlösung aufwarten (= Problemlösung 4).

Relevante Antworten auf relevante Fragen – oder: der Beitrag der Historischen Demographie zur Altersforschung

Vier Fragen habe ich als Beispiele gestellt; vier Antworten will ich beispielhaft geben. Fragen wie Antworten erwuchsen aus einer jahrelangen Beschäftigung mit einer nicht auf Zahlenmaterial beschränkten, sondern sehr breit angelegten historischen Demographie.

Problemlösung 1:

Die relative Gewißheit, erst im Vierten Alter zu sterben, erfordert heute von Anfang an eine andere, weitaus zielbewußtere Organisation dieser langen Lebensspanne, als es das die jederzeit unsichere Existenz unseren Vorfahren abverlangte. Als Historiker-Demograph kann ich nicht müde werden, auf diese grundsätzlich neue Situation hinzuweisen, und zwar *alle* Zeitgenossen. So etwas gab es noch nie und gibt es auch heute noch nicht anderswo auf der Welt. Wir strebten diesen Zustand mit aller Macht an. Jetzt haben wir ihn - und haben ungefragt die Kehrseite der Medaille ebenso. Mit Kehrseite meine ich - Prävention hin oder her - die Eventualitäten der späten Jahre: eine häufig zu beobachtende Reduktion der körperlichen Fähigkeiten vor den geistigen. Diese Feststellung hat nichts mit dem intellektuellen Gehabe eines Hochschullehrers zu tun. Das längere Vorhalten geistiger Potentiale ist nicht meine Erfindung. Ich konstatiere sie als Gegebenheit. Und ich mache einen Vorschlag. Es ist mein Konzept vom Lebensplan. Er läuft darauf hinaus, in jungen Erwachsenenjahren nicht nur körperliche Interessen in sich (oder andern) zu wecken, sondern - im Hinblick auf die Besonderheiten des Vierten Alters - auch geistige, kulturelle, mu-

sische Neigungen zu pflegen und sie, wie die physischen, kontinuierlich zu hegen und zu vertiefen. Niemand soll in eine „entsetzliche geistige Leere" stürzen, wenn in den späten Jahren die körperlichen Kapazitäten vor den geistigen abnehmen, und dann nicht wissen, was er mit all den gewonnenen Jahren anfangen könnte.

Da man niemanden zu seinem Glück zwingen, sondern nur dazu geneigt machen kann, setzt die Umsetzung dieses Konzepts in die Praxis enorme Geduld und eine große Einsatzbereitschaft voraus (Wörner 1993). Da heute (und morgen erst recht) praktisch alle Menschen bei uns das Vierte Alter erreichen, muß die Botschaft auch bis zu allen durchdringen. Angesichts unseres immensen kulturellen Erbes besteht kein Mangel an geeignetem Material unterschiedlichster Art, für das Interesse geweckt werden kann. Um hierbei jedoch die vielen zu erreichen, sollte man sich (als Hochschullehrer, der um diese Zusammenhänge weiß) nicht nur immer und immer wieder für Vorträge zur Verfügung stellen, sondern sich auch möglichst effizient der heutigen Massenmedien bedienen. Effizient meint, sich in einer Weise ausdrücken, daß Leser, Zuhörer, (Fernseh-) Zuschauer in der gegebenen Zeit verstehen, worum es geht.

Problemlösung 2:

Wer der unendlichen Verkürzung unseres Lebens durch den Verlust des Glaubens an eine Ewigkeit nachtrauert, sollte sich überlegen, wie es zu diesem Verlust gekommen ist und wodurch er möglicherweise wettgemacht werden kann. Nehmen wir als Gedankenanstoß ein paar Redewendungen zu Hilfe. „Not lehrt beten." - Wenn es keine Not mehr gibt, braucht auch nicht mehr gebetet zu werden. „Vor Pest, Hunger und Krieg bewahre uns, o

Herr!" – Wenn es Pest, Hunger und Krieg nicht länger gibt, brauchen wir auch keinen Herrn mehr. Die „Götter in Weiß" übernahmen in unseren Krankenhäusern die ehemalige Funktion der Priester in den Kathedralen unserer diesbezüglich seinerzeit ohnmächtigen Vorfahren.

Wir hörten weiter oben davon, daß sich die durchschnittliche Lebenserwartung bei der Geburt binnen weniger Generationen sowohl bei den Männern wie bei den Frauen mehr als verdoppelt hat, daß alle von uns somit zwei Leben zur Verfügung haben. Mehr Jahre, enorm viel mehr Jahre im Vergleich zu früher kann jedoch nur haben, wer bessere, enorm viel bessere Jahre im Vergleich zu früher hat. Anders ist das nicht zu machen: bessere und gesichertere Ernährung, besseres Wohnen, hygienische Umgebung, sauberes Trinkwasser, effektive medizinische Versorgung, bessere Arbeitsbedingungen, geregelte Freizeit, hohes Bildungs- und Ausbildungsniveau, soziales Auffangnetz, langjähriger innerer und äußerer Friede. Jeder kann dem Ursachenpuzzle des langen Lebens aus eigener Erfahrung weitere Mosaiksteine hinzufügen.

Und das soll alles nichts sein? Oder doch so wenig, daß wir uns berechtigt fühlen, weiterhin dauernd zu nörgeln und zu klagen? Wir wollen immer noch mehr und noch mehr und geben uns doch nie zufrieden. Noch mehr und noch exotischere Früchte im Angebot unserer auch so schon überquellenden Supermärkte, noch mehr Kanäle beim Fernsehen – obwohl wir jetzt schon über die kaum noch zu bewältigende Reiz- und Informationsflut klagen, noch mehr Urlaub, noch größere Mobilität, ein zweites Wochenendhäuschen am See bzw. im Gebirge, einen Drittwagen und noch ein Motorrad dazu. Und selbstverständlich auch noch mehr Lebensjahre, vielfach bloß um der Zahl der Jahre willen.

Doch noch immer nicht genug damit, begehren wir darüber hinaus auch gleich noch die ganze Ewigkeit, sind untröstlich, daß wir den Glauben an sie eingebüßt haben. Wer sind wir eigentlich, daß wir unsere Endlichkeit nicht wahrhaben können! Muß man wirklich ein berufsmäßiger Historiker sein, um einzusehen, daß wir noch nie so viele gute Jahre hatten wie heute? Noch nie bessere Chancen, sie *sämtlich* in erfüllte Jahre zu verwandeln? Ich behaupte keineswegs, daß wir deshalb im Paradies lebten (obwohl das viele Menschen in der Zweiten, Dritten, Vierten Welt vergleichsweise gar nicht so sehr zu unrecht meinen). Doch es liegt an uns, *an jedem einzelnen von uns*, mit den uns gegebenen Pfunden zu wuchern. Schaffen wir es nicht, die gewonnenen Jahre in erfüllte zu verwandeln, dann sind wir ihrer auch nicht wert. Andere auf der Welt wüßten besseres damit anzufangen.

Problemlösung 3:

Sie ist die logische Folge aus den Vorschlägen eins und zwei. Es geht um die Frage einer neuen, zeitgemäßen Kunst des Sterbens. So wie die einstige Ars moriendi in jungen Jahren gelernt wurde, um daraufhin jederzeit selbst bei einem plötzlichen Tod gewappnet zu sein, so sollten auch wir diese Ars ab jungen Erwachsenenjahren bedenken. Es geht somit nicht um die letzten Stunden, Tage, Wochen auf Erden – die dann sein mögen, welcher Art sie wollen[5] –, sondern um ein langfristig angelegtes Konzept, das am Ende des Lebens das Loslassen-Können erleichtert. Der Ausarbeitung, Erörterung und möglichen Umsetzung dieses Konzepts in die Praxis war 1993 ein dreitägiges Symposium gewidmet. Sein Thema war Programm: „Erfüllt leben – in Gelassenheit sterben". Die Quintessenz daraus: Wer seine höchstwahrscheinlich vielen guten und auch die paar möglicherweise weniger gute Jahre sämtlich gemäß einem Lebensplan in erfüllte zu verwandeln vermochte, dem dürfte es am Ende leichter fallen, das Leben loszulassen.

Lebenssattheit dürfte ihn vor jener Torschlußpanik bewahren, die einen anderen leicht befallen kann, der immer nur älter geworden ist und eigentlich gar nicht richtig gelebt hat.

Lebenssattheit könnte einen Menschen aber auch eher geneigt machen, den Tod zur rechten Zeit auf sich zu nehmen. Diese Einstellung wiederum sollte nicht unerheblich zur Entschärfung oder Vermeidung eines sonst möglicherweise rasch auf uns zukommenden ethischen Problems beitragen: der Lebensverlängerung oder vielmehr der Todesverhinderung um jeden Preis aufgrund der heute gegebenen medizinisch-technischen Möglichkeiten sowie der unweigerlich damit verbundenen Frage einer „gerechten Verteilung" begrenzter Ressourcen angesichts der enorm teuren High-tech-Medizin. Lebenssatt – nicht lebensmüde – seinen Tod zur rechten Zeit nach einem erfüllten Leben auf sich zu nehmen und als Endpunkt des Lebensplans in Gelassenheit zu akzeptieren, oder einfacher gesagt: einzusehen, daß auch das menschliche Leben ein naturgegebenes Ende hat, müßte den todgeweihten Menschen von sich aus, *selbstbestimmt*, auf nicht länger sinnvolle Medizinaleingriffe verzichten lassen.[6]

So entpuppt sich die neue Ars moriendi denn recht eigentlich als Ars vivendi, als die Kunst, ein langes Leben von seinem selbstverständlichen Ende her erfüllt zu leben und es schließlich – auch ohne Aussicht auf eine ewige Fortsetzung – in Gelassenheit herzugeben. Wer hier eine zusätzliche Verbindung zur alten Ars moriendi sucht, kann sie leicht finden bzw. herstellen. Die Antwort auf die vierte teuflische Versuchung – zu Hochmut, Über-

heblichkeit, Hoffart, Stolz – lautete in der Sprechblase des dem bedrängten Sterbenden dort zu Hilfe eilenden Engels: „Sis humilis!" – „Bleibe bescheiden!" Diese Antwort muß nur den heutigen, nicht länger christlich geprägten Gegebenheiten angepaßt werden, so daß sie nunmehr etwa lauten könnte: „Bleib' Du mal auf dem Boden der Realitäten!" Nicht immer noch mehr fordern, noch mehr Jahre und auch noch die ganze Ewigkeit dazu, sondern anerkennen, daß die größere Quantität der Lebensjahre aufs engste mit deren größerer Qualität zusammenhängt, und selbst das Beste daraus machen. Übertrieben „bescheiden" scheint mir selbst diese Forderung nicht zu sein, wohl aber fair: fair unseren Vorfahren und fair dem Rest der Welt gegenüber, die weder über die Quantität, noch die Qualität unserer Jahre verfüg(t)en, obwohl sie wahrscheinlich beides auch gern (gehabt) hätten.

Problemlösung 4:

Wiederholt wurde oben darauf hingewiesen, daß unserem euphorischen Präventionsgehabe, unserem hocheffizienten Medizinalbetrieb, unserer unrealistischen Auffassung von „Gesundheit" als Absenz jeglichen körperlichen, seelischen, sozialen Unwohlseins etwas Unmenschliches anhaftet. Zu leicht gaukeln sie uns ewige Jugend, ewiges Glück, ewiges Leben vor. Dabei besteht doch Menschsein gerade darin, die in uns von Anfang an angelegte Spannung von Leben, Sterben und Tod zuzulassen, sie auszuhalten und nach einem Lebensplan aushaltend zu gestalten.[7] Eine affirmative Ars vivendi meint hier zuerst einmal, in Gelassenheit leben zu lernen. Wann aber haben wir heute noch Gelegenheit, wirklich zu uns zu finden, wenn nicht während Gesundheitseinbußen? Freizeit münzen wir umgehend in Betriebsamkeit um, Urlaub in hektisches

Reisen mit Stop-and-Go. Krankheiten können aus anderen Gründen als für unsere jenseitsgläubigen Vorfahren einen Sinn haben.

Man mag sogar noch einen Schritt weitergehen und eine solche Einstellung einer ausgewogeneren Prävention zurechnen. Wer Krankheiten nicht als Katastrophen auffaßt, wer sie im Gegenteil als eine Art mehr oder weniger willkommener, jedenfalls nützlicher, ja gewinnträchtiger Exerzitien ansieht und ihnen somit auch Positives abzugewinnen vermag, der dürfte – so paradox das klingt – möglicherweise seltener krank werden. Er steht nicht unter jenem dauernden Erfolgszwang, ununterbrochen glücklich zu sein, wie andere Menschen, bei denen das immer wieder eintretende Wegbleiben der permanenten Hochstimmung erst das Gefühl des versagenden Krankseins hervorruft. Auch hier könnte uns ein bißchen mehr „Bescheidenheit" oder ganz simpel die Akzeptierung von Grundrealitäten, eine Rückbesinnung auf die Bedingungen unseres Menschseins wieder gesünder machen.

Krankheiten wirken wie Katalysatoren in einem erfüllt gelebten Dasein. Sie haben die Funktion von Prüfstellen für zurückgelegte Strecken und von Weichen für den weiteren Verlauf. Krankheiten sind die Lehrmeister für Gelassenheit. Sie bringen uns bei, gelassen zu leben und – als Vorboten unseres Dahingehens – dereinst gelassen zu sterben.

Nicht nur wir bei uns

Bei uns in den entwickelteren Ländern haben die demographischen Verläufe der letzten Jahre und Jahrzehnte dazu geführt, daß die Altersforschung mehr und mehr ins Zentrum rückte. Die Grundgegebenheiten sind bekannt: eine lange durchschnittliche Lebenserwartung, ein stan-

dardisiert hohes Sterbealter, die weitgehende Kontrolle über infektiöse und parasitäre Krankheiten, ein sehr niedriges Niveau der Säuglings-, Kinder-, Müttersterblichkeit. Dies sind fürwahr paradiesische Zustände verglichen mit der Situation noch vor 50, geschweige denn vor 100 oder 200 Jahren. Es sind paradiesische Zustände aber auch im Vergleich zu den diesbezüglichen Verhältnissen in den meisten Ländern der Zweiten, Dritten, Vierten Welt. Wen kann es da überraschen, daß man dort möglichst umgehend mit uns gleichziehen will? War es denn nicht etwa schon immer der Wunschtraum aller Menschen aller Zeiten aller Länder, einem vorzeitigen Tod zu entgehen? Ein möglichst langes Leben ohne Krankheiten zu führen? Die Mütter nicht im Kindbett sterben zu lassen? Alle Kinder heranwachsen zu sehen?

Plötzlich findet sich der europäische Historiker-Demograph in der Situation des weltweit gefragten Fachmanns, denn nur er kann aufgrund genügend weit zurückreichender kontinuierlicher Quellen sowie einer bei uns viel weiter fortgeschrittenen, beinahe schon abgeschlossenen Entwicklung umfassend erklären, wie und weshalb wir diesen von den andern so brennend ersehnten Zustand bereits erreicht haben. Europäische Historische Demographie hat somit weltweit ungeheure Relevanz. Wer das als europäischer Historiker-Demograph eingesehen hat und zudem der Meinung ist, daß wir nicht nur im europäischen, sondern auch im globalen Kontext Verantwortung und Pflichten haben, kann anschließend eigentlich kaum noch anders, als sich auch hier zur Verfügung zu stellen.

Ein ganz wesentlicher Gesichtspunkt kommt an dieser Stelle hinzu. Der Wandel von der unsicheren zur sicheren Lebenszeit hat in den entwickelteren Ländern nicht nur zu Erscheinungen wie der Rektangularisierung, wenn nicht gar der Umkehrung der Bevölkerungspyramide und damit verbunden der Altersforschung geführt, sondern unter anderem auch zur Freisetzung des Individuums aus alten Zwängen. Zu diesen Zwängen gehörte seinerzeit das Sicheinfügenmüssen in eine Gemeinschaft – eine Familie, einen Haushalt, eine Klostergemeinschaft. In Zeiten physisch gesicherter Existenzen wie heute ist eine derartige Zwangsintegration aus puren Überlebensgründen nicht länger notwendig. Entsprechend wächst bei uns die Zahl jener Menschen – Männer wie Frauen –, die von der erstmals realistischen Chance Gebrauch machen, allein durchs Leben zu gehen. Ich kann in dieser logischen Verwirklichung unseres alten Renaissancetraumes nichts Ungutes sehen. Allerdings erwachsen der Altersforschung daraus ungeheure Aufgaben, denn selbstverständlich bleiben Singles auch im Alter, auch im Sterben Singles. Reicht ihnen ihre Selbstverwirklichung auch dann noch? Halten sie in ihrer Selbständigkeit bis zum Ende durch?[8]

Ihre Freisetzung aus alten Zwängen berechtigt diese neuen Singles indes keineswegs dazu, nun einem ungezügelten Hedonismus zu frönen. Im Gegenteil können – und sollen! – sie aufgrund ihrer Freiheit und Ungebundenheit Aufgaben übernehmen, die von gemeinschaftseingebundenen Zeitgenossen so gar nicht wahrgenommen werden können, sich zum Beispiel bei der Lösung von Aufgaben in den weniger entwickelten Ländern engagieren. Im Rahmen des vorliegenden Beitrags will ich einen einzigen Aspekt exemplarisch kurz erörtern. Gewiß ist der europäische Historiker-Demograph in den Ländern der Zweiten, Dritten, Vierten Welt in der Lage, dank seines Fachwissens die Ursachen und den Ablauf der bei uns weitgehend abgeschlossenen demographischen und epidemiologischen Transitio-

nen darzulegen, gegebenenfalls auch – wenn er denn danach gefragt wird – entsprechende Ratschläge zu erteilen, wo und wie beschränkte Ressourcen am wirkungsvollsten eingesetzt würden (Mädchen- und Frauenbildung statt Bau von Autobahnen). Doch sollte er hierbei nicht stehenbleiben, sondern – was von ihm eigentlich gar nicht erwartet wird – auch auf die Kehrseite der Medaille zu sprechen kommen. Damit aber sind wir wieder bei jenen Punkten angelangt, die wir oben im Hinblick auf unsere eigene Altersforschung angesprochen haben. Denn selbstverständlich ist es nur eine Frage der (meist kurzen) Zeit, bis uns die heute noch weniger entwickelten Länder auch diesbezüglich eingeholt haben werden.

Als Gedankenanstoß diene hier die Abbildung 4. Sie zeigt den Stand der demographischen Transition in den verschiedenen lateinamerikanischen Ländern Ende der 1980er Jahre. Hier weiß ich aus eigener Erfahrung, was sich hinter den Zahlen und Kurven verbirgt: wie bei uns Menschen aus Fleisch und Blut. Seit Beginn der 1980er Jahre unterrichte ich (als Single) regelmäßig für kürzere Zeiträume an brasilianischen Universitäten. Wie zu sehen, folgen uns jene Völker mit Macht nach: sie bekämpfen die Säuglings-, Kinder-, Müttersterblichkeit so gut es geht, drängen die infektiösen und parasitären Krankheiten zurück, wollen ein längeres Leben bei besserer Gesundheit – und werden dabei selbstverständlich immer älter. Viele von ihnen weisen derzeit eine niedrigere Mortalität auf als Populationen in entwickelten Ländern, was auf die völlig andere Altersstruktur zurückzuführen ist. Hier sind Bevölkerungspyramiden noch weitgehend Pyramiden mit viel jungem und noch relativ wenig älterem Volk. Da aber die Mortalität wie weltweit üblich in Promille der Durchschnittsbevölkerung angegeben ist, unter den jungen Menschen

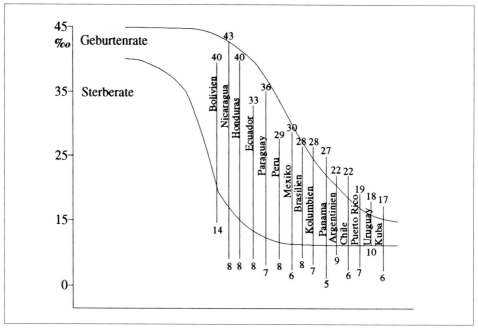

Abb. 4: Stadium der demographischen Transition in lateinamerikanischen Ländern Ende der 1980er Jahre.

Quelle: J. Bähr/R. Wehrhahn: Life expectancy and infant mortality in Latin America. In: Social Science & Medicine, Vol. 36, No. 10 (1993), S. 1374.

aber auch dort nunmehr nur noch wenige sterben, sind die Sterberaten je tausend im Augenblick sehr gering.

Die eben gegebene Erklärung bedeutet aber auch, daß in all diesen Ländern derzeit nach wie vor die Belange der Jugend im Zentrum stehen. In ihrer Jugend sehen sie ihre Zukunft; alte Menschen haben ihr Leben hinter sich. Der Bau von Schulen, Ausbildungsstätten, Universitäten ist – bei begrenzten Ressourcen – wichtiger als der Bau von Altersheimen, geschweige die Diskussion der Fragen, was die Menschen in Altersheimen denn tun sollen.[9]

Der Beitrag der europäischen Historischen Demographie zur globalen Altersforschung läuft vor diesem Hintergrund somit darauf hinaus, die Menschen in den weniger entwickelten, uns aber hinsichtlich der demographischen wie epidemiologischen Transition rasch nachfolgenden Ländern heute schon darauf aufmerksam zu machen, daß auch sie nach erfolgreich abgeschlossenem Übergang nicht im Paradies leben, sondern wie wir die Probleme getauscht haben werden. Und was mir hierbei noch wichtiger scheint: man erwartet von uns – die wir doch diese neuen Probleme schon länger hätten – konkrete Lösungsvorschläge. Hier stehen wir diesen Ländern gegenüber in der Pflicht. Weniger entwickelte Länder haben nun einmal weniger Ressourcen als wir reichen Industrieländer. Und sie haben auf absehbare Zeit noch immer die alten Probleme, während sich die neuen bereits abzeichnen und gleichzeitig nach einer Lösung verlangen. Ist es im globalen Maßstab zu viel von uns verlangt, hierbei unser Wissen und unsere Erfahrungen mit ihnen zu teilen? Dies setzt allerdings voraus, daß wir über solches Wissen und solche Erfahrungen verfügen. Tun wir das? Als ich oben die vier Problemkomplexe angeschnitten und vier Lösungsvorschläge aus meiner Sicht unterbreitet habe, schien mir dies nicht überall so. Die Zeit drängt, sowohl bei uns, die wir die Probleme bereits haben, wie auch anderswo auf der Welt, wo sie sich in absehbarer Zeit ähnlich stellen werden und wo man uns dann fragt, wie wir sie gelöst und welche Vorschläge wir anzubieten haben.

Der Beitrag der europäischen Historischen Demographie zur globalen Altersforschung

„Jeder Historiker-Demograph, der lange genug in seinem Beruf tätig war und dabei Erfahrungen gesammelt hat, schreibt seine Geschichte neu", so hieß es eingangs. Mittlerweile dürfte einsichtig geworden sein, was damit gemeint ist. Zuerst stand Zahlenmaterial im Vordergrund: wieviele Menschen wurden und werden da und dort wie alt? Wie verteilen sich die Sterbealter? Welche Veränderungen zeichnen sich im Lauf der Zeit ab? Tritt man dann einen Schritt hinter sein Zahlenmaterial zurück, zeichnen sich wichtigere und weniger wichtige Komplexe ab. Entsprechend wurden die Behandlungsprioritäten in diesem Beitrag gesetzt. Wichtig ist zum Beispiel, daß heute erstmals praktisch alle Menschen bei uns ihr Leben weitgehend zu Ende leben können. Es genügt nicht mehr, in den Tag hineinzuleben. Ob uns das paßt oder nicht, sollten wir die Eventualitäten der späten Jahre ab frühem Erwachsenenalter mitbedenken und entsprechende Vorbeugemaßnahmen in einen Lebensplan inkludieren. Weniger wichtig ist im vorliegenden Kontext dagegen, die wenigen Ausnahme-alten-Menschen von früher zum Gegenstand weitläufiger Ausführungen zu machen. Was sollte die heutige Altersforschung daraus schon lernen können?

Wichtig ist dagegen, daß unser Leben auf Erden durch den Verlust des Glaubens an eine Ewigkeit eine ungeheure Aufwertung erfahren hat. Doch trotz nie zuvor dagewesener Ausdehnung unserer durchschnittlichen Lebensspanne sind wir Sterbliche geblieben. Es ist unmenschlich – weil eine conditio humana verleugnend –, bei der Prävention, im Gesundheitswesen, im Alltag so zu tun, als ob dem nicht so wäre. Menschsein meint noch immer, die in uns angelegte Spannung zwischen Leben, Sterben und Tod auszuhalten und – nunmehr gemäß einem Lebensplan – aushaltend zu gestalten. Aus der Geschichte können wir lernen, daß Krankheiten für unsere Vorfahren einen – damals gottgewollten – Sinn hatten. Auch für uns könnten Krankheiten im eben angesprochenen Zusammenhang wieder einen Sinn bekommen.

Lernen können wir aus der Geschichte ebenso, daß sich unsere Vorfahren ab früher Jugend auf ein gutes Sterben vorbereiteten, denn viele von ihnen starben während der häufigen Seuchenzeiten ohne geistlichen Beistand allein. Heute sterben wiederum viele Menschen allein, entsprechend den neuen Gegebenheiten nun konzentriert im höheren Alter. *Wer lehrt sie sterben?* Hier kann das Konzept vom Lebensplan zu einer neuen Ars moriendi führen. Ein gemäß solchen Rahmenrichtlinien erfüllt gelebtes Leben erleichtert das Loslassenkönnen. Die heutige Ars moriendi ist somit Ergebnis einer lebenslang verwirklichten *Ars vivendi*. Sie akzeptiert, daß wir endliche Wesen sind und akzeptiert somit auch das Sterben zur rechten Zeit. Die Frage „Leben wir zu lange?" stellt sich hier gar nicht erst, da wir nicht zu spät sterben.

Wer als europäischer Historiker-Demograph um diese zeitübergreifenden Zusammenhänge weiß und sie bei uns als genuinen Beitrag in die interdisziplinäre Altersforschung einbringt, kann anschließend gar nicht anders, als bei einem Blick über unsere Grenzen festzustellen, daß wir uns global bloß an vorderster Stelle einer weltweiten Entwicklung befinden. Man müßte schon ein unverbesserlicher Egoist sein, dies zwar zu konstatieren, dann aber wieder zur Tagesordnung, das heißt seiner Forschung und Lehre im heimischen Elfenbeinturm überzugehen, ohne Konsequenzen für sich zu ziehen und bei andern einzufordern. Wir in den entwickelten Ländern können es uns leisten, uns auf die Altersforschung zu konzentrieren. Münzen wir dieses Privileg im weltweiten Kontext um und strengen wir uns arbeitsteilig auch der anderen wegen noch mehr an. Auch sie wollen die gewonnenen Jahre. Und auch sie wären die damit verbundenen gewaltigen Anstrengungen nicht wert, wenn sie nicht *alle* Jahre in *erfüllte* zu verwandeln vermöchten.

[1] *G. Sundbärg:* Bevölkerungsstatistik Schwedens 1750–1900. Einige Hauptresultate, Stockholm 1907; Historisk statistik för Sverige. Del. 1: Befolkning: Andra upplagan 1720–1967, Stockholm 1969; E. Hofsten/H. Lundström: Swedish Population History. Main trends from 1750 to 1970. (= Urval. Skriftserie utgiven av statistiska centralbyrån, nummer 8), Stockholm 1976. – [2] *U. Nilsdotter Jeub:* Parish records. 19th century ecclesiastical registers, Umeå 1993. – [3] Vgl. *T. Bengtsson/G. Fridlizius/R. Ohlsson* (Hrsg.): Pre-Industrial Population Change. The Mortality Decline and Short-Term Population Movements, Stockholm 1984; *A. Brändström/L.-G. Tedebrand* (Hrsg.): Society, Health and Population During the Demographic Transition, Stockholm 1988; *A. Brändström* et al.: Lebenserwartungen in Schweden 1750–1900. In: *A. E. Imhof* et al.: Lebenserwartungen in Deutschland, Norwegen und Schweden im 19. und 20. Jahrhundert, Berlin 1994; *E. Hofsten:* On the Heterogeneous Development of Population and of Mortality in the Highest Age Groups: The Case of Sweden. Paper to the European Population Conference in Jyväskylä, Finland, June 1987; *D. Mellström:* Recent Trends in Mortality among the Elderly in Sweden. In: A. Brandström/L.-G. Tedebrand (Hrsg.) (s. o.), S. 173–178; *B. Odén:* Studying the elderly in society. In: K. Härnqvist/N.-E. Svensson (Hrsg.): Swedish research in a changing society, Hedemora 1990, S. 158–177, 459–461; *B. Pernow* (Hrsg.): Att åldras. Om åldrande och åldrandets sjukdomar (= Rapport från ett symposium arrangerat av Stiftelsen Riksbankens Jubileumsfond den 13 februari 1991), Stockholm 1992; *L.-G. Tedebrand:* Gullholmen. Ett bohuslänskt fiskeläges demografi. Delrapport inom projektet „Kustbygd i förändring 1650–1950. Familj och hushåll i nordiska fiskesamhällen", Umeå 1993. – [4] *P. Borscheid:* Der Wandel der „Lebensstufen" im Abendland. In: A. E. Imhof/R. Weinknecht (Hrsg.): Erfüllt leben – in Gelassenheit sterben. Geschichte und Gegenwart, Berlin 1994, S. 221–230, hier S. 222. – [5] *B.-M. Ternestedt Östman:* Omsorg i livets slutskede. Projektbeskrivning (Typoskript). Örebro 1993. – [6] Zur „Setting limits"-Kontroverse vgl. *R. Mattheis:* Die „Setting-Limits"-Kontroverse. In: Imhof/Weinknecht (Hrsg.) (Anm. 4), S. 287–294; zu der damit verbundenen und sich immer mehr abzeichnenden Notwendigkeit, unser „emphatisch aufgeladenes Gesundheitsverständnis einer ernüchternden Korrektur" zu unterziehen, vgl. *R. Spree:* Der Rückzug des Todes – wurden wir gesünder? In: Ebd. S. 101–112. – [7] *M. W. Wörner:* „Gelungenes" Leben. In: Ebd. S. 87–98. – [8] Vgl. hierzu bei Interesse: „Das unfertige Individuum", Köln 1992. – [9] *A. E. Imhof:* Von den Problemen gerontologischer Studien in Brasilien – ein Denkanstoß für uns. In: Zeitschrift für Gerontologie 24 (1991), S. 50–54.

Nils-Arvid Bringéus

Lebenslauf und Lebensglück

Die althergebrachten Metaphern des Lebensrades und der Alterstreppe dienen
im folgenden Beitrag als Sinnbilder für
eine Betrachtung über das menschliche
Streben nach Lebensglück und Lebensqualität.

Nach oben streben

Ich habe einen Sohn im diplomatischen
Dienst. Pyöngjang, London, Moskau,
Stockholm, Bonn, Washington D.C. sind
die bisherigen Stationen in seinem und seiner Familie Leben. Aus einem Brief, den
ich kürzlich erhielt, geht hervor, daß demnächst Singapur auf dem Programm steht.
Die Versetzungen bedeuten zugleich eine
Beförderung vom zweiten Botschaftsse-
kretär zum Botschafter und im weiteren
Verlauf den Wechsel von einer kleineren
zu einer bedeutenderen Botschaft.

So kann sich das Leben für einen Mann
von gerade 40 Jahren ausnehmen, der sich
mitten in einer Karriere befindet. Für seinen Vater, der bald seinen siebzigsten Geburtstag feiern wird, sieht die Perspektive
etwas anders aus. Sie enthält nicht mehr
irgendwelche drastischen Positionsverän-
derungen, weder horizontal noch vertikal.
Brille und Krückstock sind Attribute, die
wir von der Alterstreppe her kennen.
Noch ist der Stock überflüssig.

Physische und kulturelle Veränderungen gehen im Menschenleben Hand in
Hand. Im physischen Bereich ist die Veränderung durch Gene und Alter determi-
niert. Sozial und kulturell ist sie weniger
vorausbestimmbar. Ein jeder ist seines
Glückes Schmied, lautet eine alte Rede-
wendung. Die Alterstreppe spiegelt unser
Streben nach Glück, auch wenn wir für
das etwas banale Wort Glück lieber den
Terminus Lebensqualität wählen.

Prof. Dr. **Nils-Arvid
Bringéus**, geb. 1926.
Promotion 1958 in
Lund. 1958 Dozent,
1967–1991 Professur
für Europäische Ethno-
logie in Lund. Dekan
und Leiter des Instituts
für Volkskunde. Vorsit-
zender des SIEF (Socié-
té Internationale d'eth-
nologie et de folklore), 5 Jahre Hauptredak-
teur für Ethnologia Scandinavica 1971–1994.
Dissertation: Die Glockenläutensitte in
Schweden. Arbeiten über Sitte und Brauch,
religiöse Volkskunde, ethnologische Bilder-
kunde und Eßgewohnheiten. Ehrendoktor in
Bergen, Münster und Abo. Ehrendoktor für
Theologie in Lund 1994. Neuere Buchveröffentlichungen: Wandel der Volkskultur in
Europa (1988) (hrsg. zus. mit U. Meiners
u.a.); Der Mensch als Kulturwesen (1990)
(hg. zus. mit A. Nisache u. B. Rawitzer).

*Prof. Dr. Nils-Arvid Bringéus, Galjevångsvä-
gen 4, 22465 Lund/Schweden*

Wenn ich mit meinem Vergleich um eine Generation zurückgehe, treffe ich auf meinen Vater, der frühzeitig Volksschullehrer wurde und dies bis zu seiner Pensionierung blieb, und der sein ganzes Leben lang in derselben Gemeinde wohnte, in der er geboren war. Aufgrund verschiedener Bezugsrahmen hat das Lebensglück in den einzelnen Generationen einen wechselnden Inhalt. Der Diplomatenberuf stellt ein Extrem dar – der des Volksschullehrers ein anderes. Das Lebensglück kann, wie im Falle meines Vaters, ebensogut darin bestehen, zu Hause zu bleiben und seinen Garten zu genießen wie darin, um den Erdball zu jagen. Das Karriererad – um das andere Sinnbild heranzuziehen – dreht sich auch nicht gleich schnell zu allen Zeiten und in allen Lebensphasen.

Das Leben hat nur eine Richtung: vorwärts

Eines jedoch haben wir als Menschen miteinander gemeinsam: Unser Leben ist irreversibel. Es gibt nur eine Lebensrichtung: vorwärts, weiter. Rückwärts reisen kann man nur in der Phantasie, im Traum, vielleicht in Wünschen. Die Altweiber- und Altmännermühle sind solche Sehnsuchtsmetaphern zurück zu Jugend und Schönheit. Aber nicht einmal sie sind sichere Glücksbringer, wenn sich der verjüngte Mann plötzlich von alten Weibern umgeben sieht oder die verjüngte Frau von lauter Greisen.[1] Der einsame Glückliche zu sein, ist kein sonderlich großes Glück. Als Carl von Linné 1749 nach langjähriger Abwesenheit an seinen Heimatort zurückkehrte, kannte er sich dort nicht mehr aus. „Ich, der ich vor 20 Jahren einen jeden Einwohner im Kirchspiel kannte, fand jetzt kaum 20 Personen übrig, die ich alle in meiner Kindheit als junge Burschen gesehen hatte. Sie liefen nun lebensmüde, mit grauem Haar und weißem Bart

herum, und eine neue Welt war stattdessen gekommen."

Wir beginnen frühzeitig, die Veränderungen im Lebenszirkel zu registrieren. Es beginnt damit, wieviel Gramm das Baby täglich zunimmt. Oder wieviel Zentimeter es im Monat wächst. Alles wird sorgfältig verbucht, ausgehend vom Geburtsgewicht und der -größe, die man vielleicht sogar auf dem Tauflöffel eingravieren ließ. Mutter und Kind hängen noch eine Zeit lang zusammen, nachdem die Nabelschnur durchtrennt wurde. Das Glück der Mutter besteht darin, daß das Kind wächst und gedeiht. Das Fotoalbum, heutzutage vielleicht geradezu die Videokamera, dienen auf eine andere Weise dazu, die Veränderungen zu registrieren, die wir Entwicklung nennen.

Am Karriererad drehen

Im Fotoalbum meiner Mutter sehe ich mich selbst nackt auf einem Schafsfell liegen, später auf Mutters Schoß sitzen, bald aber auch von hinten fotografiert, wie ich eine Treppe hinaufkrieche. „Opp krappa", soll ich gesagt haben, als ob es nicht schnell genug ging. Ist dies der Karrierist auf dem Weg nach oben? Eine ältere Kollegin bezeichnete mich als jungen Studenten einmal so. Keine Beschuldigung hätte mich härter treffen können. Denn ein Karrierist zu sein, paßte so schlecht zu dem christlichen Demutsideal, nach dem ich erzogen worden war. Ihr eigener Sohn ist heute Staatssekretär beim Ministerpräsidenten. Seine Mutter ahnte nicht, daß sie selbst einen Karrieristen an ihrem Busen nährte. Aber wir wollen hier keine Wertungen des Begriffes Karriere vornehmen, sondern nur konstatieren, daß dieses Wort von dem mit Rädern versehenen Fahrzeug stammt, das sich bewegt. Auch die Alterstreppe will einen Eindruck von Veränderung vermitteln, wenn wir die einzelnen

Ebenen in ihrem Auf und Ab miteinander vergleichen.

Vor allem die ersten Schritte auf der Lebenstreppe haben viele Parameter, die uns verraten, wann verschiedenerlei Glück einzutreffen hat. Das Wachsen von Bart oder Haaren in der Achselhöhle zu verspüren, ist ein solches Glück, oder der Beginn von Menstruation oder Stimmbruch. Aber es gibt auch kulturelle Parameter: Der 15. Geburtstag erlaubt es, Moped zu fahren, der 18. verleiht Stimmrecht, der 21. gestattet es in Schweden, im Monopolgeschäft alkoholische Getränke zu kaufen. Es gibt auch Alterssymbole verschiedener Art. Die langen Hosen zur Konfirmation, früher auch das Recht, Zylinder und Spazierstock tragen zu dürfen, die Studentenmütze aufsetzen zu können und so fort. Solange erfolgt die Entwicklung ziemlich gleichartig. Dann wird das Muster wechselhafter: Verlobung, Eheschließung und Kindergeburt können zu verschiedenen Zeitpunkten eintreffen. Und nicht alle erreichen alles. Viele gehen einsam durchs Leben, andere bleiben kinderlos usw.

Auch Geschwister können sich in ihren Anlagen unterscheiden. „Hoher Baum fängt viel Wind" pflegt eine meiner Schwestern zu sagen und denkt dabei wohl an ihren Bruder. Lebensmut oder Ehrgeiz sind von wechselnder Stärke. So mancher wird schon in der Kindheit gehemmt durch schlechte Gesundheit, schwache Begabung oder soziale Unterlegenheit. Andere wissen von Anfang an, daß vertikale Mobilität unmöglich ist. Der Vater ist so weit gekommen, wie es geht. Die Kinder können höchstens dasselbe Niveau erreichen. Das Trauma der Akademikerkinder ist wohlbekannt.

Aber Karriere ist nicht nur ein soziales Klettern. Es kann sich ebenso gut um ökonomische Kletterlust handeln – in älterer Zeit auch um eine reiche Heirat. Heutzutage kann man ebenfalls im Sport Karriere machen. Wenn jemand sagen kann, „keiner hat eine Bahn durchlaufen, die der meinen gleicht", so ist das ein Olympiasieger oder ein Weltmeister.

Unser ganzes Leben läßt sich also strukturieren wie ein Diagramm oder eine Fieberkurve, zuweilen mit mehreren Fluktuationen. Beim Karnevalsumzug der Studenten, der kürzlich in Lund stattfand, hatte die ökonomische Alterstreppe einen eigenen Wagen. Dort ging es dem Studenten anfangs dank Kindergeld und anderen Beihilfen verhältnismäßig gut, dann aber sank die Kurve während der weiteren Studienzeit, stieg in den mittleren Jahren wieder an, fiel aufs neue bei der Pensionierung, um in den letzten Lebensjahren noch einmal in die Höhe zu gehen.

„Man ist so alt, wie man sich fühlt"

Die Alterstreppe ist in der Gestalt, in der wir sie kennengelernt haben, eine Idealfigur mit gleichen Absätzen und symmetrisch aufgebauten Aufwärts- und Abwärtsschritten. Aber die wirkliche Alterstreppe weist oft Abweichungen von diesem Vorbild auf. Der Fünfzigjährige stand lange auf dem höchsten Punkt mit dem halben Jahrhundert hinter sich. Heutzutage ehrt man jedoch auch tüchtige Vierziger unter den Familiennachrichten der schwedischen Zeitungen. Wird man dreißig, bittet man seine Freunde zu hupen, wenn sie vorbeifahren. Einzelne Zeitungen geben sogar Teenager-Geburtstage bekannt. Es ist wichtig zu gratulieren. In schwedischen regionalen Rundfunksendungen werden täglich Geburtstagsglückwünsche ausgesprochen. Großeltern feuern ihre Enkel an, als wäre das Leben ein Langstreckenlauf. Viele Festtage, die den Lebensweg säumen, bringen Belohnungen mit sich.

Das Pensionsalter ist in den einzelnen

Berufen unterschiedlich. Ein Sportler hat mit 30 Jahren das Seine getan, eine Balettänzerin mit 40, ein Pilot mit 40, ein Offizier mit 55, andere erst mit 65. In unserer eigenen Zeit hat man die Vorzüge eines gleitenden Pensionsalters eingesehen, da nicht alle gleich früh oder spät altern. Ob es eine Realität werden kann, hängt letzten Endes von den Konjunkturen ab. Vor einigen Jahren wollte man in Schweden das Pensionsalter senken, nun will man es erhöhen, je nach Überangebot oder Mangel an Arbeitskraft.

Aber es gibt nicht nur ein physisches Alter, sondern auch ein mentales. Man ist nur so alt, wie man sich fühlt, heißt es. Oder vielleicht eher: Man ist so alt, wie Umgebung und Mitwelt einen auffassen. In einer Erinnerung zum sechzigsten Geburtstag meines Großvaters 1923 heißt es, daß einer der Gratulanten ihm einen „schönen Lebensabend" wünschte. Falls jemand in zwei Jahren, wenn ich siebzig werde, die gleichen Worte an mich richtet, werde ich nicht sonderlich dankbar sein. Unsere mittlere Lebenserwartung hat seit Beginn des Jahrhunderts erheblich zugenommen. Mein Vater und meine Mutter lebten 15 Jahre länger als ihre Eltern, doch ist das andererseits keine Garantie dafür, daß ich auch nur ebenso alt werde wie sie.

Auch die Verhaltensweise gegenüber verschiedenen Altersstufen hat sich gewandelt. Im vierten Gebot heißt es: „Du sollst deinen Vater und deine Mutter ehren, auf daß dir's wohlgehe und du lange lebest auf Erden." In manchen Kulturen ehrt man nach wie vor das Alter. Man verneigt sich vor dem grauen Haar, das wurde einem von Kind an durch Bibelsprüche und Sprichwörter eingeschärft. In unserer eigenen Gesellschaft hat sich die Einstellung alten Menschen gegenüber verändert. Man hat keinen Nutzen von ihren Ratschlägen, weil die Umwelt ganz

anders ist. Niemand will die Jacken anziehen, die Großmutter strickt, oder die Decken auflegen, die sie stickt. Die Weitergabe von Kenntnissen hat auch ihre praktische Bedeutung verloren, da es nicht mehr darum geht, älteres Wissen zu reproduzieren, sondern sich neues anzueignen. Die Älteren sind eine wirtschaftliche Belastung für die Jüngeren, beweisen uns die Ökonomen. Auf Markt und Straßen sind die Alten nur im Weg und erregen Ärgernis, häufig schimpft man sie alter Trottel oder olle Hexe, und angeblich kann man schon mit 30 Jahren so apostrophiert werden.

Die umgedrehte Pyramide

Früher war das demographische Altersdiagramm ebenso wie die Alterstreppe pyramidenförmig, mit breiter Basis und sich verjüngender Spitze. Heute gleicht die demographische Altersverteilung eher einer umgedrehten Pyramide. Es gibt zu viele alte Leute. Der Hundertjährige der Alterstreppe ist keine fiktive Gestalt, sondern hat viele Gegenstücke in der Wirklichkeit.

Umgekehrt: Wer heutzutage ein Kind verliert, befindet sich in einer weit schwereren Lage als der, dem das vor 100 Jahre zustieß, als das fast eine Regel in jeder Familie war. Wir messen uns ja immer durch Vergleich mit anderen. Trifft uns allein ein Unglück, fragen wir: Warum sollte das gerade mir passieren? In der Zeit der Orthodoxie sah man in einem Unglück eine Strafe Gottes für ein ganzes Volk. Heute steht für uns das Individuum oder die Familie im Mittelpunkt.

Nicht allen werden gleich viele Pfunde zuteil, aber auch, wenn wir nur ein einziges erhalten, sollen wir es nicht vergraben, lehrt uns die Heilige Schrift. Verwalten ist heutzutage im allgemeinen dasselbe wie investieren. Während meine Generation in der Hoffnung lebte, eine ausreichende Pension zu bekommen, kann die nächste Generation das nicht. Wir lesen in den Zeitungen, daß wir selbst vorsorgen müssen durch Pensionsversicherungen.

Aber bei Investitionen handelt es sich nicht nur um Geld, wir müssen auch in eine heile Umwelt investieren, die Lebensbedingungen künftiger Generationen optimieren. Vielleicht ist das etwas Neues gerade für uns, die jetzt leben: vorauszudenken, indem wir uns auch um die Umwelt bekümmern. Wir haben deutlicher als frühere Generationen den Zusammenhang zwischen beispielsweise Mißbrauch und zeitigem Tod erkannt. Einst dachte man höchstens an die Schädlichkeit von Alkohol, heute warnen wir ebenfalls vor Tabak und anderen Arten von Rauschmitteln. Aber auch die Erde und das Wasser, die wir nutzen, wollen wir schützen.

In der Vergangenheit war Gleichheit ein Begriff auf nationaler Ebene. Niemand verglich seinen Lohn mit entsprechenden Vergütungen in anderen Ländern. Heute wissen wir, daß Ungleichheit anderwärts in der Welt ein weitaus größeres Hindernis zur Erreichung von Lebensglück ist als bei uns. Zu Hause haben wir vielleicht negative Seiten der Gleichheitsideologie in Form einer wachsenden Unterstützungsempfänger-Mentalität beobachtet, einer Bestrebung, Bestimmungen zu umgehen und sich selbst Vorteile zu verschaffen. Wir haben das Mißglücken der Planwirtschaft erlebt und setzen uns für Marktwirtschaft ein. In globaler Perspektive sehen wir ein, daß unser eigenes Glück nicht durch das Unglück anderer vermehrt wird. Das Glück muß von der Familienbezogenheit, von Regionalismus und Nationalismus losgelöst werden. Das Weltglück hängt auch mit der Bevölkerungsfrage zusammen. Die Alterstreppe kann keine unbegrenzte Anzahl von Menschen aufnehmen.

Leben ist irreversibel

Ich habe das Lebensrad ein Sinnbild genannt: irreversibel, aber auf Veränderung ausgerichtet. Veränderung ist wohl *das* wichtige Wort in unserer heutigen Gesellschaft. Nicht um ihrer selbst willen – denn nicht alle Veränderung ist eine Verbesserung –, sondern weil es gilt, in einer fruchtbaren Beziehung zur Gegenwart zu stehen. Man kann nicht sein Leben lang von Schulkenntnissen zehren. Wir müssen offen sein für unsere technische und soziale Umwelt. Nostalgie taugt nichts als Lebensausrichtung, sie ist im Grunde eine sentimentale Einstellung zum Leben.

Wenn ich aber das Lebensrad als Metapher verwende, so bedeutet das nicht, daß ich über die Geschwindigkeit bestimme, mit der das Rad sich bewegt. So wie es Zeiten gibt, in denen Veränderungen schneller vor sich zu gehen scheinen als in anderen, was von gewissen grundlegenden Innovationen abhängt, zum Beispiel der Entdeckung der Elektrizität oder der Erfindung des Mikrochips, so glaube ich, daß wir Menschen einen unterschiedlichen Lebensrhythmus haben müssen. Dies ist notwendig aus ökologischen Gründen in verschiedenen Teilen der Welt, aber auch aus genetischen und medizinischen und zu guter Letzt aus kulturellen Gründen. Gleichheit darf nicht bedeuten zu verlangen, daß alle gleich schnell schwimmen. Wir leben in einer multikulturellen Gesellschaft, und wir müssen Unterschiede zwischen Gesunden und Kranken, Männern und Frauen, Kindern und Erwachsenen, zwischen verschiedenen Generationen und Nationen ebenso akzeptieren wie zwischen Einstellungen und Wertungen.

In einem Buch über japanische Kultur sah ich kürzlich das Bild eines Bettelmönchs, der mitten im Volksgewimmel an einer Straßenecke stand. Er muß dort stehen, nicht zuletzt als ein Symbol dafür, daß es verschiedene ideologische Brennpunkte gibt. Fundamentalismus bedeutet Uniformität, die Forderung, in den gleichen Bahnen zu denken, dasselbe zu glauben, auf die gleiche Weise zu leben. Das führt wiederum zu Fanatismus und ist der Gegensatz von Humanismus.

Das Christentum wurde zuweilen in eine Glücksreligion verwandelt, wenn nämlich der Benachteiligte auf eine Kompensation nach dem Tode verwiesen wird. Das mag ein Trost sein für den, der mühselig und beladen ist, aber es darf nicht zu einem Polster des Wohlhabenden werden. Die Kranken, die Jesus heilte, bekamen wohl ein besseres Dasein, und die er vom Tode erweckte, erhielten ein verlängertes Erdenleben. Aber er gab ihnen keine Eintrittskarte in den Himmel. Das Glück war, weiter zu leben.

Die Menschenrechtserklärung der Vereinten Nationen ist eine Sammlung von rechtlichen Mindestforderungen. Die goldene Regel der christlichen Ethik verlangt noch etwas mehr: „Alles nun, was ihr wollt, das euch die Leute tun sollen, das tut ihnen auch." Das ist eigentlich ein genial formuliertes Programm: der Egoismus als Vorbild für den Altruismus.

Spannungsvolles Auf und Ab

Es ist leicht, das Lebensrad und die Alterstreppe zu einem Modell der Lebensverschlechterung zu erklären. Es gab einmal eine Entwicklungslehre, welche die Geschichte der Menschheit als vier fallende Stufen einer Alterstreppe darstellte. Auf das goldene Zeitalter folgte ein silbernes, auf das silberne ein kupfernes und auf dieses ein eisernes. Eine devolutionistische Prämisse, um den amerikanischen Folkloristen Alan Dundes zu zitieren. Heute ist sie nicht mehr richtungsweisend, nicht einmal für den Ethnologen. Die alte Zeit war selten die gute alte Zeit. Wir sollten uns sie nicht zurückwünschen. Ich möchte geradezu sagen: Wir bringen es nicht fertig, uns in dieser Richtung zu bewegen, höchstens vielleicht während einiger Ferienwochen, in denen wir uns den Spaß machen, etwas primitiv zu leben. Es gibt nur eine Richtung: vorwärts, ob wir wollen oder nicht. Wir müssen die aufsteigende Bewegung der Alterstreppe und des Lebensrades akzeptieren. Die abwärts gerichtete Phase können wir als Individuen nicht verhindern. Aber man darf sie nicht nur als Entlaubung verstehen, um ein Symbol anzuwenden, das uns häufig bei der Alterstreppe begegnet. Auch die absteigende Phase enthält Qualitäten.

Die Zukunftsforscher sagen voraus, daß künftige Generationen sich nicht auf eine einzige Berufskarriere ausrichten können, sondern mit Berufswechsel rechnen müssen. Wer an der Spitze steht, vermag sich nicht lange dort zu halten; nach einigen Jahren muß er herabsteigen. Nicht nur physischer und mentaler Verschleiß kann Flexibilität erzwingen, sondern auch politischer Machtwechsel.

Auf der Alterstreppe eine Stufe hinauf oder hinab zu klettern, bringt neue Erfahrungen mit sich. Es verleiht dem Leben Spannung. Häufig fürchtet man sich davor, den Schritt zu tun, 60, 70 oder 80 Jahre alt zu werden. Man verreist vielleicht lieber, anstatt sich am Ehrentag der Aufmerksamkeit anderer auszusetzen. Aber andererseits sind wir Menschen mit einer großen Anpassungsfähigkeit ausgerüstet. Vielleicht ist die Zeit auch vorbei, in der es wichtig war, um jeden Preis Runzeln und andere Gebrechen zu verbergen. Auf dem Fernsehschirm sehen wir oft enthüllende Nahaufnahmen von alten Menschengesichtern. Nicht alle sind schön, ebenso wenig wie alle jüngeren Gesichter. Aber ein altes Antlitz kann ausdrucksvoll sein, in dem es vieles zu entdecken gibt.

Rentner zu werden, kann auch für viele ein Trauma bedeuten. Nicht mehr in der altgewohnten Arbeitsumwelt sein zu dürfen und alte Arbeitskameraden zu treffen. Trotzdem ist heutzutage wohl kaum der Schaukelstuhl das Attribut des Pensionärs. Eher sind sie und er aktiver als je zuvor, da man nun seine Zeit selbst einteilen kann. Ich bin mir dessen bewußt, daß die Situation nicht für alle Kategorien dieselbe ist. Vielleicht ist der Geisteswissenschaftler besonders privilegiert. Die abnehmende Rezeptivität läßt sich oft durch Wissen und größeres Geschick im Auswählen kompensieren.

„Heute rot, morgen tot", steht auf einigen schwedischen Alterstreppen. Das ist eine pessimistische Lebensperspektive, auch wenn sie biologisch gesehen der Wahrheit entspricht. „Das Leben ist eine Kummerinsel, kaum bist zu geboren, mußt du sterben" sang Carl Mikael Bellman in einem Wiegenlied für seinen Enkel Carl. Vielleicht inspirierte ihn eine Alterstreppe oder ein Lebensrad zu diesen Worten. Vielleicht auch waren es die vielen Grabinschriften und Todessymbole, von denen man einst umgeben war und die alle die Mahnung enthielten: Memento mori – bedenke, daß du sterben mußt.

Ist das die äußerste Moral der Alterstreppe und des Lebensrades? Ein kulturgeschichtlicher Aspekt des Lebensrades verweist unter anderem auf das Lebensrad als Vanitasmotiv. Aber nicht nur ein Vanitasmotiv. Derselbe Prediger, der sagt, alles sei ganz eitel, sagt auch: „Ein jegliches hat seine Zeit, und alles Vorhaben unter dem Himmel hat seine Stunde: geboren werden hat seine Zeit, sterben hat seine Zeit [...] weinen hat seine Zeit, lachen hat seine Zeit; klagen hat seine Zeit, tanzen hat seine Zeit [...] herzen hat seine Zeit" (Pred. 3, 19–20).

Sinn- und Mahnbilder

Die Alterstreppe und das Lebensrad sind also nicht nur ein Sinnbild, sondern auch ein Mahnbild. In einem schwedischen Kinderchoral heißt es vom Kind in der Hand Gottes: „Keine Not und auch kein Glück, es aus Gottes Händen rückt." Die Worte wollen uns lehren, daß Not und Glück nicht immer entgegengesetzte Kräfte sein müssen. Beide können einen Menschen ins Verderben stürzen. Wir können an Wohlleben ebenso sterben wie an Hunger. Wir können das große Los gewinnen und dadurch ebenso leicht unglücklich werden wie glücklich.

Glück ist andererseits in der christlichen Ethik kein verpöntes Wort. Meine Analyse des Glücksbegriffs im schwedischen Kirchengesangbuch zeigt jedoch, daß der Begriff nicht eindeutig ist. Wenn man unsere schwedischen Kalender mit den Worten einleitete: „Gib o Jesu Freud und Glück", so war das ein Choralzitat. Aber die meisten Glückschoräle sprechen andererseits von der Ungewißheit des Glücks. Im Gesangbuch von 1695 stoßen wir geradezu auf die Glücksrad-Metapher: „Wenn das Rad sich dreht, ist dein Glück alle."

Auch die Alterstreppe enthält eine Moral. Der Mensch kann nicht bis zum Himmel hinaufklettern. Es gibt Grenzen, auch wenn sie sich dehnen lassen. Die Alterstreppe, und vielleicht noch stärker das Lebensrad, wollen uns vor Hybris, der klassischen Todsünde, warnen. Das Lebensrad erweist sich als perfekte Illustration zu dem Sprichwort: Hochmut kommt vor dem Fall.

Andere, menschlichere Reaktionen spiegelt eine Redensart wie „Vögel, die am Morgen singen, holt am Abend die Katz". Hier spricht der Neidische oder wird der Unvernünftige gewarnt. In den Schlagzeilen der Zeitungen finden wir eine moderne Variante: Einer, der acht Millionen in der Lotterie gewonnen hatte, verjubelte das Geld in ebenso vielen Monaten. Wie gewonnen, so zerronnen.

Moralismus ist im Grunde ziemlich langweilig, und ich will die Metaphern auch nicht in diese Richtung ausnutzen. Die Alterstreppe und das Altersrad können geradezu Schaden anrichten, wenn sie dazu benutzt werden, das Selbstvertrauen von Menschen zu schwächen. Vielleicht haben wir die Worte „Vögel, die am Morgen singen, holt am Abend die Katz" allzu oft als Warnungs-Parole gehört, wenn wir statt dessen den Zuruf gebraucht hätten: Du kannst, wenn du willst. Du besitzt ein Potential, das du nutzen sollst. Laß ihm freien Lauf. Solltest du kein Glück haben, kannst du dich mit dem Dichterwort trösten: „Es ist schöner, eine Sehne springen zu hören, als niemals den Bogen zu spannen!" Es besteht eine Gefahr – und sie ist vielleicht besonders groß, wenn man jung ist – ständig nach der nächsten Stufe zu schielen. Ein Wort von Horaz erteilt uns einen anderen Rat: „Carpe diem" – nutze den Tag. Zuweilen muß man anscheinend an einen Tiefpunkt des Lebens gelangt sein, um das einzusehen, oder man muß eine lebensgefährliche Krankheit durchgemacht haben. Man muß wohl erst einmal gezüchtigt werden, um zu begreifen, daß jeder neue Tag eine Qualität besitzt.

Lebensqualität bis zum Schluß

Es hat den Anschein, als dehnten wir unsere Lebensgrenzen mit jeder Generation weiter aus. Aber das höchste Glück besteht sicherlich nicht darin, sich so lange wie möglich am Lebensrad festzuklammern. Die senile Demenz trifft alle sozialen Schichten. Es gibt leider eine Konsequenz bei der Alterstreppe: Der Greis gelangt zuletzt auf dieselbe Ebene wie das Kind. Eine ehemalige schwedische Schau-

spielerin, Maj Fant, hat dieses Problem in einem Buch beleuchtet, dem sie den Titel gab „Die Mutter seiner Mutter werden". Eine schwedische Malerin, Lena Cronquist, hat diese Situation in einem berühmten Bild geschildert, auf dem man die Mutter als Puppe auf dem Schoß der Tochter sieht. Es ist ein Zustand, der für beide Generationen gleich schwer zu ertragen sein kann.

Die Sehnsucht zu sterben, kann eines Tages stärker werden als der Wunsch weiterleben zu dürfen. Es muß zu einer guten Lebensqualität gehören, daß die nächsten Angehörigen das respektieren und unser Leben nicht mit künstlichen Mitteln über seine natürlichen Grenzen hinaus verlängern.

Auch die letzte Ebene der Alterstreppe muß eine Lebensqualität erhalten. Die Alterstreppe ist in dieser Beziehung anscheinend barmherziger als das Lebensrad, das den Menschen auf die Nase fallen läßt, um schließlich vom Rad überrollt zu werden. Nach amerikanischem Vorbild richtet man jetzt auch in Schweden Heime ein, die nicht dem Zweck dienen, die Gesundheit der Kranken zu verbessern, sondern ihnen die Pflege angedeihen zu lassen, die sie brauchen, in einer Umwelt, die mit einem würdigen Lebensende vereinbar ist. Dies kann eine gute Alternative zu dem Idealfall sein: daheim im eigenen Bett sterben zu dürfen, was in vergangenen Zeiten die Regel war.

Zum Schluß: Das Lebensrad bleibt mit dem Tod eines Menschen nicht stehen. Neue Geschlechter klammern sich daran fest, lassen sich nach oben rollen. Auch die Alterstreppe büßt ihre Aktualität nicht ein, nur die äußeren Attribute werden ausgetauscht. Die Kinder spielen nicht mehr mit Reifen. Der Greis hat keinen Krückstock, sondern einen Gehwagen. Er braucht nach der Staroperation vielleicht nicht mal mehr eine Brille. Der Wissenschaftler schreibt nicht mehr mit dem Gänsekiel, sondern benutzt einen Computer.

Wie die Alterstreppe oder das Lebensrad der Zukunft aussehen wird, wissen wir nicht. Aber aller Wahrscheinlichkeit nach werden sie ihre Struktur und Bewegung behalten. Und wir sollten dankbar sein, daß wir eine Umdrehung mitmachen durften.

---

[1] Vgl. *N.-A. Bringéus:* Die Kunst, wieder jung zu werden. In: Ethnologia Scandinavica 1980. Vgl. auch meinen Aufsatz in der Rheinisch-westfälischen Zeitschrift für Volkskunde 32/33 (1987/88).

Thomas Rentsch

Altern als Werden zu sich selbst

Philosophische Ethik der späten Lebenszeit

Im folgenden wird das menschliche Altern philosophisch betrachtet. Es geht dabei um das vernünftige Verständnis derjenigen Begriffe, mit denen wir uns die Situation des Menschen angesichts des Alterns vergegenwärtigen können, so daß mit ihnen ein sinnvolles praktisches, ethisches Selbstverständnis der späten Lebenszeit artikulierbar wird.

Es gilt, die Thematik des menschlichen Alterns für die Philosophie zurückzugewinnen. Neuzeit und Aufklärung richteten ihre normativen Ansprüche an alle Vernunftwesen. Ihre universale Ethik sah aus prinzipiellen Gründen von bestimmten inhaltlichen Bedingungen und Bedingtheiten des menschlichen Lebens – zum Beispiel den Lebensaltern – ab. So wendet sich der eben deshalb unbedingte, der kategorische Imperativ Immanuel Kants nicht an Ältere oder Jüngere, sondern formal, universal und abstrakt an alle freien, potentiell moralischen Wesen und an die Form ihrer Willensbildung. Von der Leibhaftigkeit, Endlichkeit und Verletzlichkeit dieser Wesen ist hier in der abstrakten Vernunftethik der Moderne überhaupt nicht die Rede.

Die alte, die antike Ethik der Glücksorientierung fragte demgegenüber mit Aristoteles: Wie ist ein gelingendes Leben (gr. eu zen) für den Menschen möglich?

Diese antike Ethik richtet keinen kategorischen Imperativ, kein universales „Du sollst" an alle Menschen, sondern sie fragt nach dem Gelingen, dem Glücken des Lebens jedes einzelnen, nach der Eudämonie. Die antike Ethik des guten Lebens muß daher auf die jeweilige Lebenssituation des Menschen Hinsicht und Rücksicht nehmen, dem sie raten und dem sie zu einem angemessenen Verständnis seiner selbst verhelfen will. Die Ethik des guten Lebens kann nicht auf einen generalisierten, sondern sie muß auf den konkreten Menschen Bezug nehmen, um hilfreiche Einsichten über die Möglichkeiten des Glücks zu gewinnen.

In der Tradition der antiken Philosophie

Prof. Dr. **Thomas Rentsch**, geb. 1954 in Duisburg. Seit 1992 o. Professor für Philosophie an der Technischen Universität Dresden. 1990–1992 Heisenberg-Stipendiat der Deutschen Forschungsgemeinschaft. Veröffentlichungen: Heidegger und Wittgenstein (1985); Die Konstitution der Moralität (1990).

Prof. Dr. Thomas Rentsch, Technische Universität Dresden, Philosophische Fakultät, Mommsenstraße 13, 01062 Dresden

entwickelte sich daher eine Ethik der Lebensalter. Wenn wir heute mit der Problematik des Alterns in der modernen Gesellschaft auch philosophisch reflektiert umgehen wollen, dann müssen wir es wagen, das lebensphilosophische Defizit der modernen Vernunftethik zu überwinden: im Rückgriff auf die antike Ethik, im Rückgriff auf Traditionen der Lebensweisheit, im Blick auf Kulturen humanen Umgangs mit dem Altern.

Glück und kommunikative Praxis

Eine erste grundsätzliche Einsicht der antiken Ethik war ihr Grundsatz: Alle Menschen streben nach dem Glück. Alle Menschen wollen glücklich sein. Die menschlichen Lebensvollzüge lassen sich als Versuche des Entwurfes sinnvollen Lebens begreifen. Dabei ist in der langen philosophischen Diskussion über das Glück herausgekommen – gestatten Sie mir, dies ganz schlicht zu formulieren –, daß das Glück nichts Besonderes ist. Das Glück ist nichts „Großes" neben, über oder hinter unseren normalen Handlungen. Das Glück stellt sich daher beiläufig ein, wenn wir unserer üblichen Lebenspraxis Genüge tun. Zu dieser Einsicht gehört die Kritik der Vorstellung, das Glück sei als etwas Höchstes oder Letztes an der Spitze einer Pyramide von Zwecken oder Zielen anzusiedeln, ein Höchstes oder Letztes, nach dem man dann vergeblich jagt. Vielmehr müssen wir vom Eigenwert der vermeintlich unteren, inferioren, in Wirklichkeit aber elementaren und fundamentalen Entwürfe und Erfüllungen, wie zum Beispiel essen, trinken, schlafen, hören und sehen, sich unterhalten, etwas Sinnvolles tun, ausgehen.

Sie haben neben ihren tragenden Funktionen für weitere, komplexe Sinnentwürfe einen selbstzweckhaften, selbstgenügsamen Kern. Anders gesagt: Die Instrumentalisierung und Funktionalisierung aller menschlichen Praxis in Richtung auf ein Endziel – das Glück schlechthin – ist ein Mißverständnis, denn es vergleichgültigt die vielen sinnvollen Formen gelingenden Lebens. Wir müssen darüber hinaus daher die Komplexität, die Vielgestaltigkeit des Guten bzw. des Glücks begreifen. Keineswegs folgt aus dem Satz, daß alle Menschen nach dem Glück streben, daß es nur eine Form des Glücks gibt. Auf diesem Hintergrund erst können wir nach altersspezifischen Erfüllungsgestalten des Lebens fragen.

Für die Tradition der Ethik des guten Lebens war ein Weiteres klar: Wir werden als Menschen zu uns selbst im Medium kommunikativer Praxis, inmitten eines gemeinsamen Lebens mit anderen. In diesem Sinne hatte die antike praktische Philosophie den Menschen als ein sprachliches und politisches, in der Stadt lebendes Wesen bestimmt. Das Werden der Menschen zu sich selbst im Laufe ihres Lebens wird ermöglicht über kommunikative, soziale Erfüllungsgestalten im gemeinsamen Leben. Für die Kindheit, die Jugend, die Erziehung und Ausbildung ist dies klar; zu fragen ist, in welchem Sinne es auch für die Phase des Altwerdens zutrifft.

Bei aller Akzentuierung des sozialen Wesens des Menschen gehört das existentielle Alleinsein unhintergehbar zur menschlichen Lebenssituation. Ja, erst auf dem Grund der Gemeinsamkeit kann sich so etwas wie Einsamkeit, Subjektivität und das Bewußtsein von Individualität entwickeln. Das Leben des einzelnen geht im kommunikativen Wesen des Menschen nicht auf. Vielmehr ist jedes Leben eine einmalige Ganzheit, eine singuläre Totalität, die konkret an der begrenzten leiblichen Gestalt des Menschen in Erscheinung tritt. Bereits Platon benannte den menschlichen Leib als das Prinzip der Individuation. Auch die sich in der Zeit entwickelnde einmalige Ganzheit des Lebens ist nichts Substantielles neben, hinter oder über den alltäglichen Lebensvollzügen. Sie zeigt sich vielmehr nur in den praktischen Lebenssituationen selbst.

Werden des Menschen

Wie läßt sich das Werden des Menschen in seiner zeitlichen Endlichkeit begreifen? Das Leben zwingt uns, ihm eine bestimmte Gestalt zu geben, eine existentielle Konfiguration unserer selbst. Diese Gestalt müssen wir – in Jugend und Alter – Tag für Tag tätig hervorbringen. Die umfassende Tätigkeit dieser Gestaltung kann als das Führen des Lebens bezeichnet werden. Vom Anfang unseres Lebens an sind wir diskrete, leiblich verfaßte Wesen mit dem Zug der Einmaligkeit, einer zunächst faktisch konstatierbaren Unaustauschbarkeit und Unverwechselbarkeit. Wir sind in unserem Leben immer an der Gestaltung der einmaligen Ganzheit, die wir faktisch schon sind, praktisch tätig. Unser Leben ist – zunächst: ob wir es wollen oder nicht – die Gestaltwerdung der singulären Totalität, die wir sind, selbst.

Die einmalige Ganzheit jedes Lebens tritt konkret in einen dialektischen Prozeß der Gestaltwerdung auseinander, indem einerseits die einzelnen Handlungen in den einzelnen Lebenssituationen immer auch Bewegungen des ganzen Lebens sind, und mithin ihren Sinn auch mit Bezug auf die Ganzheit gewinnen oder verlieren, und indem andererseits dieser Rahmen der Ganzheit immer durch die einzelnen Handlungen und Sinnentwürfe in den lokalen Situationen qualifiziert wird. Erst durch diese Dialektik von Einmaligkeit und Ganzheit bildet sich die begrifflich uneinholbare Weltgestalt – die Individualität – eines einmaligen menschlichen Lebens als konkrete Lebensform aus. Die Ganzheit des Lebens ist nie außerhalb von

singulären Situationen – und außerhalb von konkreten Lebensaltersstufen – erfahrbar; und die singulären Situationen lassen sich näher oder, im Grenzfall, letztlich nur in der Perspektive der Ganzheit begreifen. Die volle Schärfe erhält diese Feststellung in der Perspektive einer moralisch begriffenen einmaligen Lebensganzheit: Wir können hier von der ethischen Zeit der Verantwortung als der absoluten Zeit eines endlichen menschlichen Lebens sprechen, von der Zeit, auf die es wirklich ankommt.

In die moderne Ethik ist das antike Urmotiv des guten und gelingenden Lebens gleichsam hinterrücks wieder hineingekommen: nämlich über den Begriff der Identität, der personalen Identität. Es waren Entwicklungspsychologen wie Piaget und Kohlberg, die aufgrund ihrer empirischen Untersuchungen zur schrittweisen Herausbildung der moralischen Urteilsfähigkeit beim Kinde den voll aufgeklärten Vernunftphilosophen wieder die Tatsache nahebrachten, daß die „reine" Vernunft sich in gebrechlichen, verletzlichen kleinen Körpern in mühevollen und ständig gefährdeten Prozessen entwickelt und nirgendwo sonst; daß die Herausbildung personaler Identität mit moralischen Bildungsprozessen gerade aufgrund der Naturabhängigkeit des Menschen konstitutiv verklammert ist.

Was für die genetische Herausbildung personaler Identität über Kindheit, Jugend, Reife bis zum jungen Erwachsenen gilt, dies scheint mir nun im Blick auf die spätere Lebenszeit und das Altern eine entsprechende Erweiterung und Vertiefung zu erfordern, eine gleichsam spiegelbildliche Ergänzung.

Leben als Interpretationsaufgabe

Wie konstituiert sich das Werden zu sich selbst in der Zeit? Es endet ja nicht mit dem Erwachsengewordensein. Hier beginnt ja vielmehr gerade erst der komplexe Prozeß der Identitätsbewahrung und der Identitätsbewährung. Als dieselben erfahren wir uns im wesentlichen während und nach entscheidenden, nachdrücklich erfahrenen Veränderungen unseres Lebens. Vor allem deswegen, weil wir tiefgreifende Wandlungen unserer selbst erleben und uns wiederum zu diesen Wandlungen verhalten müssen, erhält die Gestalt unseres Lebens ihre Unverkennbarkeit.

Ein Blick auf die natürliche Gliederung unseres Lebens in Kindheit und Jugend, Reife und Erwachsensein, Altern und Lebensende macht dies bereits deutlich. Diese Wandlungen des sinn- und leiderfahrenden Lebens sind verwoben mit Wandlungen der Sichtweise der Welt. Wesentlich ist: Die einmalige Ganzheit des Lebens stellt eine ständige Interpretationsaufgabe dar; sie bildet sich gemäß der (existentiellen) Dialektik von konkreter Einzelsituation und einzelner Handlung einerseits, gemäß der Perspektive der Totalität unserer Existenz andererseits in den Wandlungen des Lebens aus. Wesentlich sind, wie schon beim erstmaligen Herausbilden einer personalen Identität im Heranwachsen und Reifen, die Weisen des Sichtwandels des sinnerfahrenden Lebens. Menschen sind nicht nur als Sinnentwürfe ihrer selbst zu verstehen, sondern darüber hinaus als Wesen, die zu grundlegendem Wandel der Sicht fähig sind. Und sie müssen auch dazu fähig sein, denn die einmalige Ganzheit des Lebens besagt auch, daß alles Grundsätzliche im Leben nur erstmalig und einmalig eintritt: nur einmal Kind, nur einmal jung, nur einmal erwachsen, nur einmal der Eintritt in die spätere Lebenszeit – ohne vorherige Möglichkeiten der Probe, ist ständig Premiere, ständig Uraufführung im Leben. Jeder Gewinn neuer Lebensmöglichkeiten ist gleichzeitig ein Verlust, jeder Verlust Gewinn. Deswegen sagt Kierkegaard: Verstehen kann man das Leben erst von rückwärts, gelebt werden muß es aber nach vorwärts.

Die einmalige Ganzheit zeigt sich sozial in der viel bestrittenen Unvertretbarkeit durch andere: Die Lebenserfahrung zeigt, daß ich kein anderer sein kann. Nur ich kann tun, was ich tun kann. Die Unvertretbarkeit wird praktisch zur Unaustauschbarkeit. Wir können in diesem Zug unseres Lebens den Grund für dessen „Ernst" sehen; die geläufige Rede vom Ernst des Lebens verweist auf die Unumgänglichkeit, das eigene Leben zu führen. Die einmalige Ganzheit zeigt sich aber auch in der Unvertretbarkeit für andere: Ich bin in meiner existentiellen Eigenart, in der Singularität meines individuellen Lebens und gemäß meiner genuinen Fähigkeiten eine praktische Erfüllungsperspektive für die anderen. Wir wachsen in bestimmte natürliche Gestalten des Lebens – Tochter oder Sohn, Mutter oder Vater, Schwester oder Bruder, Großeltern – hinein. In diesen Gestalten sind wir für andere unvertretbar. Wir müssen daher die interne Komplexität und Abstufung der einmaligen Lebensganzheit im Verlauf der Lebensphasen erfassen: Unvertretbarkeit für andere besteht jeweils in differenzierter Form während der Lebenszeiten und ihren identitätsbildenden Wandlungen. Jeweils handelt es sich um Erfüllungs- und Versagungsperspektiven, bei denen es auf uns jeweils als Kind, als Tochter, als Lehrer, als Großvater, als Kranker, als Gesunder, als Gebrechlicher, als Jugendlichkraftvoller, als Erfahrener oder Unerfahrener ankommt – auf etwas, was nur jeweils wir tun oder sein können.

Ein – aus vielen bekannten Gründen die modernen Gesellschaften kennzeichnender – Isolationismus der Generationen, mit Kinderfeindlichkeit und Altenreservaten als Spitzen eines Eisberges, ein solcher

Isolationismus kann auch als kommunikative Verarmung der Erfüllungsgestalten des Lebens analysiert werden, die sich der differenzierten Unvertretbarkeit für andere verdanken können. Denn ein moralisches Lebensverständnis bemißt sich am untrüglichsten an der Fähigkeit, den andern als den anderen in seiner Differenz zu sehen und zu achten, er bemißt sich an der Kraft und Sensibilität, sich in den andern hineinzuversetzen, das heißt auch: an der existentiellen Phantasie, sich als Junger deutlich zu machen, daß ich der potentiell alte Mensch bin.

Fundamentaler ethischer Sinn der Endlichkeit

Die einmalige Ganzheit des Lebens hat ihre konkrete Gestalt in der Leiblichkeit des Menschen. Diese Leiblichkeit koinzidiert nicht etwa mit den Grenzen unserer Haut, sondern wir erstrecken uns situativ, handelnd und sprechend, planend und überlegend, weit in die Welt hinaus. Der Leib ist auch keine „Hülle", in der wir „stecken". Er ist nicht das „Außen" eines „Innen"; wir sitzen nicht „innen" wie versteckte Fahrzeuglenker in einer Leibmaschine. Wir stehen auch nicht noch einmal als luftige Geistwesen „hinter" unserem Leib. Sondern der menschliche Leib ist die Mitte unserer lebendigen Wirklichkeit, in der deren natürliche Basis und deren kommunikatives Wesen sich wechselseitig durchdringen und so ermöglichen. Zu fragen ist, was die aufgewiesenen Züge der einmaligen Ganzheit des Lebens für den Selbstwerdungsprozeß im Altern tatsächlich bedeuten.

Um dies zu klären, kommen wir nicht umhin, philosophisch den fundamentalen ethischen Sinn der menschlichen Endlichkeit zu betrachten. Denn im Alter radikalisiert sich die Zeitlichkeit des menschlichen Lebens, wie wir gleich sehen werden.

Faktisch existieren wir zwar immer schon als zeitlich-endliche Wesen. Aber der Prozeß des Alterns intensiviert die Erfahrung der Endlichkeit noch einmal. Die Endlichkeit zeigt sich in der Unwiederholbarkeit und Unwiederbringlichkeit des gemeinsamen und einsamen Lebens; sie zeigt sich in der Unumkehrbarkeit der Lebensbewegung, in der Unvermeidlichkeit des Eintritts in und des Abschieds von den Lebensaltern, in der Unabänderlichkeit des Gewesenen, in den denkend und erinnernd nicht erreichbaren Anfängen des sinnhaften und bewußten Lebens und in der Unvorhersehbarkeit der Zukunft. Die Endlichkeit des Lebens besagt, daß uns als Menschen unsere Vergangenheit in vielem verdeckt, die Zukunft entzogen und die Gegenwart der Ort ungesicherter, bedrohter Autonomie ist.

Bevor ich die Konsequenzen dieser Überlegungen für eine Ethik der späten Lebenszeit ziehe, möchte ich an dieser Stelle folgendes nachdrücklich hervorheben: Es ist meines Erachtens grundverkehrt, angesichts des Alterns eine pessimistische oder gar tragische Anthropologie des Elends des menschlichen Daseins zu entwickeln. Ich möchte dem die These von der Normalität, Universalität und Kontinuität des Menschseins durch alle Lebensphasen hindurch entgegensetzen. Es ist falsch zu denken, daß die Alten und sehr Alten gleichsam wie ein exotischer Stamm fremd inmitten ansonsten nur junger, unbeschwerter, kerngesunder, in Liebe, Glück und Konsum schwelgender Menschen leben. Dieses durch manches oberflächliche Medium vermittelte Zerrbild verkennt, daß die Verletzlichkeit, die Leidbedrohtheit und Schutzlosigkeit, die existentielle Fragilität alle Phasen des menschlichen Lebens wesentlich prägen. Vom hilflosen Kleinkind brauchen wir gar nicht erst zu reden. Aber denken wir an die vielfältigen Probleme der Pubertät, der

Ausbildung in einer oft sehr harten, unbarmherzigen Leistungsgesellschaft, die großen Problemkomplexe der Liebe, der Partnerschaft, der Ehe und der Erziehung, um nur einige Aspekte zu nennen, so wird deutlich, daß die konstitutive Sinnorientierung menschlicher Wesen durchgängig auf dem Hintergrund dieser Fragilität zu sehen ist.

Wir dürfen über der Reflexion der Besonderheiten des Alterns nicht die Normalität, Universalität und Kontinuität des von Anbeginn an fragilen Menschseins vergessen: Probleme, Krisen und Konflikte, Ängste und Gefährdungen kennzeichnen alle Lebensphasen genauso wie die Chancen zum Glück. Erst auf diesem Hintergrund ist auch das Alter als Chance begreifbar.

Und dennoch läßt sich angesichts des Alterns von ganz spezifischen Zügen des menschlichen Werdens zu sich selbst sprechen. Ich möchte diese Züge in ihrer Typik zunächst als eine Radikalisierung der menschlichen Lebenssituation fassen, um dann ihre ethische Dimension zu beleuchten.

Altern als Radikalisierung der menschlichen Lebenssituation

Der Prozeß des Alterns, so meine These, ist die Radikalisierung der menschlichen Lebenssituation bzw. der menschlichen Grundsituation, und er ist dies deshalb, weil das Altern sich (philosophisch-anthropologisch) als das aufdringliche Zutagetreten der humanen Sinnkonstitution begreifen läßt. Auch um dies zu erläutern, hilft uns die abstrakte Vernunftethik nicht weiter. (Übrigens half hier auch die Metaphysik nicht weiter – sie handelte von zeitlosen Geistwesen.)

Demgegenüber müssen wir, wenn wir die Radikalisierung der menschlichen Situation und das aufdringliche Zutagetre-

ten der humanen Sinnkonstitution beschreiben wollen, die Lebenswirklichkeit begrifflich zu erreichen suchen. Zunächst lassen sich folgende Aspekte unterscheiden: das physische Altern, das psychische Altern, das soziale Altern und das kulturelle Altern. Die physische Wandlung im Alternsprozeß läßt sich als Radikalisierung der leiblich verfaßten Grundsituation des Menschen bezeichnen: Der früher in der Regel problemlos-unauffällige Leib, die Gelenke, Herz und Kreislauf – sie treten zunehmend in eigensinnigen Befindlichkeiten störend auf, und es meldet sich die naturabhängige Basis allen endlichen Lebens. Man hat den Menschen als „Mängelwesen" bestimmt: aufgrund seiner extrem langen extrauterinen Hilflosigkeitsphase als Kleinkind; aufgrund seiner konstitutiven Schutzlosigkeit (ohne Haarkleid, der Witterung preisgegeben, ohne besondere Schutz- oder Fluchtorgane), ohne Instinktsicherheit. Diese Mangelhaftigkeit wird im Alter immer größer. Und nun treten die psychischen, sozialen und kulturellen Komponenten des Alterungsprozesses hinzu: Gemäß der einmaligen Ganzheit, die der Mensch nach unseren Ausführungen ist, betrifft das Altern die singuläre Totalität unserer gesamten Lebenssituation.

Oscar Wilde, der in seinem Roman Bildnis des Dorian Gray die Thematik des Altwerdens brillant dargestellt hat, schrieb den unerhörten Satz: „Die Tragödie des Alters beruht nicht darin, daß man alt ist, sondern daß man jung ist." Was meint Oscar Wilde hier? Man bringt eine in jüngeren Jahren ausgebildete personale Identität ins Alter mit, eine Identität, mit der man vertraut ist und die man sich selbst in den Jahren aktiven Lebens und eigener Sinnentwürfe geschaffen hat. Diese gewordene und vielfach auch bejahte Identität tritt in Spannung zu der beginnenden physischen Fragilität, die gegen die autonom herausgebildete Gestalt der eigenen Existenz zunehmend an Gewicht gewinnt. Man könnte von einer Verspätung der als Jugendlicher und Erwachsener gewonnenen Identität bei ihrem Ankommen im körperlichen Alterungsprozeß sprechen.

Mit der Radikalisierung der leiblich verfaßten Grundsituation des Menschen geht das psychische Altern einher. Es ist mit der endlichen Zeitlichkeit des Lebens und mit grundlegenden Modifikationen der Lebenserfahrung verbunden. Die Zeit des gelebten Lebens und mithin der Erinnerung wird immer mehr, die noch zu lebende künftige Zeit wird immer weniger. So, wie wir angesichts der Physis von einer Körperwerdung sprechen, können wir daher mit Bezug auf die Erfahrung des Bewußtseins von einer Zeitwerdung sprechen. Die intensive Verzeitlichung ist durch das Schwinden der Lebenszeit und durch das ständige Anwachsen des gelebten Lebens gegeben. Schopenhauer schreibt: „Vom Standpunkt der Jugend aus gesehn, ist das Leben eine unendlich lange Zukunft; vom Standpunkt des Alters aus, eine sehr kurze Vergangenheit, so daß es Anfangs sich uns darstellt wie die Dinge, wann wir das Objektivglas des Opernkuckers ans Auge legen, zuletzt aber wie wann das Okular. Man muß alt geworden seyn, also lange gelebt haben, um zu erkennen, wie kurz das Leben ist."

Neben die physische Körperwerdung und die psychische Zeitwerdung tritt das soziale und kulturelle Altern. Die Gebrochenheit im Werden zu sich selbst und die radikalisierte Zeiterfahrung verstärken sich durch den Verlust von Partnern und Angehörigen, Freunden und Verwandten der eigenen Generation. Dieses Altern ist aufgrund des kommunikativen Wesens des Menschen einer der gravierendsten Aspekte, das Akzeptieren des Verlustes der Nächsten eine der am schwersten zu vollbringenden existentiellen Leistungen

des Menschen. Sehr Alte beklagen, daß sie sich mit niemandem mehr so recht unterhalten können, weil die vertrauten Lebenszusammenhänge und Üblichkeiten, die Horizonte gemeinsamer Erfahrung und Bekanntschaft zerfallen sind. Insofern erscheint das Werden zu sich selbst auch als Vereinzelung und geht mit einem Fremdwerden in der Welt einher.

Was bedeutet das ethisch?

Was bedeutet dies alles ethisch? Behalten wir diese Grundfrage im Auge. Unsere gegenwärtigen hoch- bzw. schon postmodernen Gesellschaften sind durch eine unerhörte, geschichtlich beispiellose Rasanz und Beschleunigung ihrer Entwicklungsprozesse und Erneuerungsschübe gekennzeichnet. Durch diese Zivilisation der Hochgeschwindigkeit wird das soziale und kulturelle Fremdwerden begünstigt; begünstigt wird die Tendenz zum Nicht-Verstehen der eigenen Lebenswelt. Die eigene Identität und das eigene Normensystem mitsamt den für sie prägenden Erfahrungen sind in einem sozialen und kulturellen Feld herausgebildet worden, das so nicht mehr besteht. Es ist zur erinnerten Zeit geworden. Das Tempo des gesellschaftlichen Wandels und der geschichtlichen Veränderungen hat sich in den letzten 100 Jahren so gesteigert, daß Entfremdung und Verständnislosigkeit älterer Generationen nicht überraschen können. Schon mir – in den fünfziger Jahren ein kleiner Junge – erscheint vieles schlicht und intuitiv als Zumutung. Wenn es auch muntere Anpassung und schwungvolles Aufgreifen modischer Trends bei den „jungen Alten" gibt, wenn auch eine nicht verkümmernde Neugier auf die interessanten Entwicklungen in Gesellschaft und Kultur bei vielen zu beobachten ist – die berechtigte, tiefgreifende Endlichkeitserfahrung läßt sich an der Oberfläche nur überspielen, aber nicht letztlich überwinden.

Durch die Radikalisierung der leiblich-zeitlichen Grundsituation, durch das Zutagetreten der leiblichen, zeitlichen, sozialen und kulturellen Sinnbedingungen humanen Lebens, durch diese Prozesse gleichsam hindurch geschieht das Werden des Menschen zu sich selbst im Altern. In ethischer Perspektive muß nach den möglichen altersspezifischen Erfüllungsgestalten des – gebrochenen, gefährdeten – Selbstwerdungsprozesses gefragt werden.

Die Tradition hatte diese Perspektive unter dem – uns leider heute weniger geläufigen – Begriff der Weisheit bzw. der Altersweisheit entwickelt. Und zwar ganz lebensnah, ganz lebenspraktisch, gar nicht „idealistisch", beschönigend oder gar verklärend. Das Altern erscheint hier ganz wesentlich zunächst als Chance zur Einsicht, zunächst in die begrenzten Möglichkeiten des Menschen. An der durchgängigen Erfüllungs- und Glücksorientiertheit im Alter besteht dabei kein Zweifel. Aber das – ich möchte sagen: zunehmend „hautnahe" – Erfahren der Begrenztheit erst erlaubt es, sein eigenes Leben als die Gestaltwerdung der singulären Totalität, als das Werden zu sich selbst wirklich zu verstehen. Die späte Lebenszeit eröffnet daher in mehrfacher Hinsicht Chancen für die Entwicklung ethischer Einsichten, die in früheren Lebensphasen weniger leicht zu gewinnen sind. Endlichkeit und Fragilität des Lebens werden intensiv erlebbar. Die Angewiesenheit des Menschen auf Kommunikation und Solidarität ist vielfach, auch durch Verluste, erfahrbar geworden. Die Erfahrung der Vergänglichkeit und der Flüchtigkeit manchen Glücks vermag eine Kraft zur Desillusionierung und zur gelassenen Täuschungslosigkeit wach zu rufen, die Goethe als Entsagung gestaltet hat und die bei ihm nichts Kläglich-Verzichtendes besitzt, sondern die

höchste Form existentieller Souveränität und humaner Selbstbehauptung ist.

Ethisch ist die einmalige Ganzheit als zeitlich-endlicher Selbstwerdungsprozeß erst dann begriffen, wenn das Werden zu sich selbst als Endgültigwerden verstanden wird. Endgültigwerden heißt hier, daß ein Leben im Altern seine endgültige Gestalt gewinnt und seine ganze Zeit wird: die ganze Zeit des Lebens. Diese ganze Zeit der singulären Totalität des Lebens ist die ethische Zeit, weil sie die Zeit ist, in der Schuld und Verantwortung, Autonomie und Solidarität, Selbstverfehlung und Erfüllung wirklich geworden sind. Endgültigkeit bewußt zu begreifen, heißt, daß die Kürze des Lebens und seine Überschaubarkeit sichtbar, erfahrbar und einsichtig werden, daß sie nicht schrecken müssen, und daß nun die Chance besteht, das menschlich Wichtige vom vielen Unwichtigen dauerhaft zu unterscheiden.

Das Alter wurde theologisch als Gnade gefaßt, das Endgültigwerden der Person wurde das Ewige Leben genannt. Ich kann als Philosoph nicht unmittelbar an positive theologische Redeweisen anknüpfen. Ich sage jedoch: Viel wäre vom Sinn dieser Reden schon bewahrt, wenn wir das Alter als eine Lebenszeit verstehen, in der die innige Verschränktheit von Endlichkeit und Sinn, Begrenztheit und Erfüllung erkennbar und einsichtig werden kann.

Konsequenzen für eine Kultur humanen Alterns

Nach dem Gesagten können wir einige Konsequenzen für eine Kultur humanen Alterns formulieren. Wir haben das Altern als einen kommunikativen, selbstreflexiven Prozeß der Gestaltwerdung einmaliger Ganzheit beschrieben, einer Gestaltwerdung, die wesentlich durch den Sichtwandel des sinnerfahrenden und auch leiderfahrenden Lebens geprägt ist. Der antiken Ethik ist hier angesichts ihrer Lebensnähe der Vorzug vor der modernen abstrakten Vernunftethik zu geben. Ihr Grundansatz bei der Glücks- und Erfüllungsorientiertheit der Menschen scheint mir unüberbietbar zu sein. Wohin will die Vernunft sonst noch – so könnte man ja auch fragen.

Wir haben ferner gesehen, daß die antike Fragestellung in modernen Theorien hinterrücks wiederkehrt – die Wiederkehr des Verdrängten –, und zwar wiederkehrt als die Frage nach den Voraussetzungen personaler Identität. (Im 18. Jahrhundert haben unsere Philosophen diesen Identitätsbegriff übrigens mit dem deutschen Wort „Zufriedenheit" wiedergegeben.) Während nun aber die moderne Ethikdiskussion und Moralphilosophie diese Fragestellung im Anschluß an die Entwicklungspsychologie vornehmlich im Bereich der kindlichen Entwicklung und des Erwachsenwerdens erörtert hat, gilt es, sie auf das ganze Leben und vor allem auf die spätere Lebenszeit auszudehnen. Dabei wird deutlich, daß personale Identität in einem irgend geklärten, verstandenen Sinne vor- und außermoralisch schlechthin undenkbar ist. Man sieht dies bereits an der Kategorie der existentiellen Unvertretbarkeit durch andere und für andere.

Das Altern zeigt sich daher als – wie alle anderen Lebensphasen auch – gefährdeter und gleichwohl chancenreicher Prozeß – früher hätte man gesagt: Weg der Identitätsbewahrung und der Identitätsbewährung. Dabei wurde sichtbar, daß und wie diese Identität nichts Statisches, einmal Gegebenes ist, sondern in ein dynamisches Geschehen eingebunden, das wir als Körperwerdung, Zeitwerdung und schließlich ethisch als Endgültigwerden charakterisiert haben. Auf diesem Hintergrund konnte die Radikalisierung der menschlichen Situation, die mit den Stichworten der Körperwerdung, der Zeitwer-

dung und des Endgültigwerdens gekennzeichnet wurde, im Blick auf die traditionelle Kategorie der Weisheit als Zeit der Chance zu lebenstragenden Hinsichten bestimmt werden.

Wenn wir nämlich unseren Selbstwerdungsprozeß in seiner Endlichkeit und Endgültigkeit begreifen, dann führt dies zu einem bewußteren Leben, bewußter aus Einsicht in die Verschränktheit von Endlichkeit und Sinn. Und in dieser Einsicht besteht – folgen wir Aristoteles – das wahre, beständige Glück.

Was bedeutet das Alter für eine humane Kultur?

Ich möchte auf diesem Hintergrund abschließend die Frage nach den Bedingungen einer Kultur humanen Alterns noch einmal formulieren, indem ich den Spieß umdrehe und frage: Was bedeutet das Alter für eine humane Kultur? Was lernt eine hochmoderne Gesellschaft ethisch aus der nicht wegzubringenden, nicht wegzuverdrängenden Tatsache des Alterns, ja der Präsenz von immer mehr alten Menschen? Wenn wir den Spieß ethisch umdrehen, dann dürften wir nicht mehr nur fragen, wie die beeinträchtigten, benachteiligten, gehandicapten, nutzlosen, langsamen, auf Hilfe und Ansprache angewiesenen, dem Ende zulebenden Alten mit der modernen, durchgestylten, hochkomplexen Hochgeschwindigkeitsgesellschaft zurecht kommen, sondern umgekehrt – und das ist die ethische Kehre –, was diese Gesellschaft von der Tatsache des Alterns und ihrem Sinn lernen kann, ja sogar dringend lernen muß.

Sie kann und muß eine Lektion an Bescheidenheit lernen. Ihr Prinzip des Immer höher, Immer schneller, Immer weiter, Immer mehr, Immer komplizierter, Immer perfekter, Immer intensiver, Immer exzessiver, Immer lauter, Immer bunter,

Immer informierter – dieses Prinzip bleibt, ethisch, existentiell und sinnbezogen betrachtet, doch nicht viel mehr als ein Quantifizierungsmodell.

Die Bäume wachsen aber nicht in den Himmel. Wir benötigen ein Bewußtsein des humanen Sinns der Endlichkeit, Begrenztheit und Verletzlichkeit des Menschen, ein Bewußtsein vom Wert der Langsamkeit, des Innehaltens, des ruhigen Zurückblickens, der Mündlichkeit – des wirklichen Gesprächs zwischen konkreten Personen, schließlich der Zurückhaltung und Zurücknahme. Langsamkeit, Innehalten und konkrete Mündlichkeit sind nämlich paradoxerweise die wesentlichen Möglichkeiten, den Verendlichungsprozeß durch die Gewinnung von Tiefe zu besiegen. Das ruhige Zurückblicken – und nur es – vermag zur befreienden Lebensklärung zu verhelfen.

An diese humanen Sinnqualitäten bleiben alle sonstigen gesellschaftlichen Steigerungs- und Beschleunigungsprozesse bleibend zurückgebunden. Humane Würde im gelassenen Umgang mit der eigenen Endlichkeit nicht nur bewahren, sondern erst eigentlich gewinnen – das ist es, was eine sehr moderne Gesellschaft vom Altern als dem einzigen menschlichen Selbstwerdungsprozeß lernen kann, den wir kennen. (Hören wir also den alten Menschen zu – sie haben etwas sehr Wichtiges mitzuteilen.)

Andreas Kruse

Entwicklungspotentialität im Alter

Eine lebenslauf- und situationsorientierte Sicht psychischer Entwicklung

Herrschte in der gerontologischen Forschung bisher eine defizit-orientierte Sicht des Alters, eröffnet die Annahme, daß in allen Lebensaltern psychische Entwicklungsprozesse möglich sind, neue Perspektiven. Durch die Verwirklichung dieser „Entwicklungspotentialität" sind die Menschen in der Lage, mit der Erfahrung eigener Begrenztheit zu leben und im Alter ein schöpferisches, persönlich zufriedenstellendes Leben zu führen.

Skizzierung der wichtigsten Thesen des Beitrags

Der folgende Beitrag beschäftigt sich mit psychischen Entwicklungsprozessen im höheren Lebensalter. Im ersten Abschnitt wird die Annahme der Entwicklungsmöglichkeit („Entwicklungspotentialität") im Alter diskutiert. In Anlehnung an Theorien der „Entwicklungspsychologie der Lebensspanne"[1] wird angenommen, daß in allen Lebensaltern psychische Entwicklungsprozesse möglich (als „Potentialität" gegeben) sind, wobei sich diese allerdings in ihren Inhalten unterscheiden. Dabei wählen wir zwei Perspektiven.

1. *Eine lebenslauforientierte Perspektive:* Die Bewältigung der Anforderungen im Alter ist von Erfahrungen beeinflußt, die Menschen in früheren Lebensabschnitten

gewonnen haben. Diese Aussage gilt für die Bewältigung kognitiver und lebenspraktischer Anforderungen wie auch für den Umgang mit belastenden Ereignissen und Situationen. Wenn es Menschen gelungen ist, in früheren Lebensabschnitten effektive, persönlich zufriedenstellende Strategien für die Bewältigung der genannten Anforderungen zu entwickeln, so haben sie damit eine wichtige Grundlage für psychische Entwicklungsprozesse im höheren Alter geschaffen. Denn unter die-

Prof. Dr. **Andreas Kruse**, geb. 1955. Studium der Psychologie, der Erziehungswissenschaften, der Musik an den Universitäten Aachen und Bonn und an der Musikhochschule Köln. Zunächst Wissenschaftlicher Mitarbeiter am Institut für Psychologie der Universität Bonn, danach am Institut für Gerontologie der Universität Heidelberg. Seit Oktober 1994 Lehrstuhl für Entwicklungspsychologie der Lebensspanne/Pädagogische Psychologie und Direktor des Instituts für Psychologie der Universität Greifswald. Neuere Buchveröffentlichung: Kompetenz im Alter in ihren Bezügen zur objektiven und subjektiven Lebenssituation (1995).

Prof. Dr. Andreas Kruse, Universität Greifswald, Institut für Psychologie, Franz-Mehring-Straße 47, 17 487 Greifswald

ser Voraussetzung gelingt es ihnen eher, die im Alter zur Verfügung stehende freie Zeit verantwortlich und persönlich zufriedenstellend zu nutzen, Veränderungen in den sozialen Rollen (hier ist vor allem die Aufgabe der Berufsrolle zu nennen) zu akzeptieren und bewußt zu gestalten, belastende Situationen (zum Beispiel auftretende Erkrankungen oder Behinderungen) zu verarbeiten. Diese lebenslauforientierte Perspektive bildet eine Grundlage der von uns angenommenen „Entwicklungspotentialität" im Alter. Denn die Erfahrungen, die Menschen im Umgang mit kognitiven, lebenspraktischen, belastenden Situationen gewonnen haben, können in der Auseinandersetzung mit aktuellen Anforderungen genutzt werden.

2. Die Entwicklungspotentialität wird in einem weiteren Schritt von einer *situationsorientierten Perspektive* aus betrachtet: Unter dieser verstehen wir Veränderungen im Erleben und Verhalten unter dem Einfluß neuartiger Ereignisse und Erfahrungen. Zu diesen zählen Erfahrungen der „späten Freiheit", die mit der Aufgabe der Berufsrolle, dem Rückgang von Verpflichtungen gegenüber den Kindern, der Zunahme an freier Zeit einhergehen können,[2] aber auch der Verlust nahestehender Menschen, Erkrankungen und Behinderungen sowie die Bewußtwerdung der begrenzten Lebenszeit. Von besonderem Interesse ist die Frage, ob sich Menschen auch unter belastenden Ereignissen und Erfahrungen weiterentwickeln können. Diese Frage läßt sich vor allem auf der Grundlage von Längsschnittstudien beantworten, da diese Einblick in den Prozeß der Auseinandersetzung geben.[3]

Die Beschäftigung mit der Verarbeitung belastender Situationen führt zu einem weiteren Thema des Beitrags: der Verwirklichung der Entwicklungspotentialität im Alter. Es wird angenommen, daß die Verarbeitung von Belastungen nur ge-

lingt, wenn sich Menschen im Alter und in der Auseinandersetzung mit Belastungen weiterentwickeln. In Anlehnung an Jaspers[4] wählen wir zur Umschreibung einzelner Belastungen den Begriff der „Grenzsituation". Beispiele für diese Grenzsituationen wurden bereits angeführt: der Verlust nahestehender Menschen, chronische Erkrankungen, Behinderungen und Schmerzzustände, die Pflege eines schwerstkranken Familienmitglieds, die Bewußtwerdung der begrenzten Lebenszeit. Jaspers[5] hebt hervor, daß der Mensch in Grenzsituationen auf sich selbst zurückgeworfen werde, daß er in diesen Situationen seine Existenz in einer neuen Weise – nämlich jener der Begrenztheit – erfahre. Die „Konfrontation des Menschen mit seiner Existenz"[6] berge die Möglichkeit der „Reifung". Aus diesem Grunde seien „Grenzsituationen" nicht nur unter dem Aspekt erfahrener Begrenztheit, sondern auch unter dem Aspekt des „Werdens zu sich selbst" und – daraus hervorgehend – der „Möglichkeit zur Reifung" zu betrachten. Diese Aussage bildet eine philosophische Grundlage unserer Annahme, daß die Verwirklichung der Entwicklungspotentialität im Alter für die kreative, persönlich zufriedenstellende Gestaltung dieses Lebensabschnittes wichtig ist.[7] Denn betrachtet man das Alter auch unter dem Aspekt erfahrener Begrenztheit (was nicht gleichzusetzen ist mit „Defizit-Modellen" des Alters), so folgt daraus die Aussage: „Sein Alter leben" heißt auch, „mit der Erfahrung eigener Begrenztheit leben". Damit aber Menschen - trotz erfahrener Grenzen – das Alter verantwortlich gestalten können, müssen sie objektiv unveränderbare Grenzen verarbeiten. Diese Verarbeitung gelingt nur dann, wenn sich Menschen im Alter und in der Auseinandersetzung mit diesen Grenzsituationen weiterentwickeln. Wir gehen davon aus, daß im Alter Entwicklungspotentialität besteht, sofern nicht schwere psychische Erkrankungen (wie Alzheimer-Demenz) diese Potentialität verringern oder ganz zunichte machen. Dem älteren Menschen stellt sich die Aufgabe, diese Potentialität zu erkennen und zu verwirklichen. Dabei ist auch zu fragen, inwieweit die objektiven Lebensbedingungen – die in die situationsorientierte Perspektive eingehen – diese Verwirklichung fördern oder behindern.

Aus diesen einleitenden Bemerkungen ergibt sich auch die Gliederung des Beitrags: Zunächst gehen wir auf die „Entwicklungspotentialität" im Alter ein und skizzieren in diesem Zusammenhang vier Zugänge zu deren Erfassung und Verständnis. Dabei wird ausdrücklich auf die lebenslauf- und situationsorientierte Sicht von Entwicklung Bezug genommen.[8] In einem weiteren Schritt werden zwei Forschungsbereiche ausgewählt (kognitive Entwicklung im Alter, Verarbeitung von Belastungen im Alter), deren Befunde in besonderer Weise auf Entwicklungspotentialität im Alter deuten.[9] Abschließend beschäftigen wir uns mit der Verwirklichung von Entwicklungspotentialität im Alter als Voraussetzung für ein verantwortliches Leben in Grenzen.[10]

Theoretische Zugänge

In der Gerontologie finden sich vier theoretische Zugänge zum Verständnis und zur Erfassung der Entwicklungspotentialität im Alter:[11]

1. Es wird nach den „Stärken des Alters"[12] gefragt, das heißt, nach Fähigkeiten und Fertigkeiten, die auf Erfahrungen des Menschen im Umgang mit kognitiven und alltagspraktischen Aufgaben sowie mit belastenden Situationen beruhen. Unter der Voraussetzung, daß sich Menschen in früheren Lebensabschnitten kreativ und re-

flektiert mit diesen Aufgaben und Situationen auseinandergesetzt sowie effektive Lösungs- und Verarbeitungsstrategien entwickelt haben, bedeutet das „Mehr an Jahren" auch ein „Mehr an Erfahrung". Diese Aussage macht deutlich, daß die „Stärken des Alters" zunächst aus lebenslauforientierter Sicht zu betrachten sind. Sie sind weiterhin auf dem Hintergrund der spezifischen Anforderungen zu sehen, die die Lebenssituation im Alter stellt: Im reflektierten Umgang mit diesen Anforderungen können sich die in früheren Lebensabschnitten entwickelten Fähigkeiten und Fertigkeiten weiter differenzieren. Die Plastizität kognitiver Mechanismen und des Verhaltens ist auch im Alter gegeben, so daß ein „Neu-Lernen" – im Sinne einer Differenzierung bestehender Fähigkeiten und Fertigkeiten – möglich ist.[13] Als Beispiel für dieses „Neu-Lernen" unter neuen Lebensanforderungen läßt sich die von P. Baltes und M. Baltes[14] beschriebene „selektive Optimierung mit Kompensation" nennen: Einbußen in einzelnen sensumotorischen Funktionen oder kognitiven Fertigkeiten werden durch Konzentration auf andere Bewegungsabläufe, andere Sinnesorgane, andere kognitive Fertigkeiten auszugleichen (= „kompensieren") versucht. Dabei wird vor allem auf jene Bewegungsabläufe, Sinnesorgane, kognitive Fertigkeiten zurückgegriffen, die bereits besonders gut entwickelt sind (= „Auswahl" oder „Selektion"); des weiteren werden diese – durch ihre kompensatorische Funktion - weiter entwickelt (= „optimiert").

Die „Stärken des Alters" wurden in verschiedenen psychologischen Bereichen gefunden. Zwei Bereiche werden im folgenden Kapitel ausführlich behandelt: Jener der Intelligenz und jener der Belastungsverarbeitung. Im Bereich der Intelligenz wurde die „praktische Intelligenz" (definiert als Fähigkeit zur Lösung alltagsbezogener, lebenspraktischer Anforderungen im Alltag) als spezifische Stärke des Alters nachgewiesen.[15] Im Bereich der Belastungsverarbeitung wurden die Neubewertung der Situation und die Anpassung des eigenen Anspruchsniveaus an bestehende Lebensbedingungen als Verarbeitungsformen beschrieben, die im Alter besonders an Gewicht gewinnen.[16]

2. Es wird nach Möglichkeiten psychischer Entwicklung (oder Differenzierung) in der Auseinandersetzung des Menschen mit psychologischen Themen, Konflikten und Belastungen gefragt.[17] Ergebnisse aus Längsschnittuntersuchungen, in denen der Verlauf dieser Auseinandersetzung über mehrere Monate oder Jahre erfaßt wurde, belegen, daß auch im Alter das Potential zur psychischen Entwicklung besteht. Zu nennen sind hier Längsschnittstudien zur Auseinandersetzung mit chronischer Erkrankung, mit der Pflege eines schwerstkranken Familienmitglieds, mit dem Umzug in ein Heim, mit Partnerverlust, mit Sterben und Tod.[18] In diesen Untersuchungen wurden große interindividuelle Unterschiede in der spezifischen Form der Auseinandersetzung mit den genannten Belastungen gefunden. Bei einem Teil der untersuchten Personen dominierten „Niedergeschlagenheit", „Resignation", „Nicht-wahrhaben-Wollen" oder „Hadern mit dem Schicksal" als Reaktionen auf diese Belastungen. Bei anderen Personen standen hingegen Reaktionen wie „Suche nach einer neuen Lebens- und Zukunftsperspektive", „Sich-Öffnen für neue Erfahrungen, Anregungen und Beziehungen", „Engagement für andere Menschen" im Vordergrund. Diese Reaktionen deuten auf Entwicklungsprozesse in Grenzsituationen. Sie widerlegen auch die Annahme, wonach Einstellungen und Verhalten älterer Menschen primär von „Rigidität", also von mangelnder Veränderbarkeit bestimmt seien. In mehreren

Beiträgen wird diese Annahme auf der Grundlage von Befunden zur Entwicklung der Persönlichkeit im Alter überzeugend widerlegt.[19]

3. Es wird nach kognitiven und physischen Ressourcen (= Kompetenz) des Menschen gefragt.[20] Diese gehen in der Regel über die im Alltag gezeigten kognitiven und physischen Leistungen (= Performanz) hinaus und werden erst dann sichtbar, wenn höhere Anforderungen an den Menschen gerichtet werden und dieser zum Einsatz seiner potentiellen Leistungsfähigkeit motiviert wird.[21] Die Differenzierung zwischen *Kompetenz* (= potentielle Leistungsfähigkeit) und *Performanz* (= tatsächlich gezeigte Leistungen) wird in der Gerontologie deswegen betont, da ältere Menschen durch die soziale Umwelt vergleichsweise selten zum Einsatz ihrer potentiellen Leistungsfähigkeit motiviert werden; aus diesem Grunde lassen die tatsächlich gezeigten Leistungen keine zuverlässigen Aussagen über die potentielle Leistungsfähigkeit zu.[22] Für die geringe Motivation älterer Menschen zur Nutzung ihrer potentiellen Leistungsfähigkeit wird vor allem das negative gesellschaftliche Altersbild und die auf dieses zurückzuführende Tendenz, älteren Menschen die Fähigkeit zu selbständigem Handeln abzusprechen, verantwortlich gemacht.[23]

4. Es wird nach Veränderungsmöglichkeiten im Alter gefragt. Diese zeigen sich vor allem in Untersuchungen zur Effektivität des kognitiven Trainings und Selbständigkeitstrainings[24], der stationären und ambulanten Rehabilitation[25] und der Psychotherapie im Alter.[26] Zur Umschreibung der Veränderungspotentiale werden auch Begriffe wie „Rehabilitationspotential" oder „Plastizität" verwendet. Die Kenntnis dieser Potentiale bildet den Ausgangspunkt für die Entwicklung von Interventions-, Rehabilitations- und aktivie-

renden Pflegekonzepten. Die Forderung nach einem individualisierenden Ansatz in Diagnostik, Rehabilitation und Pflege berücksichtigt die Tatsache, daß bei hilfsbedürftigen oder pflegebedürftigen Menschen zahlreiche sensumotorische und kognitive Funktionen erhalten sind und darüber hinaus Rehabilitationspotentiale bestehen, deren Umsetzung für die Erhaltung oder Wiedererlangung der Selbständigkeit zentral ist.[27] Die Verwendung der globalen Begriffe „Hilfsbedürftigkeit" oder „Pflegebedürftigkeit" widerspricht – aufgrund der geringen Beachtung erhaltener Funktionen und Rehabilitationspotentiale – diesem individualisierenden Ansatz in Diagnostik, Rehabilitation und Pflege.[28] Es ist zu berücksichtigen, daß die Veränderungsmöglichkeiten und -grenzen nicht nur durch die Person selbst, sondern auch durch ihre objektive Lebenssituation bestimmt sind. Eine ungünstige Lebenssituation – zum Beispiel schlechte Wohnbedingungen, geringe soziale Integration, geringe finanzielle Ressourcen, niedriger Bildungsstand, unzureichende institutionelle Unterstützung – reduziert die Veränderungsmöglichkeiten im Alter erheblich.

Bislang sind in der gerontologischen Forschung hauptsächlich Einbußen, Verluste und Belastungen thematisiert worden, hingegen nur selten besondere Fähigkeiten und Fertigkeiten im Alter. Dies hängt vor allem mit der defizit-orientierten Sicht dieses Lebensabschnittes zusammen, der die Annahme zugrundeliegt, im höheren Lebensalter seien keine Entwicklungsprozesse zu beobachten, es bestehe eine hohe Rigidität, ebenso wie im körperlichen Bereich dominierten auch im kognitiven und seelischen Bereich Abbauprozesse. Zwar haben schon früh einzelne Gerontologen auf die Unhaltbarkeit dieser Sicht hingewiesen und gefordert, neben den Verlusten auch die Gewinne im Alter zu beachten,[29] doch wurde diese Forderung in den ersten Jahrzehnten gerontologischer Forschung nur selten beachtet. Dies lag im wesentlichen daran, daß sowohl in den Theorien als auch bei der Konzeption empirischer Studien ein fehlerhaftes Forschungsparadigma gewählt worden ist: Ältere Menschen wurden in ihrer physischen und kognitiven Leistungsfähigkeit mit jüngeren Menschen verglichen, wobei die Frage dominierte, in welchem Ausmaß ihre Leistungen von jenen Jüngerer abwichen. Als Instrumente zur Erfassung der Intelligenz im Alter wurden Testverfahren eingesetzt, die ursprünglich für die Bestimmung der Intelligenz in jüngeren Lebensjahren (erstes bis fünftes Lebensjahrzehnt) entwickelt worden waren. Die spezifischen kognitiven Potentiale älterer Menschen (die vor allem in der „praktischen Intelligenz", also in der Lösung alltagsbezogener und lebenspraktischer Aufgaben liegen), wurden in diesen Testverfahren nicht berücksichtigt, da bei deren Entwicklung nicht auf höhere Altersgruppen zurückgegriffen wurde. Beim Vergleich Älterer mit Jüngeren in diesen Intelligenztests schnitten erstere zwangsläufig schlechter ab. Dieser Befund bildete den Kern der „Defizit-Modelle" des Alters. Man beschränkte sich beim Vergleich Älterer mit Jüngeren zudem auf die physische Leistungsfähigkeit (in der Ältere ebenfalls zwangsläufig schlechter abschneiden als Jüngere) und klammerte den psychischen Bereich – vor allem die Art und Weise, wie Menschen ihren Alltag gestalten, wie sie mit Aufgaben und Belastungen umgehen – aus.

In diesem Zusammenhang sei auf eine Aussage hingewiesen, die sich in dem von Erich Rothacker[30] verfaßten Buch „Schichten der Persönlichkeit" findet. Rothacker unterscheidet darin zwischen der „physiologischen Wachstumskurve" und der „psychologischen Reifungskurve". Er stellt die Annahme auf, daß sich diese beiden Kurven im Alter kreuzen können: Während die physiologische Wachstumskurve abfällt, kann die psychologische Reifungskurve ansteigen. Mit anderen Worten: Auch wenn die physische Leistungsfähigkeit im Alter zurückgeht, so kann sich doch der Mensch psychisch weiterentwickeln. Mit dieser Aussage wies Rothacker auf die Notwendigkeit hin, bei der empirischen Analyse des Alterns psychische Prozesse ausdrücklich einzubeziehen. Da dies von vielen Gerontologen versäumt worden war, überrascht es nicht, daß sich „Defizit-Modelle" des Alters solange hielten.

Ein gerontologisches Forschungsparadigma sollte also erstens die spezifischen kognitiven Fähigkeiten und Fertigkeiten älterer Menschen und zweitens psychische Prozesse im höheren Lebensalter ausdrücklich berücksichtigen.[31] Diese beiden psychologischen Bereiche – Entwicklung kognitiver Fähigkeiten und Fertigkeiten, psychische Prozesse in der Auseinandersetzung mit Aufgaben und Belastungen – dienen im folgenden der Illustration von Entwicklungsmöglichkeiten im Alter.

Entwicklungspotentialität im Alter

Zwei Forschungsbereiche, in denen Entwicklungsprozesse im Alter besonders deutlich herausgearbeitet wurden, seien im folgenden besprochen: erstens die Analyse kognitiver Fähigkeiten und Fertigkeiten, zweitens die Analyse der Auseinandersetzung mit Aufgaben und Belastungen. Der erste Forschungsbereich – Analyse kognitiver Fähigkeiten und Fertigkeiten – akzentuiert die „lebenslauforientierte" Sicht von Entwicklung. Hier steht die Frage im Vordergrund, inwieweit die in früheren Lebensjahren entwickelten Strategien auch im Alter fortbestehen und zu besonderer (bereichsspezifischer) Expertise in diesem Lebensabschnitt führen.

Der zweite Forschungsbereich – Analyse der Auseinandersetzung mit Aufgaben und Belastungen – akzentuiert sowohl eine „lebenslauforientierte" als auch eine „situationsorientierte" Sicht von Entwicklung. Denn hier geht es nicht nur um die Frage, inwieweit frühere Erfahrungen und in früheren Lebensjahren entwickelte Strategien im Alter fortwirken, sondern es ist auch von Interesse, wie sich Menschen mit neuartigen Aufgaben und Belastungen auseinandersetzen. Auch wenn angenommen wird, daß die Entwicklung in früheren Lebensjahren Erleben und Verhalten des Menschen in seiner Auseinandersetzung mit aktuellen Aufgaben und Belastungen beeinflußt („lebenslauforientierte Sicht"), so ist gleichzeitig zu fragen, welchen Einfluß die Neuartigkeit einzelner Aufgaben und Belastungen auf Erleben und Verhalten ausübt („situationsorientierte Sicht"). Wir gehen davon aus, daß vor allem die Erfahrung eigener Begrenztheit, die im Alter an Gewicht gewinnt, früher entwickelte Formen der Auseinandersetzung mit Aufgaben und Belastungen modifiziert.

Entwicklung kognitiver Fähigkeiten und Fertigkeiten

In der Intelligenzforschung wird zwischen der kristallinen (= erfahrungsgebunden) und der fluiden (= auf die Lösung neuartiger Probleme bezogener) Intelligenz unterschieden. In der fluiden Intelligenz nimmt die Leistungskapazität mit wachsendem Alter ab; aus diesem Grunde tun sich ältere Menschen bei der Lösung neuartiger kognitiver Aufgaben schwerer als jüngere Menschen. In der kristallinen Intelligenz bleibt hingegen die Leistungsfähigkeit erhalten oder kann sogar noch weiter wachsen; in der Lösung vertrauter kognitiver Aufgaben liegt eine der Stärken des Alters.

Doch reicht die Unterscheidung zwischen fluider und kristalliner Intelligenz nicht aus, um die Intelligenzentwicklung im Alter differenziert genug zu beschreiben. Auf der Grundlage von Längsschnittstudien, in denen die Intelligenzentwicklung älterer Menschen über mehrere Jahrzehnte untersucht wurde, zeigen mehrere Autoren auf, daß im höheren Lebensalter eine weitere Differenzierung der Intelligenz erkennbar ist.[32] Des weiteren sind Studien zu nennen, in denen neben abstrakten kognitiven Testaufgaben alltagsbezogene kognitive Testaufgaben verwendet wurden. Ältere Menschen zeigten in diesen alltagsbezogenen Aufgaben im Durchschnitt bessere Leistungen als jüngere Menschen.[33] Schließlich sind Studien zu nennen, in denen kognitive Strategien und Handlungsstrategien bei der Bearbeitung beruflicher Aufgaben untersucht wurden. Auch hier zeigte sich eine im Durchschnitt höhere Leistungsfähigkeit bei älteren Mitarbeiterinnen und Mitarbeitern.[34]

Die Ergebnisse dieser Untersuchungen sprechen dafür, neben der fluiden und kristallinen Dimension der Intelligenz eine weitere Dimension zu differenzieren: die praktische Intelligenz. Wie schon aus dem Titel des von Sternberg und Wagner[35] herausgegebenen Buches hervorgeht – „Practical intelligence. Nature and origins of competence in the everyday world" –, weist die praktische Intelligenz enge Bezüge zur „Kompetenz im Alltag" auf. „Kompetenz" wird in der Gerontologie als effektiver Umgang mit den Anforderungen des Alltags definiert.[36] Unter „praktischer Intelligenz" werden in den meisten empirischen Arbeiten „Fähigkeiten und Fertigkeiten zum effektiven Umgang mit beruflichen, alltagsbezogenen und lebenspraktischen Anforderungen" verstanden.[37] Diese Strategien dienen auch dazu, altersabhängige Einbußen in

einzelnen kognitiven Funktionen zu kompensieren. Dies zeigt zum Beispiel Salthouse[38] in einer Untersuchung zu den beruflichen Leistungen älterer Sekretärinnen. Obwohl bei diesen die Anschlaggeschwindigkeit geringer ist, können diese durch bessere Übersicht gleich schnell wie die jüngeren Sekretärinnen schreiben. Berufliche Erfahrung (oder „bereichsspezifische Expertise") kompensiert altersabhängige Einbußen (nämlich die verringerte Geschwindigkeit, mit der psychomotorische Prozesse ablaufen). Hier finden sich interessante Parallelen zu der von P. Baltes und M. Baltes[39] beschriebenen „selektiven Optimierung mit Kompensation".

Mit anderen Worten: Die Stärken des Alters scheinen in einem Bereich (oder auf einer Dimension) der Intelligenz zu liegen, die in den herkömmlichen Intelligenz-Tests nicht ausreichend berücksichtigt wird. Diese als „praktische Intelligenz" umschriebene Dimension schließt vor allem kognitive und handlungsbezogene Strategien zur Bewältigung beruflicher, alltagsbezogener, lebenspraktischer Anforderungen ein. Jene älteren Menschen, die sich in früheren Lebensjahren in bewußter und kreativer Weise mit diesen Anforderungen auseinandergesetzt haben, zeigen in diesem Bereich bessere Leistungen als jüngere. Ihnen kommen die in früheren Lebensjahren gewonnenen Erfahrungen zugute. Der im einleitenden Kapitel dieser Arbeit angesprochene lebenslauforientierte Analyseansatz erweist sich hier als fruchtbar.

Die Arbeitsgruppe von P. Baltes legt in Untersuchungen zur „praktischen Intelligenz" besonderes Gewicht auf die Wissenssysteme älterer Menschen.[40] Es wird zwischen „faktischem" und „prozeduralem Wissen" unterschieden: „Faktisches Wissen" beschreibt die Kenntnisse des Menschen über einzelne Lebensbereiche wie zum Beispiel Beruf, Gestaltung des

Alltags, Möglichkeiten und Grenzen der Existenz im Alter. Unter „prozeduralem Wissen" ist die Kenntnis jener Strategien zu verstehen, die für den effektiven Umgang mit Anforderungen in diesen Lebensbereichen notwendig sind.

Klemp und McClelland haben in empirischen Analysen berufliche Strategien erfolgreicher „Senior-Manager" großer Unternehmen untersucht. Zum einen sollten die Untersuchungteilnehmer jene beruflichen Strategien charakterisieren, die ihrer Meinung nach für die erfolgreiche Unternehmensführung notwendig sind und die sie selbst einsetzen, zum anderen wurden die Arbeitsabläufe in den untersuchten Unternehmen analysiert. Folgende Strategien, die Klemp und McClelland als Komponenten der „praktischen Intelligenz" ansehen, wurden bei den erfolgreichen „Senior-Managern" identifiziert:

■ planendes, kausales Denken;
■ Suche nach zuverlässigen Informationen in mehrdeutigen Situationen;
■ synthetisches Denken (Organisation von Informationen);
■ Ausübung von Einfluß auf Menschen und Gruppen;
■ Wahrnehmung von Vorbildfunktionen;
■ Selbstvertrauen und Selbstsicherheit.[41]

In diesen Komponenten der „praktischen Intelligenz" drücken sich die Leistungspotentiale erfahrener Mitarbeiterinnen und Mitarbeiter aus. Aus diesem Grunde könnten Unternehmen von einer Neudefinition der Aufgaben älterer Mitarbeiterinnen und Mitarbeiter erheblich profitieren.[42] Zu diesen Aufgaben zählen die Supervision jüngerer Mitarbeiterinnen und Mitarbeiter beim Einstieg in den Beruf und die Unterstützung bei der Entwicklung verbesserter Organisationsabläufe (Beispiel: Förderung der Kooperation zwischen verschiedenen Arbeitseinheiten und Abteilungen).

Welche Relevanz haben diese Befunde? Hier ergeben sich für die Forschung interessante Perspektiven: Bei der Analyse der kognitiven Leistungsfähigkeit älterer Menschen sollte man sich nicht allein auf die Vorgabe abstrakter kognitiver Probleme beschränken, sondern sollte diese durch alltagsnahe kognitive Aufgaben ergänzen. Aus der Analyse der Intelligenzverläufe in der praktischen Intelligenz lassen sich langfristig differenziertere Aussagen über die kognitive Leistungsfähigkeit im Alter ableiten. Des weiteren gehört zur Untersuchung kognitiver Leistungen die Analyse von Wissenssystemen. Intelligenztests geben nicht ausreichend Auskunft über Inhalte und Differenzierungsgrad dieser Systeme, sie lassen auch keine zuverlässigen Aussagen über die Argumentationsstruktur zu. Jedoch erfordern gerade Aussagen zu kognitiven und handlungsbezogenen Potentialen im Alter eine Analyse der Wissenssysteme. In welchen Bereichen ist das Wissen umfassend und differenziert? In welchem Umfang sind Menschen offen für Korrekturen und Erweiterungen ihres Wissens? In welchem Maße ist ihnen die Releativität des Wissens bewußt, inwieweit sind sie bereit und fähig, getroffene Entscheidungen zu revidieren?

Psychische Entwicklungsprozesse in der Auseinandersetzung mit Aufgaben und Belastungen

Mit diesem psychologischen Bereich wird sowohl die lebenslauforientierte als auch die situationsorientierte oder dynamische Sicht der Entwicklungspotentialität im Alter thematisiert.[43] Die Notwendigkeit der lebenslauforientierten Sicht ergibt sich aufgrund der hohen Kontinuität, die die Auseinandersetzung mit Aufgaben und Belastungen im Lebenslauf zeigt. Die Notwendigkeit einer dynamischen Sicht ergibt sich aufgrund der Neuartigkeit einzelner Anforderungen im Alter. Die Neuartigkeit dieser Anforderungen ist wichtig, weil sie die biographische Kontinuität der Auseinandersetzung mit Aufgaben und Belastungen verringern (allerdings nicht aufheben) kann. Einschränkungen der Selbständigkeit werden von den meisten älteren Menschen als Belastungen erlebt, die für sie mit ganz neuen psychologischen Anforderungen verbunden sind.[44] Die – vor allem mit degenerativen Erkrankungen einhergehenden – chronischen Schmerzzustände sind für viele Menschen ebenfalls neue, belastende Erfahrungen.[45] Für viele ältere Menschen ergibt sich die Neuartigkeit einzelner Belastungen auch dadurch, daß diese nicht „aufgehoben" werden können, sondern endgültige Grenzen darstellen. Es ist nun zu fragen, wie es Menschen gelingt, trotz erfahrener Grenzen ein persönlich zufriedenstellendes Leben zu führen und eine positive Lebenseinstellung zu bewahren. (Daß dies einem nicht kleinen Teil älterer Menschen gelingt, zeigen alle Untersuchungen zur Auseinandersetzung mit Belastungen im Alter.)

Mit dieser Frage haben sich viele Autoren beschäftigt, die übereinstimmend auf die Notwendigkeit hinweisen, in Untersuchungen zur Verarbeitung von Belastungen eine lebenslauforientierte mit einer situationsorientierten Perspektive zu verbinden.[46] Wir beginnen mit der Darstellung der situationsorientierten Perspektive: In jenen Fällen, in denen diese Grenzsituationen nicht aufgehoben oder gelindert werden können – das Handlungsspektrum des Menschen also gering ist –, stellt sich die Aufgabe, zu einer veränderten Einstellung gegenüber der Situation zu finden, das heißt, die Situation neu zu bewerten. Diese spezifischen Anforderungen legen eine bestimmte Form der Auseinandersetzung – umschrieben als „Neubewertung der Situation" – nahe.

Unter „Neubewertung" werden verschiedene psychische Prozesse zusammengefaßt, zu denen vor allem folgende vier gehören:

■ Veränderung des Anspruchsniveaus und des Vergleichsmaßstabes: Die Kriterien für ein persönlich zufriedenstellendes Leben werden verändert, wobei bestehende Grenzen ausdrücklich berücksichtigt werden.

■ Positive Aspekte der Situation werden besonders betont, so daß die belastenden Aspekte eher angenommen werden können.

■ Die Fähigkeit zur Kompensation einzelner (physischer oder kognitiver) Einbußen sowie zur Verarbeitung bestehender Belastungen wird besonders betont, so daß die Überzeugung, das eigene Leben auch in Grenzsituationen verantwortlich gestalten zu können, aufrechterhalten werden kann.

■ Die Situation anderer Menschen, die sich mit ähnlichen oder noch größeren Belastungen auseinandersetzen müssen, wird berücksichtigt, wobei diese Berücksichtigung der Veränderung des eigenen Anspruchsniveaus und Vergleichsmaßstabes dient. Diese verschiedenen Formen der „Neubewertung" sind auch als Ausdruck verwirklichter Entwicklungsmöglichkeiten in Grenzsituationen zu verstehen.[47]

Auch wenn bestimmte Belastungen im Alter mit der Notwendigkeit einer Neubewertung der Situation verbunden sind – was für eine situationsorientierte Sicht dieser Entwicklungsmöglichkeiten spricht –, so stellt sich doch die Frage, inwieweit Menschen fähig sind, zur Neubewertung der Situation zu gelangen. Diese Form der Belastungsverarbeitung wird von uns als „Entwicklungspotentialität" verstanden, doch ist damit noch nicht ausgesagt, in welchem Maße Menschen zu deren Verwirklichung fähig und bereit sind. Ergebnisse aus Studien, in denen die Auseinandersetzung mit Belastungen im Alter untersucht wurden, weisen auf die großen interindividuellen Unterschiede in der subjektiven Wahrnehmung belastender Situationen und in der Auseinandersetzung mit diesen hin. Ein Beispiel soll diese interindividuellen Unterschiede illustrieren. In einer Untersuchung zur psychosozialen Situation von Schlaganfallpatienten[48] fanden wir in der Gruppe jener Patienten, bei denen der Schlaganfall bereits mehrere Jahre vor der Untersuchung aufgetreten war (n= 30 Personen) – und die aus diesem Grunde auch als „chronisch erkrankt" anzusehen waren – vier Formen der Auseinandersetzung mit chronischer Erkrankung. Jeder dieser Patienten ließ sich einer dieser vier Formen zuordnen (siehe Tabelle 1).

Tabelle 1: Vier Bewältigungsstile in einer Gruppe von Schlaganfallpatienten

| *(I) Intensives Bemühen um weitere Verbesserung der gesundheitlichen, psychischen und sozialen Situation* | Die Patienten befolgten die ärztlichen Therapievorschläge, sie setzten die in der Rehabilitation gelernten Übungen zur Förderung kognitiver und psychomotorischer Leistungen selbständig ein. Sie bemühten sich – trotz bestehender Einbußen – darum, möglichst viele Aktivitäten des täglichen Lebens selbständig auszuführen, Kontakte mit Angehörigen und Freunden aufrechtzuerhalten, neue Aufgaben zu finden. – Bei einigen Patienten war die Tendenz zur Leugnung oder Verdrängung der Krankheitssymptome erkennbar. |
| *(II) Bemühen um eine Neubewertung der Situation und um Hinnahme oder Annahme der Krankheitsfolgen, bei einigen Patienten verbunden mit dem Bemühen um weitere Verbesserung der gesundheitlichen, psychischen und sozialen Situation* | Im Vordergrund stand die gedankliche Auseinandersetzung mit der Situation. Bei einem Teil der Patienten war gleichzeitig das Bemühen um weitere Verbesserung der Situation erkennbar, doch dominierte auch bei ihnen die gedankliche Auseinandersetzung mit der Situation. Die Patienten betonten, daß trotz erfahrener Einbußen bestimmte Funktionen und Fertigkeiten nicht reduziert seien, so daß es ihnen – im Vergleich zu anderen Menschen – relativ gut gehe. Des weiteren hoben sie positive Momente der persönlichen Lebenssituation, zum Bei- |

(Fortsetzung auf S. 73)

spiel ihre gute Ehe, den erfolgreichen Lebensweg der Kinder, den erhaltenen Freundeskreis, hervor.

(III) Ausgeprägte Tendenz zur Resignation und Passivität, geringe Aktivität in der Gestaltung des Alltags, geringes Engagement in sozialen Rollen

Es dominierte die Überzeugung, die eingetretene Situation durch eigenes Handeln nicht mehr verbessern zu können. Die Bereitschaft, den ärztlichen Therapievorschlägen zu folgen („Compliance"), war gering. Die Patienten hatten resigniert, ihre Aktivität war gering, Kontakte mit anderen Menschen wurden nicht gesucht. Im Erleben dominierten die mit der Erkrankung verbundenen Symptome und Behinderungen. Erhaltene Funktionen und Fertigkeiten wurden hingegen kaum wahrgenommen. Die Einstellung gegenüber der Zukunft war negativ. Die Patienten erwarteten eine Verschlechterung ihrer Gesundheit.

(IV) Starke Aggressionen gegen andere Menschen (vor allem gegen Angehörige), intensive Konflikte in sozialen Beziehungen, negativ bestimmtes Selbstbild

Die Patienten empfanden ihr Schicksal als „ungerecht", sie haderten mit ihrem Schicksal. In den Kontakten mit Angehörigen, Freunden und Ärzten reagierten sie sehr gereizt. Den Angehörigen machten sie den Vorwurf, sich nicht ausreichend um sie zu kümmern. Den Ärzten wurden mangelnde Therapieerfolge vorgehalten. Das Selbstbild der Patienten war negativ. Sie betonten ausschließlich die eingetretenen Einbußen und waren der Überzeugung, so gut wie keine Tätigkeit selbständig ausführen zu können (diese Aussage stimmte in allen Fällen mit der objektiv gegebenen Situation nicht überein). Entsprechend wurden an die Angehörigen hohe Erwartungen hinsichtlich der von ihnen zu leistenden Hilfe gerichtet. Blieben einzelnen Hilfen aus, so reagierten die Patienten gereizt und aggressiv.

Die in Tabelle 1 gegebene Charakterisierung dieser Formen der Auseinandersetzung mit Belastungen macht deutlich, daß es nur einem Teil der Patienten gelungen ist, sich auch weiterhin um eine Verbesserung ihrer gesundheitlichen, psychischen und sozialen Situation zu bemühen (siehe I) oder zu einer Neubewertung der Situation zu finden (siehe II). Genauso oft wie diese beiden Formen der Auseinandersetzung fanden wir in der Stichprobe (n = 30 Personen) „Resignation, Passivität, geringe Aktivität, geringes Engagement" (siehe III) oder „Aggressionen, konfliktreiche Beziehungen, negatives Selbstbild" (siehe IV) als Reaktionen auf chronische Erkrankung. Während die beiden ersten Formen der Auseinandersetzung (I, II) auf psychische Entwicklungsprozesse in Grenzsituationen deuten, legen die beiden zuletzt genannten Formen der Auseinandersetzung (III, IV) die Annahme nahe, daß diesen Patienten die psychische Entwicklung in Grenzsituationen nicht gelungen ist.

Für das Verständnis der interindividuellen Unterschiede in der Art und Weise, wie Menschen Belastungen zu verarbeiten versuchen, ist sowohl die situationsorientierte als auch die lebenslauforientierte Perspektive wichtig.

Situationsorientierte Perspektive

Die situationsorientierte Perspektive läßt sich durch folgende drei Merkmale charakterisieren:

1. Welche weiteren Belastungen liegen vor? Unter einer Kumulation von Belastungen nimmt die Fähigkeit und Bereitschaft, sich um eine Verbesserung der Situation zu bemühen oder zu deren Neubewertung zu gelangen, ab.[49] Die Verwirklichung von Entwicklungsmöglichkeiten ist in diesem Fall sehr viel schwieriger. Niedergeschlagenheit und Aggres-

sionen („Hadern mit dem Schicksal") als Reaktionen auf Belastungen sind im Falle einer Kumulation von Belastungen auch als Symptome psychischer Überforderung zu interpretieren.[50]

2. In welchem Maße erhält der Mensch bei der Verarbeitung bestehender Belastungen soziale Unterstützung (durch Familienangehörige, durch Freunde und Bekannte, durch Institutionen)? Soziale Unterstützung – in Form von instrumenteller Unterstützung, vor allem in Form von emotionaler Unterstützung – ist für das Bemühen um Verbesserung und / oder Neubewertung der Situation sowie für die Aufrechterhaltung oder Wiedererlangung einer tragfähigen Lebens- und Zukunftsperspektive in Grenzsituationen von großer Bedeutung.[51] Im Falle objektiv bestehender Isolation und subjektiv erlebter Einsamkeit nehmen Niedergeschlagenheit und Aggression als Reaktionen auf Belastungen erheblich zu. Des weiteren sind Isolation und Einsamkeit mit der Gefahr verbunden, daß zusätzlich zu den körperlichen Erkrankungen psychische Erkrankungen (Depressionen, hirnorganische Erkrankungen, Wahnbildungen) auftreten.[52]

3. Inwieweit fördern oder erschweren die objektiven Lebensbedingungen – wie objektiver Gesundheitszustand, Wohnqualität, Einkommen, Bildungsstand, Grad sozialer Integration vs. Isolation, Zugang zu institutionellen Diensten – die Aufrechterhaltung eines selbständigen Lebens und die selbstverantwortliche Gestaltung des Alltags? Diese Frage ist für das Verständnis der Auseinandersetzung mit Belastungen insofern bedeutsam, als ältere Menschen – neben der erhaltenen Gesundheit – „Selbständigkeit" und „selbstverantwortliche Gestaltung des Alltags" als zentrale Ziele ansehen.[53] Die Erfahrung, auf Hilfe oder Pflege angewiesen zu sein und den Alltag nicht mehr selbstver-

antwortlich gestalten zu können, geht mit einer deutlichen Zunahme von Niedergeschlagenheit und Aggression („Hadern mit dem Schicksal") als Reaktionen auf Belastungen einher.[54]

Lebenslauforientierte Perspektive

Gehen wir nun auf die lebenslauforientierte Perspektive ein. Hier ist die Frage von Interesse, in welcher Weise die Entwicklung in früheren Lebensabschnitten Einflüsse auf die Entwicklung im Alter ausübt. In krisen-, aufgaben- und konflikttheoretischen Ansätzen, die den Lebenslauf in eine Sequenz von psychosozialen Krisen,[55] von Entwicklungsaufgaben[56] oder von Konflikten[57] untergliedern, wird hervorgehoben, daß nicht gelöste Krisen, Aufgaben und Konflikte in früheren Lebensabschnitten die Verarbeitung aktueller Krisen, Aufgaben und Konflikte im Erwachsenenalter und Alter erschweren. Hinsichtlich der von uns angenommenen Entwicklungspotentialität im Alter folgt aus diesen Aussagen: Nicht vollzogene Reifungs- oder Entwicklungsschritte in früheren Lebensjahren verringern die Entwicklungspotentialität im Alter. Empirische Untersuchungen, in denen psychische Entwicklungsprozesse über einen Zeitraum von mehreren Jahrzehnten erfaßt wurden, weisen auf eine hohe Kontinuität menschlichen Verhaltens in Krisen, Konflikten und belastenden Situationen hin.[58] Des weiteren sprechen Ergebnisse aus Längsschnittuntersuchungen zur Persönlichkeitsentwicklung im Erwachsenenalter und Alter für die Annahme einer relativ hohen Stabilität des Persönlichkeitsmerkmals „Offenheit" (für neue Anregungen und Anforderungen), welches für die bewußte, verantwortliche Auseinandersetzung mit Aufgaben und Belastungen bedeutsam ist.[59] Auf dem Hintergrund dieser Befunde ist die Annahme ge-

rechtfertigt, wonach der Grad der Entwicklungspotentialität im Alter auch von der Entwicklung in früheren Lebensjahren beeinflußt ist. Um diese Annahme wirklich empirisch überprüfen zu können, sind Längsschnittstudien notwendig, in denen Entwicklungsprozesse über mehrere Lebensabschnitte erfaßt werden können. Bislang wurde hauptsächlich versucht, Aussagen über Entwicklungsprozesse in früheren Lebensjahren auf der Grundlage von retrospektiven Berichten zu treffen.[60] Dabei ergibt sich jedoch das Problem der Zuverlässigkeit retrospektiver Berichte.

Eine Längsschnittstudie zur Auseinandersetzung mit Sterben und Tod, in der 50 sterbende Patienten über einen mehrmonatigen bis zweijährigen Zeitraum untersucht wurden,[61] sollte der Beantwortung zweier Fragen dienen: 1. Sind im Prozeß des Sterbens psychische Entwicklungsprozesse möglich? 2. Finden sich Zusammenhänge zwischen aktueller und früherer Entwicklung? Bei der Beantwortung dieser Frage stützten wir uns auf die Analyse jener Reaktionen, mit denen sterbende Menschen auf ihre aktuelle Situation antworteten, und auf deren Berichte über die Auseinandersetzung mit Belastungen in früheren Lebensjahren (wobei in den Explorationen alle Lebensabschnitte thematisiert wurden).

Zur ersten Frage: Sind im Prozeß des Sterbens Entwicklungsprozesse möglich? Ist es also gerechtfertigt, von Entwicklungspotentialität auch in der letzten Grenzsituation unseres Lebens zu sprechen? Wir ermittelten in dieser Studie fünf Verlaufsformen der Auseinandersetzung mit Sterben und Tod; jeder der untersuchten Patienten ließ sich einer dieser Verlaufsformen zuordnen. In Tabelle 2 (siehe S. 76) sind die fünf Verlaufsformen aufgeführt.

Tabelle 2: Fünf Verlaufsformen der Auseinandersetzung mit Sterben und Tod

(I) Akzeptanz des Sterbens und des Todes bei gleichzeitiger Suche nach jenen Möglichkeiten, die das Leben noch bietet	Im Laufe der Zeit nahm die Bereitschaft des Patienten zu, die Krankheit und den herannahenden Tod zu akzeptieren. Auf der Grundlage dieser Akzeptanz wuchs auch die Fähigkeit, jene Möglichkeiten, die das Leben noch bietet, aufzugreifen und zu verwirklichen.
(II) Zunehmende Resignation und Verbitterung, die mit dazu beiträgt, daß das Leben nur noch als Last empfunden wird und die Endlichkeit des eigenen Daseins immer stärker in den Vordergrund des Erlebens tritt	Die Patienten wurden im Laufe der Zeit zunehmend verbittert, sie erlebten das Leben nur noch als Last und fühlten sich von anderen Menschen abgelehnt. Die physischen Schmerzen nahmen eine immer bedeutendere Stellung im Erleben dieser Patienten ein.
(III) Linderung der Todesängste durch die Erfahrung eines neuen Lebenssinnes und durch die Überzeugung, im Leben noch wichtige Aufgaben wahrnehmen zu können	Das Erleben der Patienten war zunächst von Schmerzen und Ängsten bestimmt. Jedoch gelang es ihnen allmählich wieder, sich stärker zu öffnen, an gemeinsamen Unternehmungen teilzunehmen und das Leben als eine „Aufgabe" wahrzunehmen. Sie fühlten sich für den weiteren Lebensweg des Ehepartners und der Kinder verantwortlich. Außerdem wurden sie sich ihrer gemeinsamen Geschichte mit dem Ehepartner bewußt und erblickten darin eine Aufforderung, auch die gegenwärtige und zukünftige Situation gemeinsam zu tragen. Auch die Religiosität nahm im Laufe der Zeit eine immer bedeutendere Stellung im Erleben dieser Patienten ein.
(IV) Bemühen, die Bedrohung der eigenen Existenz nicht in das Zentrum des Erlebens treten zu lassen	Die Patienten scheuten eine bewußte Auseinandersetzung mit dem Sterben und dem Tod. Diese Tendenz zum Nichtwahrhabenwollen war auch schon in früheren Abschnitten der Krankheit erkennbar, nahm aber mit Schwere der Erkrankung zu. In den letzten Lebensmonaten fanden sich jedoch immer wie-

(Fortsetzung auf S. 77)

der vorsichtige Andeutungen, die auf ein – allerdings nicht voll bewußtes – Wissen um die Bedrohung der eigenen Existenz schließen ließen. Jedoch stand die Hoffnung auf baldige Restitution weiterhin im Vordergrund.

(IV) Durchschreiten von Phasen tiefer Depression zur Hinnahme des Todes

Zunächst reagierten die Patienten depressiv, sie zogen sich immer mehr von ihren Angehörigen und Freunden zurück. Gesundheitliche Belastungen, Schmerzen und der herannahende Tod bestimmten zu Beginn ganz ihr Erleben, positive Erlebnisse wurden nicht erwähnt. Allmählich wandelte sich die Einstellung zur Situation. Die Patienten öffneten sich wieder stärker gegenüber ihren Angehörigen und Freunden, sie äußerten wieder häufiger den Wunsch, Besuche zu empfangen. Desweiteren sprachen sie offen über den herannahenden Tod und betonten, ihr Schicksal nun eher hinnehmen zu können.

Drei der fünf Verlaufsformen sprechen für die Annahme der Entwicklungspotentialität in der letzten Grenzsituation unseres Lebens: In der I. Verlaufsform stehen die Annahme des Sterbens und Todes sowie das Bemühen um eine möglichst selbstverantwortliche Gestaltung der verbleibenden Lebenszeit im Vordergrund. In der III. Verlaufsform dominiert die „Neubewertung der Situation", die sich in der Suche nach einem neuen Lebenssinn und nach Aufgaben (zum Beispiel Gespräche mit den Familienangehörigen) ausdrückt. In der V. Verlaufsform werden die Entwicklungsprozesse besonders deutlich: Waren die Patienten nach Mitteilung der infausten Diagnose zunächst niedergeschlagen und resigniert, so gelang es ihnen allmählich, den Tod hinzunehmen und zu einem relativ ausgeglichenen psychischen Zustand zu gelangen.

Zur zweiten Frage: Lassen sich Zusammenhänge zwischen Entwicklungsprozessen im Sterben und Entwicklungsprozessen in früheren Lebensabschnitten finden? Zunächst ist festzustellen, daß jene Patienten, die einer der drei genannten Verlaufsformen zugeordnet wurden, in Familie und Freundeskreis integriert waren, sich auch als sozial integriert wahrnahmen und zudem nicht an übermäßig starken Schmerzen litten. Bei jenen Patienten hingegen, bei denen „Niedergeschlagenheit", „Resignation", „Hadern mit dem Schicksal" als Reaktionen auf die aktuelle Situation dominierten (II. Verlaufsform), fanden wir eine vergleichsweise geringe soziale Integration (objektiv wie subjektiv), Konflikte mit den nächsten Angehörigen und eine höhere Intensität erlebter Schmerzen. Mit anderen Worten: Es waren mehrere Situationsmerkmale erkennbar, in denen sich jene Patienten, die den Tod annehmen oder hinnehmen konnten, von Patienten, die mit Niedergeschlagenheit, Resignation, Hadern mit dem Schicksal auf den bevorstehenden Tod antworteten, unterschieden. Die biographische Analyse, also die Untersuchung der Auseinandersetzung mit Belastungen in früheren Lebensabschnitten, machte deutlich, daß fast alle Patienten, die den Tod annehmen oder hinnehmen konnten, (a) auch in früheren Lebensabschnitten um eine reflektierte, verantwortliche Lösung von Krisen, Konflikten und Belastungen bemüht gewesen waren, (b) im Lebensrückblick die gelungene Auseinandersetzung mit diesen Krisen, Konflikten und Belastungen hervorhoben. Folgt man den Aussagen, die diese Patienten in der Schilderung ihrer Biographie und ihres Lebensrückblickes („Welches waren bedeutende Stationen ihres Lebens? Welche Ereignisse und Erfahrungen haben Sie Ihrer Meinung nach besonders geprägt? Woran denken Sie, wenn Sie auf Ihr Leben zurückblicken?") getroffen haben, dann ist festzustellen: Nicht der krisen-, konflikt-, belastungsfreie Lebenslauf fördert Entwicklungsprozesse in der letzten Grenzsituation unseres Lebens, sondern der reflektierte, verantwortliche Umgang mit Krisen, Konflikten, Belastungen. Denn diese Patienten hatten in ihrem Leben zahlreiche Hindernisse und Rückschläge erlebt; gleichzeitig hatten sie sich darum bemüht, eine tragfähige Lebens- und Zukunftsperspektive aufrechtzuerhalten oder wiederherzustellen.

Jene Patienten, die sich der II. Verlaufsform zuordnen ließen, (a) berichteten von vielen Krisen, Konflikten, Belastungen im Lebenslauf, (b) hatten auf diese relativ häufig resignativ geantwortet, (c) hoben in der Schilderung des Lebensrückblickes vor allem belastende Ereignisse und Erfahrungen hervor. Bei jenen Patienten, die

nicht an den bevorstehenden Tod denken wollten und jegliche Thematisierung dieser Grenzsituation vermieden (IV. Verlaufsform), fanden wir keine engeren Zusammenhänge zwischen der Auseinandersetzung mit der aktuellen Situation und (a) biographischer Entwicklung wie (b) Lebensrückblick.

Bei der Interpretation dieser Befunde berücksichtigen wir ausdrücklich die methodischen Probleme, die mit retrospektiven Berichten verbunden sind; dies gilt vor allem für die spezielle Untersuchungsgruppe. Denn es ist anzunehmen, daß das Erleben des bevorstehenden Todes (als eine „Aufgabe" oder als „Bedrohung") und die objektiv gegebene wie subjektiv erlebte Gesamtsituation Einfluß auf die Schilderung der biographischen Entwicklung und des Lebensrückblickes ausgeübt haben. Trotzdem verstehen wir diese Befunde als erste Hinweise auf mögliche Zusammenhänge zwischen früheren und aktuellen Entwicklungsprozessen. Vor allem aber sehen wir diese Befunde als Bestätigung der Annahme an, wonach über den gesamten Lebenslauf „Entwicklungspotentialität" besteht.

Die Verwirklichung der Entwicklungspotentialität als Voraussetzung für ein verantwortliches Leben in Grenzen

Zu Beginn dieses Beitrages wurde die These aufgestellt, daß die Verwirklichung der „Entwicklungspotentialität" im Alter Voraussetzung dafür sei, daß Menschen mit der Erfahrung eigener Begrenztheit leben und ihr Alter verantwortlich gestalten können.

Zunächst sei betont, daß die Erfahrung eigener Begrenztheit nicht mit „Defizit-Modellen" des Alters gleichgesetzt werden darf.[62] Letztere beschreiben das Alter als einen Lebensabschnitt, der ausschließlich von Einbußen und Verlusten bestimmt sei. Abgesehen davon, daß ältere Menschen über ausgeprägte Fähigkeiten und Fertigkeiten im kognitiven Bereich und im Bereich der Alltagsgestaltung verfügen können[63] und hinsichtlich der physischen wie kognitiven Leistungsfähigkeit große Unterschiede zwischen Menschen derselben Altersgruppe bestehen, lassen die „Defizit-Modelle" außer acht, wie Menschen mit der Erfahrung eigener Begrenztheit leben, wie sie versuchen, trotz bestehender Grenzen ihr Leben verantwortlich zu gestalten. Mit dem letztgenannten Aspekt sind die Antworten des Menschen auf die Erfahrung eigener Begrenztheit angesprochen. Die „Defizit-Modelle" beschreiben den Alternsprozeß ausschließlich aus der Sicht der physischen und kognitiven Leistungsfähigkeit. Die Tatsache, daß Menschen auf situative Anforderungen „antworten", daß es ihnen gelingen kann, auch in der Erfahrung eigener Begrenztheit ein schöpferisches (dieser Begriff ist nicht mit „produktiv" gleichzusetzen), persönlich zufriedenstellendes Leben zu führen, bleibt unberücksichtigt.

Bislang wurde die Entwicklungspotentialität in spezifischen Grenzsituationen behandelt. Über diese spezifischen Grenzsituationen hinaus wird im Alter die Begrenztheit des Lebens auch in einer allgemeineren Weise erfahren: Der Verlust einzelner Rollen (hier ist vor allem die Berufsrolle zu nennen), die begrenzten körperlichen Kräfte, Veränderungen im Körperbild und den Körperfunktionen, sensorische und motorische Einbußen, der Verlust nahestehender Menschen, die Bewußtwerdung begrenzter Lebenszeit sind Momente, die in ihrer Gesamtheit die Erfahrung der Begrenztheit des eigenen Lebens konstituieren. Die Analyse der Auseinandersetzung mit spezifischen Grenzen ergibt allein kein vollständiges

Bild der Art und Weise, wie Menschen versuchen, in der Erfahrung eigener Begrenztheit ein schöpferisches, persönlich zufriedenstellendes Leben zu führen. Oder anders ausgedrückt: Diese Analyse läßt allein keine ausreichenden Aussagen über die Verwirklichung der Entwicklungspotentialität zu.

Aus diesem Grunde ist Thomae ausdrücklich zuzustimmen, wenn er fordert, in der psychologischen Analyse des Alters über die Auseinandersetzung mit einzelnen Belastungen hinauszugehen und auch jene psychologischen Themen oder Anliegen zu erfassen, die Menschen im höheren Lebensalter beschäftigen.[64] Die „Daseinsthemen" drücken aus, wie Menschen ihre gegenwärtige Gesamtsituation (und nicht nur einzelne Ereignisse) wahrnehmen, von welchen Zielen und Werten sie sich leiten lassen. Beispiele für diese „Daseinsthemen" sind:[65] „Genüge finden im Wechsel von Arbeit und Ruhe", „Suche nach Aufrechterhaltung des sozialen Lebenskreises", „Suche nach persönlich zufriedenstellenden Tätigkeiten und Aufgaben", „Beschäftigung mit der Endgültigkeit des eigenen Geschicks", „Beschäftigung mit der Endlichkeit des eigenen Daseins". Ziele und Werte des Menschen sowie dessen Einstellung zu Möglichkeiten und Grenzen seines Handelns spiegeln sich auch in der Zukunftsperspektive wider: Welche Vorhaben und Pläne sind erkennbar und wie konkret sind diese? Auf welchen Zeitraum bezieht sich die Zukunftsperspektive? Mit welchen Erwartungen (Hoffnungen oder Sorgen) blickt der Mensch in die Zukunft? Welche Grenzen werden thematisiert, wie stellt sich der Mensch auf diese ein? Die Analyse der Zukunftsperspektive wird von Thomae[66] als weitere wichtige Aufgabe psychologischer Untersuchungen zum Erleben und Verhalten älterer Menschen gewertet.

Die Betonung der „Daseinsthemen"

und der „Zukunftsperspektive" macht deutlich, daß die Verwirklichung der Entwicklungspotentialität im Alter über die Fähigkeit des Menschen zur Verarbeitung spezifischer Grenzsituationen hinausgeht – darauf wurde bereits hingewiesen. Wir stellen die Annahme auf, daß die Verwirklichung der Entwicklungspotentialität eine Voraussetzung dafür bildet, daß Menschen spezifische Grenzsituationen verarbeiten können und in der Lage sind, in der Erfahrung der Begrenztheit ein schöpferisches, persönlich zufriedenstellendes Leben zu führen.

Damit stellt sich zum einen die Frage, worin die Entwicklungspotentialität im Alter liegt, zum anderen die Frage, in welchem Maße sich Menschen um die Verwirklichung dieser Potentialität bemühen.

Bevor auf diese Frage eingegangen wird, sei eines festgestellt: In welchem Maße Entwicklungspotentialität im Alter besteht, ist auch davon abhängig, welche Reifungs- oder Entwicklungsprozesse in früheren Lebensjahren stattgefunden haben. Die Potentialität „fällt" dem Menschen im Alter nicht einfach „zu", sondern sie bildet sich in seinem Leben aus. Aus diesem Grunde ist das Alter selbst nicht mit einem bestimmten Reifungs- oder Entwicklungsstand gleichzusetzen. Vielmehr ist entscheidend, inwieweit Menschen auch in früheren Lebensjahren offen für neue Anforderungen und Anregungen gewesen sind, welche Fähigkeiten und Fertigkeiten sie entwickelt haben, inwieweit sie ihr Leben bewußt und verantwortlich gestaltet haben. Das „Mehr an Jahren" wirkt sich erst dann positiv auf den Entwicklungsstand aus, wenn es ein „Mehr an schöpferisch gestalteten Jahren" bedeutet. Die These, daß das Alter generell durch „umfassendes Lebenswissen", durch „hohes Geschick in der Bewältigung praktischer Lebensanforderungen", durch die „Fähigkeit, mit Grenzen

leben zu können" charakterisiert sei, ist ein positives Altersstereotyp, das die realistische Sicht des Alters genauso erschwert wie das negative Altersstereotyp, welches mit „Alter" vorwiegend oder ausschließlich „Abbau", „Rigidität", „fehlende Lernfähigkeit" verbindet.

Kommen wir nun auf die Frage nach dem „Wesen" der Entwicklungspotentialität und nach der Verwirklichung dieser Potentialität zurück. Folgen wir den Ergebnissen jener Studien, die im vorangegangenen Kapitel zitiert worden sind, so läßt sich die Entwicklungspotentialität im Alter wie folgt definieren: Sie beschreibt (a) Erfahrungen und Kenntnisse, die Menschen in vorangegangenen Lebensabschnitten gewonnen haben, Fähigkeiten und Fertigkeiten, die sie entwickelt haben, Interessen, die sie ausgebildet haben, (b) die Bereitschaft und Fähigkeit, diese auch im Alter in persönlich und sozial kreativer Weise zu nutzen, (c) die Fähigkeit und Bereitschaft, diese – soweit erforderlich oder sinnvoll – im Alter zu erweitern, (d) die im Lebenslauf entwickelte und im Alter erhaltene Offenheit für neue Lebensanforderungen.

Diese Definition ist absichtlich eher formal gehalten, um die interindividuell verschiedenartigen Entwicklungsprozesse im Lebenslauf, die interindividuell verschiedenen Ziele und Werte im Alter, die interindividuell verschiedenartigen Lebensbedingungen im Alter zu berücksichtigen. Vier Aspekte dieser Definition sollen hervorgehoben werden, die für unser Verständnis der Entwicklungspotentialität zentral sind:

1. Es wird beachtet, daß das Alter „Teil" des Lebenslaufes ist, Entwicklungsprozesse in früheren Lebensabschnitten also im Alter fortwirken (siehe die Definitionsmerkmale a und d).

2. Es wird die persönlich und sozial kreative Nutzung des Wissens betont

(siehe das Definitionsmerkmal b). Dies geschieht aus folgenden Gründen: Zum einen sollen die persönlich bedeutsamen Ziele und Werte berücksichtigt werden, das heißt, die selbstverantwortliche Gestaltung des Alters. Zum anderen ist zu berücksichtigen, daß die individuelle Gestaltung des Alters nicht losgelöst von sozialen Prozessen erfolgt: Eigene Ziele und Wünsche sind mit jenen anderer Menschen zur Übereinstimmung zu bringen. Dies kann am Beispiel der intergenerationellen Beziehungen veranschaulicht werden: Wenn ältere Menschen in den Beziehungen zu jüngeren Menschen immer wieder auf ihre Erfahrungen pochen und ihre Sicht der Dinge durchzusetzen versuchen, so beschneiden sie damit die Entwicklungsmöglichkeiten der jüngeren Generationen. Ihr Verhalten wäre damit nicht sozial-kreativ, sondern eher sozial-destruktiv. Positiv gewendet: Wenn sie – aus Gefühlen der Verantwortung – Erfahrungen weitergeben, ohne diese jüngeren Menschen aufdrängen zu wollen, so können sie damit die Entwicklung jüngerer Generationen fördern.

3. Die Notwendigkeit, Wissen und Handlungsformen zu erweitern, wird betont (siehe Definitionsmerkmal c). Damit wird zum Ausdruck gebracht, daß sich im Alter auch neue Anforderungen (Aufgaben oder Belastungen) einstellen, deren Verarbeitung „Neuorientierung" erfordert – und dies sowohl auf Einstellungs- als auch auf Handlungsebene. Mit diesem Definitionsmerkmal berücksichtigen wir empirische Befunde, die auf die Lernfähigkeit und die Plastizität des Verhaltens im Alter deuten.[67]

4. Es wird beachtet, daß Offenheit ein relativ stabiles Persönlichkeitsmerkmal darstellt.[68] Menschen, die in früheren Lebensabschnitten für neue Anforderungen offen gewesen sind, zeigen diese Einstellung mit höherer Wahrscheinlichkeit auch

im Alter (siehe Definitionsmerkmal d).[69] Damit wird die These zurückgewiesen, daß im Alter die „Rigidität" zunehme.[70] Jedoch wird in der Definition auch berücksichtigt, daß die Aufrechterhaltung der Offenheit unter belastenden Lebensbedingungen eine „psychologische Leistung" ist. Daß diese Leistung erbracht werden kann, wenn entsprechende Voraussetzungen dafür in den vorangegangenen Lebensabschnitten geschaffen worden sind, steht außer Zweifel.

Abschließend beschäftigt uns die Frage, inwieweit die Verwirklichung dieser Entwicklungspotentialität die Auseinandersetzung mit aktuellen Grenzsituationen fördert. Aus den im vorangegangenen Kapitel berichteten Untersuchungen lassen sich einige Antworten auf diese Frage ableiten: Zunächst ist das Lebenswissen älterer Menschen zu nennen. Wenn sich Menschen im Lebenslauf reflektiert mit Aufgaben und Belastungen auseinandergesetzt haben und offen für neue Anforderungen wie Anregungen gewesen sind, so verfügen sie eher über ein differenziertes Lebenswissen, zu dem die realistische Einschätzung der Möglichkeiten und Grenzen eigenen Handelns (betrachtet aus einer „fähigkeitsorientierten" und einer „ethischen Perspektive"), die differenzierte Wahrnehmung vertrauter Situationen und Lebensbereiche, die Einsicht in die Notwendigkeit der Infragestellung eigener Entscheidungen und Handlungen, die Kenntnisse über verschiedene Lebensformen und Lebensstile (die eine bedeutende Voraussetzung der Toleranz bilden) gehören. Dieses Wissen kann der Auseinandersetzung mit Grenzen zugute kommen.

Der im Lebenslauf entwickelte schöpferische Umgang mit neuen Anforderungen beeinflußt ebenfalls die Art der Auseinandersetzung mit Grenzen im Alter. Im vorangegangenen Kapitel wurden Befunde berichtet, die auf die Fähigkeit des Menschen zur Kompensation bestehender Einbußen hinweisen. Die Kompensation ist als schöpferisches Moment in der Auseinandersetzung mit Grenzen zu werten. Gleiches gilt für die Fähigkeit, eine objektiv nicht-veränderbare Situation von einem anderen Blickwinkel aus zu betrachten, in der Situation das eigene Anspruchsniveau zu verändern und dadurch zu einer Neubewertung zu gelangen.

Haben Menschen in früheren Lebensabschnitten persönlich ansprechende Interessen entwickelt, so sind damit Grundlagen für eine selbstverantwortliche Gestaltung des Alltags im Alter geschaffen. Die Ausfüllung des Alltags mit anregenden, persönlich zufriedenstellenden Tätigkeiten stellt eine bedeutende Hilfe bei der Auseinandersetzung mit Grenzsituationen dar. In den berichteten Studien über die Auseinandersetzung schwerstkranker oder sterbender Menschen mit chronischer Erkrankung und mit Sterben und Tod fanden sich enge Zusammenhänge zwischen der Art der Alltagsgestaltung und der Art der Auseinandersetzung mit der Grenzsituation. Ein nicht ausgefüllter Alltag, die fehlende Rhythmisierung des Alltags, das Fehlen von Tätigkeiten, die den Menschen ansprechen und anregen, erschwert die Verarbeitung bestehender Grenzen erheblich. Die selbstverantwortliche Alltagsgestaltung wird von uns als ein schöpferischer Akt und als eine psychologische Leistung verstanden. Denn die „externen" Verpflichtungen nehmen im Alter ab; dem Menschen stellt sich im Alter die Aufgabe, in der Gestaltung des Alltags noch mehr seinen eigenen Zielen und Werten zu folgen als früher. Dies mag als „späte Freiheit"[71] empfunden werden, muß es aber nicht. Manche Menschen haben große Probleme, sich mit sich selbst zu beschäftigen, das heißt, in der Ausübung persönlich ansprechender Tätigkei-

ten zu sich selbst zu finden. Die ständige Suche nach sozial anerkannten Aufgaben kann auch darauf zurückgehen, daß man dieses Finden-zu-sich-selbst fürchtet und vermeiden möchte. Damit soll nicht die freiwillige Tätigkeit Älterer für andere Menschen diskreditiert werden. In der Ausübung dieser Tätigkeit drückt sich nicht selten der ehrlich gemeinte Wunsch aus, etwas für andere zu tun. Wenn sich jedoch die freiwillige Tätigkeit in der Übernahme sozial anerkannter Positionen erschöpft, oder wenn sie hauptsächlich gesucht wird, um Anerkennung durch andere Menschen zu erhalten, dann deutet sie eher auf Schwierigkeiten hin, den Alltag selbstverantwortlich zu gestalten und in der Ausübung von Interessen zu sich selbst zu finden.

Das Finden-zu-sich-selbst bildet eine wichtige Voraussetzung für die Fähigkeit des Menschen, mit der Erfahrung eigener Begrenztheit zu leben. Ob dieses Potential im Alter besteht oder nicht, ist unter anderem von den vier folgenden Faktoren abhängig: 1. In welchem Umfang haben sich Menschen in früheren Lebensjahren mit sich selbst auseinandergesetzt, eigene Entscheidungen und Handlungen kritisch reflektiert? 2. In welchem Maße finden sie im Alter die psychische Kraft und den Mut, sich mit sich selbst auseinanderzusetzen, zu sich selbst zu finden? 3. Inwieweit fördern oder erschweren die objektiven Lebensbedingungen die reflektierte Auseinandersetzung des Menschen mit Möglichkeiten und Grenzen eigenen Handelns? 4. In welchem Maße ist die soziale Umwelt fähig und bereit, den Rückzug des älteren Menschen aus bestimmten Rollen und Verpflichtungen, den Wunsch nach intensiverer Auseinandersetzung mit sich selbst – die Teil der Verarbeitung von Grenzsituationen ist – zu akzeptieren, ohne den Menschen zu isolieren?

[1] Vgl. *R. C. Atchley:* Continuity theory of aging. In: The Gerontologist 29 (1989), S. 183–189; *P. B. Baltes:* Entwicklungspsychologie der Lebensspanne. Theoretische Leitsätze. In: Psychologische Rundschau 41 (1990), S. 1–24; *J. E. Birren:* A contribution to the theory of the psychology of aging: As a counterpart of development. In: J. Birren/V. Bengtson (Hrsg.): Emergent theories of aging, New York 1988, S. 153–176; *E. H. Erikson/J. M. Erikson/H. Q. Kivnick:* Vital involvement in old age, New York 1986; *A. Kruse:* Alter im Lebenslauf. In: P. B. Baltes/J. Mittelstraß (Hrsg.): Zukunft des Alterns und gesellschaftliche Entwicklung, Berlin 1992, S. 331–355; *U. Lehr:* Die Bedeutung der Lebenslaufpsychologie für die Gerontologie. In: Aktuelle Gerontologie 10 (1980), S. 257–269; *E. Olbrich:* Zur Förderung von Kompetenz im höheren Lebensalter. In: R. Schmitz-Scherzer/A. Kruse/E. Olbrich (Hrsg.): Altern – ein lebenslanger Prozeß der sozialen Interaktion, Darmstadt 1990, S. 7–28; *H. Radebold:* Psychodynamik und Psychotherapie Älterer, Heidelberg 1992; *H. Thomae:* Alternsstile und Altersschicksale, Bern 1983. – [2] Vgl. *L. Rosenmayr:* Die späte Freiheit, Berlin 1983. – [3] Siehe u.a. *A. Kruse/U. Lindenberger/P. B. Baltes:* Longitudinal research on human aging: the power of combining real-time, microgenetic and simultation approaches. In: D. Magnusson/P. Casaer (Hrsg.): Longitudinal research on individual development, Cambridge 1993, S. 153–193; *U. Lehr/H. Thomae* (Hrsg.): Formen seelischen Alterns, Stuttgart 1987. – [4] *K. Jaspers:* Philosophie, Berlin 1960; *ders.:* Einführung in die Philosophie, München 1972. – [5] *K. Jaspers:* Philosophie, Berlin 1960. – [6] *K. Jaspers:* Einführung in die Philosophie, München 1972. – [7] Siehe dazu *A. Kruse:* Psychologie des Alters. In: K. P. Kisker/H. Lauter/J. E. Meyer/C. Müller/E. Strömgren (Hrsg.): Psychiatrie der Gegenwart, Bd. 8: Alterspsychiatrie, Heidelberg 1989, S. 1–58. – [8] Siehe im vorliegenden Beitrag das Kapitel „Theoretische Zugänge", S. 65 ff. – [9] Siehe Kapitel „Beispiele für die Entwicklungspotentialität im Alter", S. 68 ff. [10] Siehe Kapitel „Die Verwirklichung der Entwicklungspotentialität", S. 78 ff. – [11] Siehe dazu *P. B. Baltes* (Anm. 1); *A. Kruse:* Potentiale im Alter. In: Zeitschrift für Gerontologie 23 (1990), S. 235–245; *U. Lehr:* Aging as fate and challenge. In: H. Häfner/G. Moschel/N. Sartorius (Hrsg.): Mental health in the elderly, Heidelberg 1986, S. 57–77; *M. Riley/J. Riley:* Individuelles und gesellschaftliches Potential des Alterns. In: P. B. Baltes/J. Mittelstraß (Anm.1), S. 437–459; *K. Schaie:* Individual differences in rate of cognitive change in adulthood. In: V. Bengtson/K. Schaie (Hrsg.): The course of later life. Research and reflections, New York 1989, S. 65–85; *L. Rosenmayr:* Die Kräfte des Alters, Wien 1990; *R. J. Sternberg:* Introduction: The nature and scope of practical intelligence. In: R. J. Sternberg/R. K. Wagner (Hrsg.): Practical intelligence. Nature and origins of competence in the everyday world, Cambridge 1986, S. 1–12. – [12] *P. B. Baltes/M. M. Baltes:* Gerontologie. Begriff, Herausforderung und Brennpunkte. In: P. B. Baltes/J. Mittelstraß (Anm. 1), S. 1–34. – [13] *P. B. Baltes:* Intelligenz im Alter. In: Spektrum der Wissenschaft 5 (1984), S. 46–60; *A. Kruse/U. Lehr:* Intelligenz, Lernen und Gedächtnis im Alter. In: D. Platt/K. Oesterreich (Hrsg.): Handbuch der Gerontologie, Bd. 5, New York 1989, S. 168–214; *E. Olbrich* (Anm. 1); *F. Weinert:* Altern in psychologischer Perspektive. In: P. B. Baltes/J. Mittelstraß (Anm. 1), S. 180–203; S. L. Willis: Cognitive training and everyday competence. In: K. W. Schaie/C. Eisdorfer (Hrsg.): Annual review of gerontology and geriatrics, Vol. 7, New York 1987, S. 159–189. – [14] *P. B. Baltes/M. M. Baltes:* Psychological perspectives on successful aging: The model of selective optimization with compensation. In: P. B. Baltes/M. M. Baltes (Hrsg.): Successful aging: Perspectives from the behavioral sciences, New York 1990, S. 1–33. – [15] Siehe z.B. *R. Sternberg/K. Wagner* (Hrsg.): Practical intelligence in an everyday world, New York 1986. – [16] Siehe z.B. *H. Thomae:* Das Individuum und seine Welt, 2., völlig neu bearb. Aufl., Göttingen 1988. – [17] Vgl. *J. Brandtstädter/G. Renner:* Tenacious goal pursuit and flexible goal adjustment: Explication and age-related analysis of assimilative and accomodative strategies of coping. In: Psychology and Aging 8 (1990), S. 58–67; *E. H. Erikson/J. M. Erikson/H. Q. Kivnick* (Anm. 1); *R. Havighurst:* Developmental tasks and education, 3. Aufl., New York 1972; *A. Kruse* (Anm. 11); *U. Lehr* (Anm. 1); *E. Olbrich* (Anm. 1); *H. Thomae/U. Lehr:* Stages, crises, conflicts, and life-span development. In: A. Soerensen/F. Weinert/L. Sherrod (Hrsg.): Human development and the life course, Hillsdale NJ 1986, S. 429–444; *H. Radebold:* Psychotherapie. In: K. P. Kisker/H. Lauter/J. E. Meyer/C. Müller/E. Strömgren (Anm. 7), S. 316–346; *ders.:* Psycho- und soziotherapeutische Behandlungsverfahren. In: D. Platt/K. Oesterreich (Hrsg.) (Anm. 13), S. 418–443. – [18] Siehe z.B. *I. Fooken:* Frauen im Alter, Bern 1980; *A. Kruse:* Coping with chronic disease, dying, and death – a contribution to competence in old age. In: Comprehensive Gerontology C1 (1987), S. 1–11; *ders.:*

Zur psychischen und sozialen Situation pflegender Frauen. Ergebnisse aus empirischen Untersuchungen. In: Zeitschrift für Gerontologie 27 (1994), S. 45–55; *U. Lehr/H. Thomae* (Anm. 3); *A. Niederfranke:* Ältere Frauen in der Auseinandersetzung mit Berufsaufgabe und Partnerverlust. Bonn: Schriftenreihe des Bundesministers für Frauen und Jugend, Stuttgart 1992; *W. Saup:* Streß und Streßbewältigung bei der Heimübersiedlung älterer Menschen. In: Zeitschrift für Gerontologie 17 (1984), S. 198–204; *B. Stappen:* Formen der Auseinandersetzung mit Partnerverlust im Alter, Regensburg 1988. – [19] Siehe z.B. *U. Lehr:* Social-psychological correlates of longevity. In: C. Eisdorfer (Hrsg.): Annual review of gerontology and geriatrics, Vol. 3 (1982), S. 102–147; *R. Schmitz-Scherzer/H. Thomae:* Constancy and change of behavior in old age: Findings from the Bonn Longitudinal Study on Aging. In: K. Schaie (Hrsg.): Longitudinal studies of adult psychological development, New York 1983, S. 191–221; *J. Shanan:* Who and how: Some unanswered questions in adult development. In: Journal of Gerontology 46 (1991), S. 309–316. – [20] Vgl. *P. B. Baltes/S. J. Danish:* Gerontologische Intervention auf der Grundlage einer Entwicklungspsychologie des Lebenslaufs. Probleme und Konzepte. In: Zeitschrift für Entwicklungspsychologie und Pädagogische Psychologie 11 (1979), S. 112–140; *U. Lehr:* Gerointervention – das Insgesamt der Bemühungen, bei psychologischem Wohlbefinden ein hohes Lebensalter zu erreichen. In: Dies. (Hrsg.): Interventionsgerontologie, Darmstadt 1979, S. 1–49. – [21] Vgl. *M. M. Baltes/D. Sowarka/K. Neher/S. Kwon:* Kognitive Intervention mit alten Menschen. In: Deutsches Zentrum für Alternsfragen (Hrsg.): Expertisen zum zweiten Teilbericht der Sachverständigenkommission „1. Altenbericht der Bundesregierung", Bd. V, Berlin 1993; *R. Kliegl/J. Smith/P. B. Baltes:* Testing-the-limits and the study of adult age differences in cognitive plasticity and of mnemonic skill. In: Developmental Psychology 25 (1989), S. 247–256; *K. W. Schaie:* The optimization of cognitive functioning in old age: Predictions bases on a cohort-sequential and longitudinal data. In: P. B. Baltes/M. M. Baltes (Hrsg.): Successful aging – research and theory, Cambridge 1990, S. 89–102; *S.L. Willis* (Anm. 13). – [22] Vgl. *A. Kruse:* Kompetenz im Alter in ihren Bezügen zur objektiven und subjektiven Lebenssituation, Darmstadt 1995; *U. Lehr* (Anm. 20); *H. W. Wahl:* Das kann ich allein! Selbständigkeit im Alter: Chancen und Grenzen, Bern 1991. – [23] Vgl. *M. M. Baltes/H. W. Wahl:* The behavioral and social world of the institutionali-

zed elderly: Implications for health and optimal development. In: M. Ory/R. Abeles (Hrsg.): Aging, health, and behavior, Baltimore 1989, S. 102–121; *U. Lehr* (Anm. 20); *R. Schmitz-Scherzer:* Pflegebedürftigkeit oder die mangelnde Berücksichtigung der Potentiale und Kompetenzen von kranken älteren Menschen. In: Zeitschrift für Gerontologie 23 (1990), S. 284–287. – [24] Siehe zusammenfassende Darstellung in *M. M. Baltes/D. Sowarka/K. Neher/S. Kwon* (Anm. 21); *S. L. Willis* (Anm. 13). – [25] Siehe zusammenfassende Darstellung in *K. Andrews:* Rehabilitation of the older adult, London 1987; *S. Görres:* Geriatrische Rehabilitation und Lebensbewältigung, Weinheim 1992; *A. Kruse:* Rehabilitation in der Gerontologie – theoretische Grundlagen und empirische Forschungsergebnisse. In: A. Mühlum/H. Oppl (Hrsg.): Handbuch der Rehabilitation, Neuwied 1992, S. 333–356; *W. Korte/H. Radebold/F. Karl:* Gerontopsychiatrische Versorgung – Problembezogene Angebote für über 60jährige psychisch Kranke. In: D. Platt/K. Oesterreich (Anm. 13), S. 472–490; *H. P. Meier-Baumgartner, I. Nerenheim-Duscha, S. Görres:* Die Effektivität von Rehabilitation bei älteren Menschen unter besonderer Berücksichtigung psychosozialer Komponenten bei ambulanter, teilstationärer und stationärer Betreuung. Schriftenreihe des Bundesministeriums für Familie und Senioren, Stuttgart 1992; *T. F. Williams* (Hrsg.): Rehabilitation in the aging, New York 1985. – [26] Siehe zusammenfassende Darstellung in *H. Radebold* (Anm. 1). – [27] Vgl. *S. Görres* (Anm. 25); *E. Grond:* Die Pflege verwirrter alter Menschen, Freiburg 1988; *K. G. Manton/L. S. Corder/E. Stallard:* Estimates of change in chronic disability and institutional incidence and prevalence rates in the U.S. elderly population from the 1982, 1984, and 1989 National Long Term Care Survey. In: Journal of Gerontology, Social Sciences 48 (1993), S. 153–166; *K. Oesterreich:* Gerontopsychiatrie, Berlin 1993; *E. Olbrich/A. Kruse/D. Roether* (Hrsg.): Möglichkeiten und Grenzen selbständiger Lebensführung im Alter. Abschlußbericht des Forschungsprojekts, Bonn 1994; *E. Steinhagen-Thiessen/W. Gerok/M. Borchelt:* Innere Medizin und Geriatrie. In: P. B. Baltes/J. Mittelstraß (Anm. 1), S. 124–150; *T. F. Williams* (Anm. 25). – [28] Siehe dazu *A. Kruse* (Anm. 18); *R. Schmitz-Scherzer* (Anm. 23). – [29] Siehe z.B. *P. B. Baltes:* Longitudinal and cross-sectional sequences in the study of age and generation effects. In: Human Development 11 (1968), S. 145–171; *J. E. Birren* (Hrsg.): Handbook of aging and the individual: Psychological and biological aspects, Chicago 1959; *ders.:* The psychology of aging,

Englewood Cliffs 1964; *U. Lehr:* Psychologie des Alterns, 1. Aufl., Heidelberg 1972; *R. Schubert:* Erfordernisse einer neuzeitlichen gerontologischen Forschung. In: ders. (Hrsg.): Herz- und Atmungsorgane im Alter. Psychologie und Soziologie in der Gerontologie. Beihefte zur Zeitschrift für Gerontologie, Bd. 1, Darmstadt 1968, S. 1–3; *H. Thomae:* Persönlichkeit – eine dynamische Interpretation, Bonn 1951; *H. Thomae/U. Lehr* (Hrsg.): Altern – Probleme und Tatsachen, Wiesbaden 1968. – [30] *E. Rothacker:* Schichten der Persönlichkeit, Bonn 1938. – [31] Siehe dazu *P.B. Baltes/M.M. Baltes* (Anm. 12); *J.E. Birren* (Anm. 1); *G. Labouvie-Vief:* Intelligence and cognition. In: J.E. Birren/K.W. Schaie (Hrsg.): Handbook of the psychology and aging, New York 1985, S. 500–530; *U. Lehr:* Psychologie des Alterns, 7. Aufl., Heidelberg 1991; *M. Riley/J. Riley* (Anm. 11); *H. Thomae* (Anm. 1); *F. Weinert* (Anm. 13). – [32] Siehe z.B. *P.B. Baltes* (Anm. 13); *Ch. Rott:* Intelligenzstruktur und Intelligenzverläufe im höheren Lebensalter. In: R. Schmitz-Scherzer/A. Kruse/E. Olbrich (Anm. 1), S. 67–80; *K. Schaie/S. Willis:* Adult personality and psychomotor performance: Cross-sectional and longitudinal analysis. In: Journal of Gerontology 46 (1991), S. 275–284; *S.L. Willis/K.W. Schaie:* Practical intelligence in later adulthood. In: R.J. Sternberg/R.K. Wagner (Hrsg.) (Anm. 11), S. 236–268. – [33] Siehe z.B. *P.B. Baltes* (Anm. 1); *G. Labouvie-Vief* (Anm. 31); *R. Sternberg/K. Wagner* (Anm. 15). – [34] Siehe z.B. *G.O. Klemp/D.C. McClelland:* What characterizes intelligent functioning among senior managers? In: R.J. Sternberg/R.K. Wagner (Anm. 11), S. 31–50. – [35] *R.J. Sternberg/R.K. Wagner* (Hrsg.) (Anm. 15). – [36] Siehe z.B. *R.M. Abler/B.R. Fretz:* Self-efficacy and competence in independent living among oldest old persons. In: Journal of Gerontology 43 (1988), S. 138–143; *A. Bandura:* Human agency in social cognitive theory. In: American Psychologist 44 (1989), S. 1175–1184; *A. Kruse* (Anm. 22); *U. Lehr:* Kompetenz im Alter – Beiträge aus gerontologischer Forschung und Praxis. In: Ch. Rott/F. Oswald (Hrsg.): Kompetenz im Alter, München 1989, S. 1–14; *H. Thomae* (Anm. 1); *F.B. Tyler:* Individual psychosocial competence: a personality configuration. In: Education and Psychological Measurement 38 (1978), S. 309–323. – [37] Siehe die Beiträge in *R. Sternberg/K. Wagner* (Anm. 15). – [38] *T. Salthouse:* Effects of age and skill in typing. In: Journal of Experimental Psychology: General 113 (1984), S. 345–371. – [39] *P.B. Baltes/M.M. Baltes* (Anm. 14). – [40] Vgl. *P.B. Baltes* (Anm. 1); *R. Dixon/P.B. Baltes:* Toward life-span research on the func-

tions and pragmatics of intelligence. In: R.J. Sternberg/R.K. Wagner (Anm. 11), S. 203–235. – [41] *G.O. Klemp/D.C. McClelland* (Anm. 34). – [42] Vgl. *A. Kruse/U. Lehr:* Ältere Mitarbeiter. In: L. v. Rosenstiel/E. Regnet/M. Domsch (Hrsg.): Führung von Mitarbeitern, Stuttgart 1991, S. 409–418. – [43] Vgl. *J.E. Birren* (Anm. 1); *J. Brandtstädter:* Entwicklung im Lebensablauf: Ansätze und Probleme der Lebensspannen-Entwicklungspsychologie. In: Kölner Zeitschrift für Soziologie und Sozialpsychologie 42 (1990), Sonderheft 31, S. 322–350; *A. Kruse* (Anm. 7); *U. Lehr* (Anm. 11); *U. Lehr/H. Thomae* (Anm. 3); *E. Olbrich* (Anm. 1); *J. Shannan* (Anm. 19); *H. Thomae* (Anm. 1); *H. Thomae/U. Lehr* (Anm. 17); *H. Radebold* (Anm. 1). – [44] Vgl. *A. Kruse* (Anm. 22). – [45] Vgl. *E. Olbrich/A. Kruse/D. Roether* (Anm. 27). – [46] Siehe z.B. *E. Olbrich:* Coping and development in the later years. In: J. Munnichs/P. Mussen/E. Olbrich/P.G. Coleman (Hrsg.): Lifespan and change in a gerontological perspective, New York 1985, S. 133–155; *H. Thomae* (Anm. 1); *H. Thomae/U. Lehr* (Anm. 17). – [47] Siehe dazu *R.S. Lazarus/S. Folkman:* Stress, appraisal and coping, New York 1984; *A. Kruse* (Anm. 7); *U. Lehr* (Anm. 36); *J. Munnichs/E. Mussen/E. Olbrich/P. Coleman* (Hrsg.): Life-span and change in a gerontological perspective, New York 1985; *H. Thomae:* Das Individuum und seine Welt, 1. Aufl., Göttingen 1968; Ders. (Anm. 16). – [48] Vgl. *A. Kruse:* Die psychosoziale Situation von Schlaganfallpatienten. In: P. Jacobi (Hrsg.): Handbuch der Medizinischen Psychologie, Bd. 2, Heidelberg 1989, S. 200–225. – [49] Vgl. *B. Badura/T. Schott:* Zur Bedeutung psychosozialer Faktoren bei der Bewältigung einer chronischen Krankheit. In: M.M. Baltes/M. Kohli/K. Sames (Hrsg.): Erfolgreiches Altern, Bern/Stuttgart/Toronto 1989, S. 149–154; *H.J. Fisseni:* Einstellung und Erleben der Endlichkeit des Daseins. In: Zeitschrift für Gerontologie 12 (1979), S. 460–472; *A. Kruse* (Anm. 22); *H. Radebold:* Die psychosoziale Situation alternder Menschen. In: Th. v. Uexküll (Hrsg.): Psychosomatische Medizin, 3. Aufl., München/Wien/Baltimore 1986, S. 1079–1105; *R. Schmitz-Scherzer:* Depressionen bei unheilbar Kranken und Sterbenden. In: M. Bergener (Hrsg.): Depressive Syndrome im Alter, Stuttgart/New York 1989, S. 119–124. – [50] Vgl. *A. Kruse* (Anm. 22). – [51] Vgl. *T. Antonucci:* Personal characteristics, social support, and social behavior. In: R.H. Binstock/E. Shanas (Hrsg.): Handbook of aging and the social sciences, New York 1985, S. 94–128; *T.C. Antonucci/H. Akiyama:* Social networks in adult life and a preliminary examination of the convoy model. In: Journal of Gerontology 42 (1987), S. 519–527; *N. Krause:* Issues of measurement and analysis in studies of social support, aging, and health. In: C. L. Cooper/K. Markides (Hrsg.): Aging, stress, and health, New York 1989, S. 23–37; *H. O. Veiel:* Social support and mental disorders in old age: Overview and appraisal. In: H. Häfner/G. Moschel/N. Sartorius: Mental health in the elderly, Heidelberg 1986, S. 78–87. – [52] Vgl. *M. Bergener* (Hrsg.): Depressive Syndrome im Alter, Stuttgart 1989; *E. Grond* (Anm. 27); *H. Häfner:* Psychische Gesundheit im Alter, Stuttgart 1986; *ders.:* Psychiatrie des höheren Lebensalters. In: P. B. Baltes/J. Mittelstraß (Anm. 1), S. 151–179; *K. Oesterreich* (Anm. 27); *H. Veiel* (Anm. 51). – [53] Vgl. *U. Lehr/H. Thomae:* Alltagspsychologie. Aufgaben, Methoden, Ergebnisse, Darmstadt 1991. – [54] Vgl. *E. Olbrich/A. Kruse/D. Roether* (Anm. 27). – [55] Vgl. *E. H. Erikson:* The life cycle completed, New York 1982; *E. H. Erikson/J. M. Erikson/H. Q. Kivnick* (Anm. 1). – [56] Vgl. *R. Havighurst* (Anm. 17). – [57] Vgl. *U. Lehr/H. Thomae:* Konflikt, seelische Belastung und Lebensalter, Köln 1965; *J. Robrecht:* Auseinandersetzung mit Konflikten und Belastungen in verschiedenen Lebensaltern. In: Zeitschrift für Gerontologie 27 (1994), S. 96–102; *H. Thomae/ U. Lehr* (Anm. 17); *dies.* (Anm. 59). – [58] Vgl. *N. Datan/D. Rodeheaver/F. Hugues:* Adult development and aging. In: Annual Review of Psychology 38 (1987), S. 153–180; *D. Field:* Retrospective reports by healthy intelligent elderly people of personal events of their adult lives. In: International Journal of Behavioural Development 7 (1981), S. 77–79; *ders.:* Continuity and change in personality in old age – evidence from five longitudinal studies: Introduction to a special issue. In: Journal of Gerontology 46 (1991), S. 271–274; *U. Lehr* (Anm. 11); *E. Olbrich* (Anm. 1); *H. Thomae* (Anm. 1); ders. (Anm. 16); *S. K. Whitbourne/M. K. Zuschlag/L. B. Elliot/A. S. Waterman:* Psychosocial development in adulthood: a 22-year sequential study. In: Journal of Personality and Social Psychology 63 (1992), S. 260–271. – [59] Vgl. *P. T. Costa/R. R. McCrae:* Personality in adulthood: A six year longitudinal study of self-reports and spouse ratings on the NEO Personality Inventory. In: Journal of Personality and Social Psychology 54 (1988), S. 853–863; *R. R. McCrae/P. T. Costa:* Personality in adulthood, New York 1990. – [60] Z. B. *A. Caspi:* Personality in the life course. In: Journal of Personality and Social Psychology 53 (1987), S. 1203–1213; *G. H. Elder Jr.:* Military times and turning points in men's lives. In: Developmental Psychology 22 (1986), S. 233–245; *D. Field* (Anm. 58); *A. Kruse* (Anm. 18); *U. Lehr/H. Thomae* (Anm. 57); *dies.* (Anm. 3); *J. Robrecht* (Anm. 57). – [61] *A. Kruse* (Anm. 18); *ders.:* Sterbende begleiten. Anthropologische Überlegungen, psychologische Beiträge und Erarbeitung von psychologischen Grundlagen einer Sterbebegleitung. In: R. Schmitz-Scherzer (Hrsg.): Altern und Sterben, Bern 1992, S. 63–104. – [62] Siehe zur Kritik dieser Modelle *U. Lehr* (Anm. 29). – [63] Darauf wurde im Kapitel „Theoretische Zugänge", S. 65ff., eingegangen. – [64] Vgl. *H. Thomae* (Anm. 47); Ders. (Anm. 16). – [65] Vgl. *A. Kruse* (Anm. 11); *U. Lehr* (Anm. 31); *H. Thomae* (Anm. 47). – [66] *H. Thomae:* Future time perspective and the problem of cognition/motivation interaction. In: G. d'Ydevalle/W. Lens (Hrsg.): Cognition in human motivation and learning, Leuven 1981, S. 261–274. – [67] Siehe dazu *P. B. Baltes* (Anm. 13); *A. Kruse/U. Lehr* (Anm. 13); *M. Knopf/P. Kolodziej/W. Preussler:* Der ältere Mensch als Experte – Literaturübersicht über die Rolle von Expertenwissen für die kognitive Leistungsfähigkeit im höheren Alter. In: Zeitschrift für Gerontopsychologie und -psychiatrie 4 (1990), S. 233–248; *U. Lehr* (Anm. 29); *dies.* (Anm. 31); *F. Weinert* (Anm. 13). – [68] Vgl. *R. R. McCrae/P. T. Costa* (Anm. 59). – [69] Vgl. *K. Schaie/S. Willis* (Anm. 32). – [70] Siehe zur Kritik dieser Annahme *E. Olbrich* (Anm. 1); *K. Schaie/S. Willis* (Anm. 32); *R. Schmitz-Scherzer/H. Thomae* (Anm. 19). – [71] *L. Rosenmayr* (Anm. 2).

Leopold Rosenmayr

Eros und Sexus im Alter

Ausgehend von einer gesellschaftshisto-rischen Betrachtung der erotischen Liebe im Alter stellt sich die Frage, ob durch ameliorative Vorschläge zur Sexualität eine Lebensverbesserung erzielt werden kann. Ist der ältere Mensch in der Lage, in und durch erotische Liebe sein Leben noch einmal zu verändern?

Sozial- und kulturgeschichtliche Ausgangspunkte zum Verständnis der Sexualität im späten Leben

Um die zweite Lebenshälfte im Hinblick auf erotische Liebe und Sexualität gesell-schaftshistorisch zu deuten, muß man zei-gen, wie die Geschichte Human-Konstel-lationen bis ins Innerste des Menschen hinein ausbildet, schmälert, erweitert, zer-stört, neue Werte setzt. Die Wucht der wirtschaftlich-gesellschaftlichen Selbster-haltung und Expansion, aber auch der Einschränkungen durch Arbeitslosigkeit, wirkt bis in die Ausformung der Lebens-spanne, bis in ihre Zäsuren und Akzente hinein. Diese Wucht der Sozialdynamik hat die Antwort des Kultursystems zur Folge, das seinerseits deutet, legitimiert, synthetisiert oder zu rechtfertigen sucht.

Wenn auch die Entwicklungen der ge-sellschaftlichen Positionen von Alter und Sexualität in der Geschichte nicht syn-chron vor sich gehen, so wird doch beides von den Prozessen der Strukturwandlung und von den Bedeutungsänderungen in der Geschichte entscheidend bestimmt. Strukturwandel und Bedeutungsänderung – sie erst konstituieren und variieren, was auf den ersten Blick als Sexualität wie eine

Prof. Dr. **Leopold Ro-senmayr**, geb. 1925 in Wien. Lehr- und Wan-derjahre in Frankreich und in den USA. 1952 Begründung der Sozial-wissenschaftlichen For-schungsstelle an der Universität Wien, seit 1963 Professor für So-ziologie und Sozialphi-losophie in Wien. Studien über Jugend und Familie und über politischen Wertewandel in hochentwickelten Gesellschaften. Arbeiten zur Philosophie der Lebensalter. Zahlreiche Studien anwendungsbezogener Altersfor-schung. Leiter des Ludwig Boltzmann Insti-tuts für Sozialgerontologie und Lebenslauf-forschung in Wien und Wirkliches Mitglied der Österreichischen Akademie der Wissen-schaften. Neuere Buchveröffentlichungen: Die späte Freiheit (1983); Älterwerden als Erlebnis (1988); Die Kräfte des Alters (1990); Altenhilfe (1991); Die Schnüre vom Himmel (1992).

Prof. Dr. Leopold Rosenmayr, Sozial- und Wirtschaftswissenschaftliche Fakultät der Uni-versität Wien, Institut für Soziologie, Alser Strasse 33, 1080 Wien/Österreich

feste, biologische Vorgegebenheit des Menschen erscheinen mag.

Trotz des enormen Aufklärungswerts und des leider unausgeschöpften Kritikpotentials der Psychoanalyse haftet ihr

Abb. 1 a

schon von Freud her eine gewisse Mythisierung an. Die naturwissenschaftliche Schärfe der Ausgangsposition Freuds mußte sich, um therapeutisch erweiterte Gültigkeit zu erlangen, einer Denkweise zuwenden, die über die Naturwissenschaften hinausging. Die psychologische Beratungspraxis, auf die sich Freud auf den Rat Bleulers hin um die Jahrhundertwende einließ, zwang ihn zur Ergänzung seiner durch die frühen neurologischen und experimentellen Arbeiten erworbenen Kompetenzen.

Zu einer Zeit, da das Wiener Parlament im klassisch-griechischen Stil und davor die große Statue der Göttin Athene errichtet wird, greift der Wiener Stadtbürger Freud, um seine Explikation von Sexualität deutlich zu machen, auf mythologische Parameter des Griechentums zurück: Ödipus und Narziß seien als zwei Beispiele genannt. In den Metaphern der Antike, im zeitlos scheinenden Bildungsgut der gehobenen Schichten, begann er sich psychologisch zu artikulieren.

Im eigentlichen Sinn historisch zu denken, zumindest im Zusammenhang mit der Sexualität, war nicht Freuds Sache. Die Sozio-Historisierung – weniger im deskriptiven Detail, sondern in einem theoretischen Durchblick – ist jedoch gerade heute in der Kulturdurchmischung und unter den Aspekten der durch Medien und Technologie sich wandelnden und auf Teilgebieten sich vereinheitlichenden Weltkultur zu leisten. Wir müssen wissen, unter welchen Vorgaben von Symbolen und Werttendenzen wir jeweils leben. Dabei müßte natürlich auch der sich ändernde Stellenwert der Sexualität der späten Jahre behandelt werden: medizinische, pharmakologische und technologische Einflüsse verändern auch das, was wie als eine Grundgegebenheit sich ausnimmt.

Ein zweites Anliegen, das ich verfolgen

möchte, aber nur skizzieren kann, ist, daß die Forschung immer mehr dazu führt, nicht von einer sondern von zwei Sexualitäten, nämlich der weiblichen und der männlichen, zu sprechen. Während wir trotz oder gerade wegen der Emanzipation der Frau die Differenziertheit der Geschlechter erkennen und anzuerkennen beginnen, finden wir in der Lebenslaufforschung in mancher Hinsicht Annäherungen der Sexualität von alt und jung. Wir sollten dies zuerst einmal empirisch feststellen, ehe wir diese Angleichung des Verhaltens verschiedener Altersgruppen normativ beurteilen. Durch einen generellen Annäherungsbefund beeindruckt, möchte ich von einer früher von mir verwendeten Formel von „Alterssexualität" nicht mehr Gebrauch machen.

Ein weiteres Ziel meiner Darlegungen: In der heute verwissenschaftlichten Diskussion sowohl über Alter als auch über Sexualität stehen die ameliorativen, die optimierenden Aspekte im Vordergrund. Das hat seine gute Seiten. Menschliche und soziale Verbesserungen müssen sich heute – das hat das enttäuschende menschheitsgeschichtliche Experiment mit den utopischen Konzepten des Sozialismus gezeigt – im einzelnen und im Konkreten bewähren: Le bon Dieu est dans le détail. In unserer ideologielosen und dadurch zum Opfer der Verhältnisse werdenden Zeit scheinen ja Entwürfe, Reflexionen über Grundsätzliches, scheint das Nachfragen nach den letzten Dingen, nach Tod und Liebe, nach Selbstverlust und Selbstgewinn, Hingabe und Ekstase erneut wichtig.

Da mag sich jedoch Skepsis regen. Man könnte mir entgegenhalten: Die Träger der Zukunft, die jungen Menschen wären da die Adressaten. Was haben Fragen nach Hingabe und Ekstase für eine Bedeutung für ältere Menschen? Können wissenschaftliche Daten zur Überwindung dieser Skepsis beitragen? Oder kann es die Literatur?

Zuerst also der Versuch – wie mit einigen kleinen Lichtern – auf die vernachlässigte Historisierung der Sexualität (älterer Menschen) hinzuweisen.

Abb. 1b

Das Alter als Vorhof des Todes?

Im europäischen Mittelalter bildete sich aus einer Mischung von antiker Altersklage und christlicher Konzeption des Lebens als Wanderung zum Tod – und durch ihn hindurch in die Ewigkeit –, die Konzeption des Alters als Vorhof des Todes heraus.

Aus Darstellungen noch des 16. Jahrhunderts resultiert eine sehr realistische und wenig idealisierende Darstellung der (älteren) Frau im spätgotischen Stil. Der „Vorhof des Todes" wird durch die realistisch bzw. sogar übertreibend dargestellten Formen des alten weiblichen Körpers ausgedrückt (Abb. 1a und 1b, S. 88/89).

In ähnlicher Weise haben die frivolen Literaten und Dichter, die Gesellschaftskritiker ihrer Zeit, durch sprachliche Formen reagiert, so François Villon im 15. Jahrhundert:

Die Brüste hängen schlaff herab gleich leeren Säcken. Die Hüften, mägerlich und krumm, sind dünn und flach, die Schenkel schwabbeln, und wie ein struppe Bürste das süße Gärtchen mittsdarin, wie ist es garstig, ach! Die Schenkel runzeln sich wie ungekochte Würste.[1]

Erst die Reformation bricht – wie Peter Borscheid überzeugend herausgearbeitet hat – mit dieser allumfassenden Auffassung vom Alter als Vorhof des Todes. Das Alter wird zur moralischen Kategorie der Anerkennung und des gesellschaftlichen Respekts, weil es ein besonderer Teil der menschlichen Person ist. Ein Jahrhundert nach der Entdeckung der gesamtmenschlichen Würde des Kindes wird nun auch die des Alters aufgezeigt.[2] Der Reformation waren die individualisierenden Impulse der Renaissance mit ihrer Orientierung auf das ganze Leben, auf die Einheit der Biographie hin – so bei Francesco Petrarca – vorausgegangen. Da gab es freilich auch Klage über vergeudetes und versäumtes Leben, aber es gab keine Aus-

grenzung des Alters vom übrigen gelebten Leben mehr. Damit beginnt die Modernität unserer europäischen Altersperspektive.

Im Hinblick auf das Verhältnis des alten Mannes zur alten Frau hat ein Jahrhundert später Rembrandt, wie Abbildung 2 (S. 91) zeigt, das Getragensein durch das gelebte Leben und die wechselseitige Stützung durch Beziehung der beiden alten Menschen zueinander dargestellt. Rembrandt begann schon als junger Maler alte Modelle zu zeichnen. Die späten Selbstbildnisse Rembrandts ab den fünfziger Jahren des 17. Jahrhunderts sind wie eine Fortsetzung dessen, was Rembrandt in seiner Jugend als Porträts von alten Männern und Frauen bereits studiert hat.

An die Erkenntnis eines Selbstwertes des Lebenslaufs – samt seiner Ausprägung in den späten Jahren, wie Theorie und Frömmigkeit des Luthertums es herausstellte, – schloß sich auch eine gewisse Kritik des Menschen an. Schwächen und Lächerlichkeiten wurden darstellbar, weil die Personalität des Menschen gesichert und die Selbstverschuldung anerkannt war. Der Teufel war als „drinnen-sitzend" erkannt, die Mischung von Gut und Böse mitten im Menschen voll religions- und kirchenfähig geworden. So tritt, wie Abbildung 3 (S. 95) zeigt, auch die Versehrtheit, treten die Behinderungen in der Partnerschaft zu Tage, werden im späten Leben akzeptabel und darstellbar.

Noch ein anderes Problem tritt hinzu. Schon früh in der europäischen Geschichte, im Spätmittelalter, findet sich Kritik von Unverhältnismäßigkeit in der erotischen Beziehung, wenn der Altersabstand zwischen Mann und Frau zu groß wird. In Geoffrey Chaucers „Canterbury Tales" gibt es im 14. Jahrhundert Beispiele, wonach das junge, freche Weibchen, das mit einem alternden Meister verehelicht ist, sich heimlich mit einem Studenten im

Abb. 2

Bett vergnügt. Eine altersbedingte Unverhältnismäßigkeit zwischen den Ge-
schlechtern wird deutlich. Sie wird in
Kauf genommen, aber sie rächt sich und
wird verspottet.

Man sollte nach Verhältnis immer frein,
da Jugend sich und Alter oft entzweien.[3]

Natürlich drückt der Spott über solches
Defizit auch eine gesellschaftliche Bewer-

tung aus. Der Spott hat seinen Anlaß in einer sozio-ökonomischen Struktur, die sich in demographischen Variablen manifestiert: am Beispiel des „frechen Weibchens" zeigt sich ein Typus. Er läßt sich folgendermaßen charakterisieren:

Weil er sonst zu keinem Handwerksbetrieb gekommen wäre, mußte der junge Geselle eine 15 bis 20 Jahr ältere Witwe heiraten. Nach deren (der Sterblichkeitsrate der Zeit entsprechendem) Tod verehelicht er sich mit einer 20 bis 30 Jahre jüngeren Frau. Und sie sucht sich ihrerseits nach dem Tod des Mannes – oder illegitimer Weise schon vorher – einen Liebhaber und heimlichen Gefährten, schließlich einen jüngeren Meister als Ehemann.

Die Ironisierung altersbedingter Unverhältnismäßigkeit, die in der Geschichte des späten Mittelalters – und lange darüber hinaus – oft zur Darstellung kommt, zeichnet eine Linie vor, die bis ins 19. Jahrhundert variiert wird. Diese Unverhältnismäßigkeit läßt sich in vielen Bildern der gesellschaftskritischen Kunst vergegenwärtigen.

So wurde in der Renaissance das „Susanna-Thema", der Übergriff der beiden lüsternen Alten gegenüber der keuschen Schönen häufig gemalt und im Barock weitergeführt. Die beiden alttestamentarischen Richter,[4] welche die verheiratete Susanna verführen wollen, und das voyeuristische Gehabe der Alten samt dem schönen nackten Körper der badenden oder sich zum Bad bereitenden Frau, sind in hundertfachen Variationen dargestellt worden. Generationen haben an diesem in die Kunst transponierten Voyeurismus mitgenascht.

Nach der Bibel, der die Geschichte entstammt, wurden die beiden Alten vom jungen Daniel, dem volksnahen Propheten, entgegen der traditionellen Autorität des hohen Alters (der beiden Richter)

bloßgestellt und vom Volk verurteilt. Daran zeigte sich ein sozialer Umwälzungsprozeß, der sich im Gewinn von neuer Autorität gegenüber der traditionellen Anerkennung der Seniorität ausdrückt. Die Unverhältnismäßigkeit der sexuell gierigen Alten wird auch hier zum bildhaft ausgedrückten Spott. Das setzt sich über die Jahrhunderte hin fort, wenn auch mit etwas anderen thematischen und moralischen Vorzeichen. Es müssen nicht immer die alten Richter sein.

Eine im 18. Jahrhundert entstandene ironisierende Darstellung der Hilflosigkeit und Lächerlichkeit des Alters – die Verkleinerung des alten Mannes in Abbildung 4 (S. 99) soll dessen Hilflosigkeit zum Ausdruck bringen – geht mit der Unverhältnismäßigkeit der Lebensalter in der Erotik besonders scharf ins Gericht. Es wird ein gewisses Ideal vorausgesetzt, sonst könnte die Ironie in dieser Schärfe gar nicht entstehen.

In der entwickelten europäischen Modernität gewinnt die Sozialkritik trotz aller Ironisierung auch moralische Obertöne. Das läßt sich an einem Bild aus dem frühen 20. Jahrhundert zeigen. Die etwas abseits dargestellten Eltern verhandeln, während der der Braut gegenüber um 25 bis 30 Jahre ältere Bräutigam – sitzend rechts in Abbildung 5 (S. 105) – um die Tochter wirbt, sie als bürgerliche Gattin gewinnen will. Der demonstrierte Altersunterschied mündet in eine Kritik der ästhetischen Mängel des Alters beim Mann und der Käuflichkeit der jungen bürgerlichen Frauen.

Sexualität als Kraft

Blicken wir noch einmal in die Frühaufklärung zurück. Ab dem 17. Jahrhundert setzte sich in einer gewissen Parallelität die Befassung mit dem Alter einerseits und mit der Sexualität andererseits durch. Diese Befassung erfolgte zwar nicht syn-chron. In der philosophisch-moralischen und später auch in der wissenschaftlichen Auseinandersetzung hinkte die Sexualität dem Alter um gut einehalb Jahrhunderte nach. (Die Kindheit war als Gegenstand schon zwei Jahrhunderte vor dem Alter in einen verändernden gesellschaftlichen und erzieherischen Diskurs gezogen worden.) Gegenüber der Sexualität gab es in der europäischen Moderne mehr kulturelle und gesellschaftliche Widerstände als gegenüber dem Alter.

Unter den Aspekten der Aufklärung stellte sich Sexualität zwar als Kraft dar, aber als eine, die kanalisiert und geordnet werden muß, weil sie sonst zu umstürzlerisch wäre. Allerdings wird der Sexualität schon im 18. Jahrhundert „Natürlichkeit" zugebilligt. Das „Schäferspiel" der oberen Schichten, die Verkleidung in die Tracht der seit der Antike immer wieder paradigmatisch erotisierten Unterschicht, legt Zeugnis ab von der auch in der Sexualität erstrebten „Rückkehr zur Natur", wie sie J. J. Rousseau für die Erziehung forderte.

Das 19. Jahrhundert versteht Sexualität als Trieb und Drang, entweder in Richtung auf Selbstdurchsetzung, als Durchbruch zur Elementarität, oder in romantischer Sicht als Schlüssel zum Geheimnis.

Im 20. Jahrhundert bricht sich die Medikalisierung und Verwissenschaftlichung von Sexualität Bahn, damit aber auch wieder das aufklärerische Element des Aufdeckens von Hintergründen. Die Tiefenpsychologien von Sigmund Freud und Alfred Adler zeigen diese aufklärerische, heilend-erzieherische Komponente.[5]

Heute hat die Haltung der Hilfe zur Stützung und Entfaltung von Sexualität, als Emanzipation der Frau aber auch im Hinblick auf die Sexualität Älterer die Führung übernommen. Alle empirischen Befunde zur Sexualität im höheren Alter sind Versuche einer wissenschaftlichen, einerseits medizinischen, andererseits psycho-logisch-soziologischen Analyse der Sexualität im späten Leben, mit der impliziten oder expliziten Absicht, die Bedingungen für Sexualität zu verbessern. „Störungen" aller Art sollen „behoben" werden. Der neue Sprachgebrauch, die Veränderung des Sprechens über Eros und Liebe durch diese Verwissenschaftlichung, dies bedeutet zweifelsohne auch gewisse Veränderungen in der „Sache selbst".

Empirische Daten zu sexuellem Verhalten in der zweiten Lebenshälfte

Wenden wir uns nun psychologischen und soziologischen Studien zu. Die sexuellen Verhaltensweisen und Reaktionsformen des Mannes sind wesentlich besser untersucht als die der Frau.

Männliche Sexualität

Es lassen sich im wesentlichen drei Hauptergebnisse über körperliche Aspekte der Sexualität beim Mann herausheben, die teils durch ausführliche Eigenberichte, teils durch Erhebungen und Befragungen von Untersuchungspersonen in den letzten drei Jahrzehnten in Gerontologie und Lebenslaufforschung hervortraten:

- die Verlangsamung der Erektion des Gliedes;
- die Verringerung des Ausstoßes beim Ejakulat;
- die längere Erregungsphase bis zum Orgasmus.

Hierzu ist ein sowohl medizinisch als auch psychologisch relevanter Bereich zu berücksichtigen. Rund 85 Prozent aller Männer haben es ab 50 Jahren mit einer gewissen, individuell verschiedenen, überwiegend benignen Vergrößerung der Prostata zu tun. Wollen sie nicht eine hohe Häufigkeit und Intensität des Harndrangs, Häufigkeit des Urinierens und gewisse

Formen von Inkontinenz in Kauf nehmen, sowie die Gefahr einer malignen Entwicklung der Prostatahypertrophie, müssen sie gegen diese Vergrößerung der Prostata mit den verschiedensten Methoden ankämpfen, schließlich meist auch operativ Abhilfe suchen. In diesen Fällen stellt sich die Frage, ob und wie das für den Mann psychologisch wichtige Ejakulat als Ausstoß beim Coitus erhalten werden kann. Die traditionellen Operationsmethoden haben sich um diese Frage sehr wenig gekümmert, bzw. sie auch nur wenig berücksichtigen können, so daß das Ejakulat beim Coitus in die Blase zurückfloß, statt durch die Harnröhre auszutreten. Erst die neueren, laser- bzw. thermochirurgischen Methoden geben der funktionalen Erhaltung des Ejakulats wesentlich bessere Chancen. Die auch früher, unter Bedingungen älterer Operationsmethoden eher unberechtigte Angst vor nachfolgender Impotenz und die eher berechtigte vor Ejakulatsverlust, hatten bzw. haben eine nicht unbeträchtliche Bedeutung für die Sexualität des älter werdenden Mannes. Seine Ängste blieben nämlich meist unbesprochen, eine schnelle Vertröstung durch den Urologen wirkte wie der Deckel auf den Topf, in dem die Ängste weiterbrodelten.

Es gibt viele Männer, die im Zusammenhang mit der Prostata-Operation ihre Probleme nicht zu thematisieren wagen. Zumindest in den heutigen Altengenerationen ist dies noch so. Unter dem Zeitdruck ihrer vorwiegend operativen Grundorientierung und unter dem Druck des explosiven technologischen Methodenwandels in der Chirurgie ihres Faches, sprechen Urologen die sexualpsychologischen Probleme und Ängste der Männer oft nicht zureichend an. Überhaupt wird der massive Eingriff in den Genitalbereich – schon zur Diagnose –, durch Ankoppelung an Maschinen und durch Schläuche, die in die Harnröhre eingeführt werden, als brutaler Eingriff in die Intimsphäre erlebt.

Nun zu allgemein beobachteten und empirisch auch durch Selbstaussagen untermauerten Veränderungen, die das Alter für die Sexualität des Mannes mit sich bringt:

Eine erneute Erektion ist nach einem Coitus mit Ejakulation beim Mann über 50 oft erst nach einer längeren Pause von Stunden oder sogar Tagen wieder möglich. Allerdings sind die inter-individuellen Unterschiede bei den Männern diesbezüglich sehr groß. Es kommt viel auf die Einstellung und auf die Bereitschaft zum Versuch, auf die Überwindung einer nicht selten beobachteten „Coitus-Trägheit" bei älteren Männern an.

Im Zusammenhang mit der längeren „Anlaufzeit" muß nicht nur für die Erektion, sondern auch für die Ejakulation betont werden, daß diese Verzögerungen den Partnerschaften keineswegs abträglich sein müssen. Die ejaculatio praecox, die bei einer nicht unbeträchtlichen Gruppe von Männern im jüngeren und mittleren Alter viele Schwierigkeiten macht, nimmt mit dem Alter deutlich ab. Gerade die Verzögerung der Ejakulation innerhalb des Reizungsprozesses des Coitus ist also als Altersphänomen beim Mann eher positiv zu werten. Die langausgedehnte Steigerungsphase innerhalb des Vorbereitungsgeschehens kann sowohl der Tiefe der Begegnung als auch der Exaltation der Lust zugute kommen. Der ältere Mann kann so prinzipiell neue Haltungen beziehen, vorausgesetzt er bemüht sich, ja plagt sich sogar. So vermag er der geliebten Frau verstärkte Erlebnisdimensionen der Geschlechtlichkeit zu vermitteln. Auch vom physiologischen Lustgewinn aus betrachtet, ist die längere „Anlaufzeit" vor der Ejakulation für die Frau ein Positivum. Dies sollte man unbedingt festhalten. Dann wird man in der altersbedingten

Verlangsamung gewisser Prozesse im Coitus nicht nur abträgliche Erscheinungen sehen.

Weibliche Sexualität

Für die Frau werden als Altersveränderungen eine geringere Reaktionsgeschwindigkeit, geringere Gewebeelastizität, zu geringe Schleimhautsekretion, vor allem aber schwächere Erregungsmöglichkeiten angeführt. Es dauert bei der älter gewordenen Frau – so eine Reihe von Untersuchungen – der Orgasmus weniger lang und die Zahl der Kontraktionen nehme ab. Aber, wie wir wissen, stellt sich bei der Frau natürlich kein Potenzproblem: die Fähigkeit zur orgasmischen Befriedigung ist im Alterungsprozeß viel kontinuierlicher und allgemeiner vorauszusetzen als beim Mann, wenngleich sie bei der Frau viel stärker von psychischen Vorbedin-

Abb. 3

gungen und atmosphärischen Randbedingungen abhängt.

Auf die vielfältigen hormonologischen Probleme, die sich vom Klimakterium an einstellen, kann hier nur hingewiesen werden. Es handelt sich um Phänomene, über die das letzte Wort noch nicht gesprochen ist. Ursula Lehr zeigte, daß die psychische Bedeutung des Klimakteriums als schwierige Phase oder sogar Krise im mittleren Leben generell überschätzt wurde. Traditionelle Befürchtungen und die viel zu globalen Thesen der „Midlife-Crisis" hätten dazu beigetragen, Ängste vor den klimakteriellen Veränderungen in breiten Schichten hervorzurufen.[6] Heute, so können wir ergänzen, stellen sich aufgrund der Eingriffsmöglichkeiten durch Hormontherapien neue Probleme. Diese Therapien erweisen sich als hervorragendes Mittel zur Verhinderung der Osteoporose, die eine hohe Anfälligkeit für Knochenbrüche bei der älter werdenden Frau mit sich bringt. Hormonelle Eingriffe haben allerdings die verschiedensten schwer abschätzbaren Konsequenzen für die Psyche. Es kommt sehr auf die Dosierung und Differenzierung der hormonologischen Eingriffe an. Bei der Hormontherapie handelt es sich jedenfalls um enorm komplexe Steuerungsprozesse, die sowohl für das sexuelle Verlangen der Frau als auch hinsichtlich der psychischen Irritation, der Reizbarkeit oder Kränkbarkeit beträchtliche Bedeutung haben.

Überblicks- und Langzeitforschungen zur Sexualität im späten Leben

Medizin-historisch und medizin-soziologisch gesehen ändern sich also strukturelle Voraussetzungen für die Sexualität der späten Jahre. Eingriffs- und Beeinflussungsmöglichkeiten sind durch neue Operationsmethoden, durch Hormontherapien, aber auch durch mehr und besser

angepaßte Psychotherapien gegeben. Kulturelle Veränderungen spielen durch ihren Einfluß auf die Normen und die sozialen Erwartungen eine wichtige Rolle, sei es als Barrieren oder sei es als Ermutigungen. Daten über gegenwärtiges Verhalten und gegenwärtige Einstellungen sind also nicht als Auskunft über unveränderliche, für die Zukunft festschreibbaren Gesetzmäßigkeiten aufzufassen. Die Werthaltungen von gestern sind heute nur mehr durch sorgfältige Rekonstruktion zu verstehen.

Ein Beispiel im Rückblick: Es zeigt der Starr-Report, daß die durchschnittliche Coitushäufigkeit der 60jährigen zu Beginn der achtziger Jahre sich der Sexualität der 40jährigen zur Zeit des Kinsey-Reports der späten vierziger und fünfziger Jahren annähert. Wir erkennen den geschichtlichen und gesellschaftlichen Wandlungseinfluß der von außerhalb des Organismus wirkenden sozialen und kulturellen Bedingungen.[7] Die Reduktion der Coitushäufigkeit mit zunehmendem Alter, die heute in den älteren Generationen mit einiger allgemeiner Sicherheit festgestellt wird, ist in diesem Ausmaß nicht als generelles Gesetz für alle Zukunft und nicht für alle Gruppen der Bevölkerung als erwartbares Verhalten fortzuschreiben. Eine weitere soziale Differenzierung des sexuellen Verhaltens im Alter ist anzunehmen. Auch wird es notwendig sein, eine Vielfalt von Variablen mit dem kalendarischen Alter zu korrelieren, besonders im Hinblick zwischen Jung-Alten, Alt-Alten und Hochbetagten.

Schon bisher unterscheiden sich die Lebensstile der Älteren, was Körperbezug, Intimität und Sexualität anlangt, nach Schulbildung, sozialer Mobilität und Medienkontakt wie auch nach der Verfügbarkeit ökonomischer Ressourcen und nach der Sozialschicht. Von diesen Merkmalen, besonders von der ökonomischen Lebenslage, der Selbsteinsicht oder dem

Mut zu einer gewissen Selbstbegegnung sind Sexualität, Eros und Glücksempfinden abhängig. Das Neu-Erlernen und Neu-Definieren eigener intimer und sexueller Verhaltensweisen mit dem Älterwerden nimmt bei den höher gebildeten, aktiv partizipativen neuen Kohorten, den heutigen Jung-Alten, stärker zu als bei den übrigen Älteren. Die neuen Kohorten sind nachweislich mehr mit ihrem Lebensentwurf befaßt als die früheren. Die älteren Alten waren und sind im Alternsprozeß mehr auf Selbstbescheidung eingestellt.[8] Bei den neuen Kohorten ist insgesamt mehr Entwicklungspotential vorhanden, darunter auch sexuelles.

Untersuchungen der Duke Longitudinal Study (Studien an den gleichen Personen über Jahrzehnte hinweg) haben etwa 60 Prozent aller Versuchs- bzw. Beobachtungspaare im Alter von 60 bis 74 als sexuell aktiv beschrieben. 30 Prozent der Untersuchten im Alter von 75 bis 85 Jahren und etwa 10 Prozent der über 85jährigen wurden von den Forschern als sexuell aktiv eingestuft.[9] Die Duke-Study hat die physische und psychische Gesundheit als besonders wichtige Einflußgröße auf die Sexualität im Alter nachgewiesen, im Unterschied zu einer Querschnittstudie, die an ungefähr 4000 Frauen und Männern in den USA erhoben wurde.[10] Nach dieser Studie spielt das Gesundheitsproblem gegenüber der Duke-Study eine weniger große Rolle für die Sexualität der späten Jahre. Es könnten Entwicklungen im Gange sein, die es bewirken, daß auch bei eingeschränkter Gesundheit gewisse Grade von sexueller Befriedigung erlebbar bleiben.

Bei den Männern über 65 Jahren, die zu zwei Drittel verheiratet sind, bestehen andere Voraussetzungen für die Realisierung der heterosexuellen Beziehungen als für die über 65jährigen Frauen, von denen nur noch jede dritte einen Ehepartner hat. Das

sind Bedingungen soziologischer und demographischer Art, die für die Beschreibung aber auch für die Bewertung der Sexualität der späten Jahre zu berücksichtigen sind.

Bei vielen Studien fehlen die sozial-psychologischen Kontexte von Partnerschaftsbeziehungen. Besonders schlecht erforscht ist die weibliche Alterssexualität. Sydow[11] charakterisiert den femininen Umgang mit Sexualität durch Beziehungsorientierung, Interesse an zärtlichen Aktivitäten, die über den Geschlechtsverkehr hinausgehen. Damit sei nicht gemeint, daß alle Frauen in extrem stärkerer Weise auf Zärtlichkeit orientiert seien als die Männer, aber im Durchschnitt ließe sich dies zeigen. Die feminine Umgangsweise mit Sexualität werde in Studien über Sexualität vernachlässigt. Es dominiere auch in der Forschung eine maskuline Sicht von Sexualität. Wir wissen wenig darüber, ob dies auch im späten Leben so bleibt. Spielt die hormonell bedingte Entwicklung einer gewissen „Gegengeschlechtlichkeit" im letzten Lebensdrittel eine Rolle, hat sie Einfluß auf das Verhalten?

Schon Freud hatte hinsichtlich der Sexualität der Frau eine gewisse Ratlosigkeit eingestanden. Die große Frage, schrieb Freud an Marie Bonaparte, die nie beantwortet worden sei und die er trotz 30 Jahre langer Erforschung der weiblichen Seele nicht habe beantworten können, laute: „Was will das Weib?"[12]

„Was wollen die älter gewordenen Damen heute?", so könnte man an diese Frage Freuds heute anschließen und ähnlich ratlos bleiben, da in dieser Hinsicht die Forschung viele Dinge noch unbeantwortet ließ.

Aus den neuen Studien von Masters und Johnson lassen sich hinsichtlich Partnerschaft eine Reihe von Verallgemeinerungen ableiten, auch bei Sydow finden sich Hinweise. Wir beschränken uns hier deswegen darauf, zur Sexualität der späten Jahre vom Standpunkt des Paares einige praktische Hinweise zu bringen, Stichworte, die wir der genannten Studie von Masters und Johnson[13] entnehmen.

Empfehlungen zur Sexualität des älter werdenden Paares:

1. Verwenden oder verlieren! Werden Sie nach 60 ein sexueller Dropout, dann werden Sie mit großer Wahrscheinlichkeit zum Dropout für immer.
2. Die Wahl des Zeitpunkts ist nicht alles, aber sie ist wichtig. Ältere Paare können von einer Verlegung in der Zeit für die Liebe viel gewinnen. Sexualität am Morgen – nach einer guten Nachtruhe – ist da ein Geheimtip.
3. Sind Sie an Sexualität interessiert, dann achten Sie auf Ihren Alkoholkonsum. Wenn Sie sich „romantisch" fühlen, dann beschränken Sie Ihren Alkoholkonsum auf einen einzigen Drink und seien Sie sicher, daß es dabei bleibt.
4. Für eine geglückte Sexualität ist es nicht notwendig, olympische Rekorde zu brechen. Statt darauf zu achten, wie schnell sich die Erektion einstellt, oder ob die Vagina schneller oder langsamer feucht wird als beim letzten Mal, überlassen Sie sich lieber dem Fluß Ihrer Gefühle.
5. Wenn es in Ihrem Sexualleben Probleme gibt, lassen Sie diese nicht anstehen!
   Kleine Sexualprobleme können sich verfestigen, wenn sie nicht beachtet werden. Sie können sich zu großen Schwierigkeiten auswachsen.

Nach diesen pointierten und mit der Frische aufgeklärter Verbesserungsmentalität vorgetragener „Empfehlungen" von Masters und Johnson, die einige ausgewählte Aspekte des Sexualverhaltens in der zweiten Lebenshälfte auf den Punkt bringen wollen, sei ein Überblick über Forschungsergebnisse versucht.

■ Sexualität als ein aus Bewertungen, Aspirationen und Verhalten und Aktivitäten zusammengesetzter Komplex bildet sich als solcher im Alter differenziert und nicht unverrückbar zurück. Wie Altern

überhaupt, ist auch die Sexualität im Alternsprozeß beeinflußbar und gestaltbar, läuft nicht einfach nach generellen biologischen Gesetzmäßigkeiten ab. Es kommt mit den Jahren zu Verschiebungen, aber diese sind von vielen Merkmalen bedingt, die nicht altersabhängig sind. Sexualität spiegelt sich auch im späten Leben in unverändertem Maße in Phantasien und Träumen, sie zeigt sich sehr deutlich in Vorstellungen und Wünschen, aber auch in Handlungen.

■ Die späte erotische Liebe hängt entscheidend von der Partnerbeziehung ab. Die Qualität dieser Beziehung ermöglicht oder verhindert die Entfaltung von Strukturen und Merkmalen der Persönlichkeit, damit auch der Sexualität.

■ Was die sexuellen Biographien anlangt, ist das höhere Alter eine viel bewegtere Phase, als allgemein angenommen wurde. Aus Krisen sind potentiell Erfüllungschancen zu gewinnen, allerdings unter der Voraussetzung der Stärkung „aktiver" und „orientierter", das heißt problembewußter und lösungsgerichteter Grundhaltungen.

■ Kulturelle Faktoren sind für die Herausbildung von Wertvorstellungen wichtig, die in die Motivationsprozesse und Entscheidungen älterer Menschen hinsichtlich ihrer sexuellen Einstellungen und Verhaltensweisen eingehen.

■ Die Einstellungen Älterer zu sexualmoralischen Fragen ähneln zunehmend den Einstellungen der um 25 Jahre jüngeren Personen. Die entscheidenden Trennungslinien hinsichtlich sexueller Normen und Werte (auch der Verhaltensweisen) verlaufen vorwiegend nach anderen Merkmalen als jenen des chronologischen Lebensalters.

■ Die gesellschaftliche Abwertung von Alterssexualität drückt sich auch intergenerativ in der Familie aus. Die erwachsenen Kinder haben Schwierigkeiten, das sexuelle Verhalten der altgewordenen El-

Abb. 4

tern oder Elternteile zu akzeptieren, zu sehr schwingen da vermutlich noch Inzestängste auf seiten der erwachsenen Kinder mit. Die Akzeptanz der späten Sexualität folgt einem deutlichen Nord-Süd-Gefälle in Europa, ist aber allgemein in Veränderung begriffen. Dies ist auch auf Organisationen von und für „Senioren", also auf eine institutionalisierte Selbstrepräsentanz der Älteren als Gruppe zurückzuführen. Denn dadurch ergeben sich vermehrt Gelegenheiten zu erotischen und sexuellen Kontaktchancen. Reisen, Kuraufenthalte etc., spielen eine Rolle, natürlich auch die finanziellen Mittel dafür.

■ Ein Sonderfall der gesellschaftlichen Abwertung der Alterssexualität läßt sich in den Altersheimen feststellen. Bei vielen meiner Gespräche und Interviews sowohl mit „Heimbewohnern" als auch mit Pflegerinnen und Helfenden, mit administrativem Leitungspersonal und Ärzten, bildeten sich zwei Hauptergebnisse heraus. Der körperlich und oft auch der (zusätzlich) geistig eingeschränkte Mensch verliert in der Heim- bzw. Pflegesituation seine Sexualität nicht. Im Gegenteil: Wie in Auflehnung gegenüber der Monotonie, Routine und Abwertung, die in der Überzahl der gegenwärtig praktizierten Heim-

Die Offenheit für Überschreitung erleichtert das abschiedliche Dasein, welches Martin Heidegger durch den Begriff des „Vorlaufens zum Tode" kennzeichnete.[28] Eros überstrahlt Thanatos. Bei all ihren Verführungen kommt die Gesellschaft dieser Chance der erotischen Offenheit angesichts verstärkter Todnähe sogar entgegen. Es ist für Ältere leichter geworden, erotische Risiken auf sich zu nehmen. Die Jugendsoziologie zur Lebenslauftheorie weiterführend kann man von einem „dritten Individuierungsprozeß"[29] im späten Leben sprechen. Erleichtert wird diese spät im Leben entstehende Individuierungsphase durch eine allgemeine Diversifizierung der Lebenslagen und Pluralisierung der Lebensformen. Alle Lebensphasen sind im Umbruch. Mehr und mehr individuelle Entscheidungen und Wahlmöglichkeiten sind an die Stelle bisheriger „Vorstrukturierungen" getreten. Ähnlich lautet auch der Befund soziologischer Individualisierungstheoretiker.[30]

Der durchschnittliche Gesundheitszustand der Älteren hat sich in den letzten drei Jahrzehnten entscheidend verbessert, besonders die Gesundheitschancen sind gestiegen. Sexualität ist ähnlich wie bei den Jungen und bei den Frauen zum Emanzipationssymbol geworden.[31] Der gesamte Bereich der Sexualität läßt sich in seiner vielschichtigen Bedeutung, der neuro-hormonologischen und der psycho-sozialen, als Reifungsweg erkennen und entschlüsseln. Sexualität wird so zur Miturache des nie abgeschlossenen Prozesses der „Maturescence" (C. Attias-Donfut) für das späte Erwachsenenalter. Es eröffnet sich eine prinzipielle Therapiefähigkeit über 50jähriger (H. Radebold) oder alter Paare (J. Willi).

„Groß wird an der Grenze jegliches Gefühl" schrieb Rainer Maria Rilke. Es gibt aus dieser Sicht keine „Alters-Sexualität", wohl eine Bewegung der Überschreitung bei einem gesteigerten Wissen um die Grenze. Die Menschen der „Maturescence" sind – wären – trotz aller ihrer Behinderungen in besonderer Weise der Wahrnehmung und teils auch Realisierung von Liebeschancen „an der Grenze" fähig.

Ach, meine Liebe, werft sie mir nicht vor, ihr Damen: daß mich tausend Brände brannten und tausend Schmerzen mich ihr eigen nannten und daß ich weinend meine Zeit verlor.[32]

Soziale Fragwürdigkeiten des späten Eros

Am Schluß sind noch Fragen anzubringen, ob die eben entwickelte, im Grunde positive Sicht des späten Eros sich durch Beobachtungen, Eigenerfahrung von Individuen und wissenschaftliche Erforschung legitimieren läßt. Oder muß diese positive Sicht abschließend noch eingeschränkt werden?

Was ist der generelle zeitgeschichtlich-soziologische Befund zur Sexualität? Die Szenerie von Erotik und Sexualität in den sogenannten hochentwickelten Ländern, aber (mimetisch) auch in den urbanen Zentren der Entwicklungsregionen, ist von einem vereinseitigten, also nicht-eudaimonistischen, das hieße alle Kräfte des Menschen, auch die seelischen und geistigen, integrierenden Glücksstreben gekennzeichnet. Die Sexualität der Gegenwart ist vielmehr von Genußorientierung und Phänomenen der Flüchtigkeit und des Wechsels in der innovationsorientierten kapitalistischen Konsum-Gesellschaft bestimmt. „Liebe auf Zeit", Lebensformen als temporär limitierte Beziehungs-Brücken singularisierter Individuen, Brücken, die gebaut und begangen, aber ohne traditionelle Verpflichtungen wieder abgebrochen werden können, sind Realitäten, die auch die Sexualität im letzten Lebensdrittel zu bestimmen beginnt.

Abb. 5

Die Scheidungsrate über 60jähriger ist demgemäß auch im Steigen begriffen. Was einerseits als „späte Freiheit"[33] erscheint, mag anderseits auch als „später Schmerz" von Verlassenwerden und Verlassenwordensein betrachtet werden. Wenn auch in jeder scheiternden langfristigen Partner-

schaft oder Ehe niemals nur einem Teil die ganze Schuld zuzurechnen ist, so sind es mehrheitlich die Frauen, die verlassen werden und die weniger leicht als die Männer über 50 neue (Dauer-)Partner finden. Darin drückt sich Männermacht und Männerlust in dieser unserer Gesellschaft und auch das Einkommensgefälle zwischen Mann und Frau aus. Offen ist, inwieweit die Lust (auch und gerade des älteren) Mannes auf die jüngere Frau generell anthropologisch verwurzelt oder kulturell konditioniert und mit der Männermacht in der Gesellschaft rückgekoppelt ist. Es ist fraglich, welche Chancen die erotisch-sexuelle Verbindung des jungen Mannes mit der (weitaus) älteren Frau durch die Emanzipation der Frau haben wird. Hier wäre weiter zu fragen und zu forschen, was von Sydow bereits begonnen wird.

Liest man Simone de Beauvoirs ergreifenden Text über das Verlassenwerden „Eine gebrochene Frau"[34], kann man ermessen, welche Belastungen und Existenzkrisen Partnerverlust durch Trennung oder Scheidung im späten Leben mit sich bringt. Andererseits zeigen sich durch Trennungen auch neue Entwicklungen selbst bei denen, die die Trennung nicht wollten, in oft erstaunlicher Weise. Selbstfindungsprozesse, Ermutigungen beginnen Raum zu gewinnen, die in den symbiotischen Partnerschaften mit unbewußter wechselseitiger Unterdrückung sich nicht freiringen konnten.

Ein drastisches Beispiel ist hierzu durch die von Bert Brecht verfaßte kurze Erzählung „Die unwürdige Greisin" gegeben. Die durch dessen Tod vom Mann getrennte alte Frau beginnt ein – wenn auch kurzes – neues erotisches Leben.

In die Betrachtung der erotisch bedingten Trennungen im späten Leben müssen auch die Familienangehörigen einbezogen werden. Selbst erwachsene Kinder reagieren oft sehr stark auf Trennungen der älter oder alt gewordenen Eltern bzw. auf die neuen Bindungen, die ein Elternteil eingehen will oder eingeht. Aus solchen Ablehnungen oder internen Kämpfen generiert die „späte Freiheit" auch „späte Enttäuschungen" der Kinder. Es ist fraglich,

ob diese Enttäuschungen und inwiefern sie zu „guten Ablösungen" vom hauptsächlich trennungsverursachenden Elternteil oder zu sich verhärtenden Verstörungen und Verweigerungen einer inneren Bearbeitung der schmerzlich erlebten Prozesse führen.

Auch hier ist, wie so oft bei hohen Komplexitätsgraden in Beziehungen, die Dichtung in der Artikulation der Problematik der Wissenschaft weit voran. Gerhard Hauptmanns Drama „Vor Sonnenuntergang" mag als Paradigma der Reaktion der erwachsenen Kinder, allerdings in einem heute schon historischen Kontext, gelesen werden.

Eine Vielzahl von moralischen, sozialen und ökonomischen Problemen stellt sich. Sie können hier nicht behandelt, nur teilweise benannt werden. In den Oberschichten – und nicht nur in diesen – ist das, sei es heimliche, sei es von der Frau tolerierte „Fremdgehen" älterer Männer dann ein nicht seltenes Phänomen, wenn die Beziehung der Partner unlebendig geworden ist und die Anziehung entscheidend abnahm. Soll man ein solches „außengestütztes", sich aus den verschiedensten Gründen aufrecht erhaltende System einer klaren Trennung der Partner samt allen sozialen und ökonomischen Folgen moralisch vorziehen? Für Fragen dieser Art muß vor allem der jeweils individuelle Fall gesehen und verstanden werden. Trotzdem ist das Problem ein generelles. Dilemmen entstehen auf alle Fälle. Man muß das Leben mit Widersprüchen und Dilemmen sehen, wenn von Eros und Sexus im Alter die Rede ist. Manchen Menschen, so Max Weber, ist es gelungen, sein Dilemma zu leben, und zwar so, daß, wie der Chronist berichtet, zwei Frauen an seinem Totenbett standen. Oder lag es an den beiden Frauen, dieses männliche Dilemma für den großen Gelehrten zu bewältigen?

Und wie soll man den folgenden „Fall" beurteilen? Ein literarisch äußerst produktiver spiritueller Autor, dessen Bücher in viele Sprachen übersetzt wurden, hat als Trappistenmönch eine für das 20. Jahrhundert außerordentliche Form von Mystik hervorgebracht. Man spürt die innere Aufrichtigkeit, ein lebendiges Verhältnis zum Göttlichen. Nicht die angelesene Bildung, sondern der suchende Verstand und das lebendige Herz stehen im Vordergrund.

Spät im Leben wird der Mönch aus der Einsamkeit des Klosters wegen eines Rückenleidens ins Spital gebracht und verliebt sich in eine ihn pflegende Krankenschwester. Wie der von Bernardin Schellenberger 1992 herausgegebene Band „Zeiten der Stille" es zeigt, ergeben sich aus diesem Eros nach der Genesung heimliche und (dem Mönch) verbotene Beziehungen, aber auch ein literarisches und philosophisches Zeugnis einer großen Liebe.

Tief, ganz tief in uns drinnen,
Liebling, gibt es etwas, das uns
anweist, uns völlig loszulassen.[35]

Hat Thomas Merton, um den es sich handelt, jahrzehntelanges Klosterleben und theologisch fundierte Mystik verraten und ist er als Mensch schwach geworden? Oder ist es ein Ausdruck der Stärke seiner Spiritualität, des „Überschreitens" im Sinne der Liebe und ihres göttlichen inneren Auftrags, mit der sozialen Form gebrochen zu haben? Welcher ist der „wahre" Merton und welche ist die „wahre", die göttliche Liebe? Ist es die seines langen, beschaulichen Klosterlebens oder jene, die er in den letzten Lebensjahren zu einer Frau erfuhr und zuließ? Oder verbindet etwa die beiden Ausprägungen von Liebe ein heimliches Band?

Nichts kann jemals wirklich schaden,
Dem, der sich völlig verliert
In die Liebe zu einem anderen.[36]

[1] F. Villon: Klage der schönen Helmschmiedin. In: ders.: Das große Testament, München 1980, S. 62. – [2] P. Borscheid: Der alte Mensch in der Vergangenheit. In: P.B. Baltes/J. Mittelstraß (Hrsg.): Zukunft des Alters und gesellschaftliche Entwicklung, Berlin 1992, S. 35ff. – [3] G. Chaucer: Die Geschichte des Müllers. In: Canterbury Geschichten, Frankfurt/M. 1961, S. 90; Verse 3231–32. – [4] Buch Daniel, Kap. 13. – [5] S. Freud: Jenseits des Lustprinzips, Leipzig 1920. – [6] U. Lehr: Kontinuität und Diskontinuität im Lebenslauf. In: L. Rosenmayr (Hrsg.): Die menschlichen Lebensalter. Kontinuität und Krisen, München 1978, S. 330f. – [7] B.C. Starr/B.D. Weiner: Liebe und Sexualität in reiferen Jahren, Bern 1982. – [8] L. Rosenmayr: Die Schnüre vom Himmel, Wien 1992, S. 57. – [9] E. Busse: Intimacy. Health status and social change, Durham 1990. – [10] Consumers' Union Report, Love, Sex and Aging, Boston 1984, S. 404; vgl. auch E. Palmore: Social patterns in normal aging: Findings from the Duke Longitudinal Study, Durham 1981. – [11] K. v. Sydow: Liebeslust, Bern 1993. – [12] S. Freud: Brief an Marie Bonaparte. Zit. nach Jones: Sigmund Freud. Leben und Werk, Bd. 2, München 1984, S. 493. – [13] W.H. Masters/V.E. Johnson: Heterosexuality, New York 1994, S. 481f. – [14] H. Radebold: Psychoanalyse und Altern. In: ders. (Hrsg.): Psychoanalyse und Altern, Kassel 1992, S. 3ff. – [15] L. Rosenmayr: Die Kräfte des Alters, Wien 1990; H.-D. Schneider: Sexualität im Alter. In: D. Platt (Hrsg.): Handbuch der Gerontologie, Bd. 5, Stuttgart 1989. – [16] S. Freud: Abriß der Psychoanalyse, Frankfurt/M. 1956, S. 13. – [17] Ebd. – [18] J. Bowlby: Attachment, Life-span and old age, Deventer 1986. – [19] H. Strotzka: Fairness, Verantwortung, Fantasie, Wien 1983. – [20] H. Strotzka: Adolf Frohner. In: psychosozial 11/34 (1988), S. 112ff. – [21] P. Valéry: Cahiers, Bd. 5, Frankfurt/M. 1992. – [22] F. Nietzsche: Gesammelte Werke, 3 Bde., München 1966. – [23] Platon: Sämtliche Werke, Bd. 3, Hamburg 1983, S. 236; Symposion 207a. – [24] Goethe: Faust II, Verse 12104–12111. – [25] Th. Rentsch: Philosophische Anthropologie und Ethik der späten Lebenszeit. In: P.B. Baltes/J. Mittelstraß (Hrsg.): Zukunft des Alters und gesellschaftliche Entwicklung, Berlin 1992, S. 283ff. – [26] B. Friedan: The Fountain of age, New York 1993, S. 271. – [27] T.S. Eliot: East Coker. In: Four Quartets (1945). – [28] M. Heidegger: Sein und Zeit. 15. Aufl., Tübingen 1979, S. 262f. – [29] B. Schäfers: Soziologie des Jugendalters. 5. Aufl., Opladen 1994. – [30] U. Beck/E. Beck-Gernsheim: Nicht Autonomie, sondern Bastelbiographie. In: Zeit-

schrift für Soziologie 22/3 (1993), S. 178–187. – [31] *L. Rosenmayr:* Jugend und sozialer Wandel. In: J. C. Welbergen (Hrsg.): Die Jugend und ihre Zukunftschancen, Hamburg 1979. – [32] *Louïse Labé,* Lyon 1555, übersetzt von Rainer Maria Rilke 1917. – [33] *L. Rosenmayr:* Späte Freiheit, Berlin 1983. – [34] *S. de Beauvoir:* Eine gebrochene Frau, Reinbek 1972. – [35] *Th. Merton:* Zeiten der Stille, Freiburg/Wien 1992, S. 144. – [36] Ebd., S. 145.

Jürgen Hübner

Menschenwürde am Ende des Lebens

Angesichts des Sterbens wird deutlich, welche Einschätzung das Leben erfährt – der Würde des Lebens korrespondiert die Würde des Sterbens. So müssen auch im Alter die Bedingungen dafür gegeben sein, ein individuelles Lebensende leben zu können, das der Individualität des gelebten Lebens entspricht.

Das Ganze eines Lebens

In der Kultur des Mittelalters, der Renaissance und der Aufklärung gibt es Darstellungen des menschlichen Schicksals und Lebenslaufs, unter denen in mannigfachen Variationen vor allem zwei Grundmuster wiederkehren. Das eine ist das „Rad des Schicksals", das andere ein erst auf- und dann absteigendes Treppenmodell; auf den einzelnen Stufen dieser Treppe stehen die Lebensalter. Auch die Bewegung des Rades führt auf der einen Seite zunächst nach oben, auf der anderen nach unten. So wird der Lebenslauf des Menschen interpretiert.[1]

Zumindest für unseren Geschmack als Kinder der Neuzeit mögen das Bilder der Resignation sein. Sicher haben sie spätestens seit Beginn der Moderne auch diese Konnotation. Doch ursprünglich spricht sich in ihnen eine tiefe Einsicht in die Realitäten des Lebens aus, und die Absicht, diese Realitäten ernst zu nehmen, auf sie

aufmerksam zu sein und mit ihnen sinnvoll umzugehen. Das hat sich bis in die Bauernstuben des vorigen und teilweise auch noch dieses Jahrhunderts durchgehalten, wie man an den Exponaten von Heimatmuseen bis ins einzelne nachbuchstabieren kann.

Bemerkenswert an den genannten Dar-

Prof. Dr. **Jürgen Hübner**, geb. 1932 in Berlin. Wissenschaftlicher Referent an der Forschungsstätte der Evangelischen Studiengemeinschaft (FEST) und apl. Professor für Systematische Theologie an der Universität Heidelberg. Forschungsgebiete: Verhältnis Theologie/Naturwissenschaft und seine Geschichte, Medizinische Ethik, Ethik der Biotechnologie. Neuere Buchveröffentlichungen: Der Dialog zwischen Theologie und Naturwissenschaft. Ein bibliographischer Bericht (1987); Die Theologie Johannes Keplers zwischen Orthodoxie und Naturwissenschaft (1975); Die neue Verantwortung für das Leben. Ethik im Zeitalter von Gentechnologie und Umweltkrise (1986).

Prof. Dr. Jürgen Hübner, Forschungsstätte der Evangelischen Studiengemeinschaft, Schmeilweg 5, 69118 Heidelberg

stellungen ist, daß es realistischerweise zwar ein Nieder und Höher und dann ein Hoch und Nieder gibt. Die Phasen oder Stufen des Lebens entsprechen sich aber auf der einen und der anderen Seite, sie bilden zusammen eine Harmonie, sei es die des Kreises oder die der Pyramide. Es gibt ein Zentrum und eine Basis, die das Leben als Ganzes zusammenhalten. Das ist zum einen die Achse, um die sich das Rad des Schicksals dreht, zum anderen der gemeinsame Grund, als Linie skizziert, auf dem sich die Geschichte des Lebens erhebt. Das Leben ist ein Ganzes: Kindheit, Jugend, Erwachsensein, Alter und Greisenalter gehören zusammen zu einer einzigen Geschichte.

Geburt und Sterben

Zu dieser Geschichte gehört auch ihr Anfang und ihr Ende. Geburt und Sterben gehören zum Leben dazu, sind ihrerseits Phasen des Lebens. Angesichts des medizinischen Fortschritts unserer Tage können wir noch weitergehen: Wir wissen, wie wichtig die pränatale Phase des Lebens ist. Das Leben beginnt mit der Konzeption – aber auch das ist ein Vorgang, der mehrere Tage umgreift. Ja auch seine Voraussetzungen gehören dazu: der Geschlechtsverkehr, oder in Ausnahmefällen heute: die Technik der Fertilisation.

Die Differenz zwischen natürlicher geschlechtlicher Vereinigung und technischem Vorgang im Kliniklabor transzendiert zugleich signalartig die allgemein wahrnehmbare oder spezifisch medizinisch rekonstruierbare Phänomenologie des Lebensbeginns. Die Beziehung der Eltern eines Kindes zueinander gehört zu dessen Biographie konstitutiv mit hinzu. Das Leben der nächsten Generation erwächst aus dieser Beziehung. Das gilt auch im Negativen, in defizienten Modi solcher Beziehungen. Pointiert kann man

sagen: Individuelles menschliches Leben beginnt, sobald im Leben der Eltern, in ihren Gedanken oder auch nur in ihrem Verhalten, die Möglichkeit eines eigenen Kindes erscheint.

Gilt Entsprechendes nun auch für das Ende des Lebens? In der neueren Diskussion zur medizinischen Ethik sind zwischen Anfang und Ende des Lebens immer wieder Parallelen gezogen worden, so beispielsweise in dem Versuch, personales menschliches Leben von der Funktion des Neuralsystems her zu definieren, um vom Hirntod her eine Argumentationsfigur für den Beginn spezifisch menschlichen Lebens zu gewinnen: Ist das Ende des Lebens durch den Ausfall der Hirnfunktionen bestimmt, so kann sein Beginn relativ spät, wenn deren Anlage erst hinreichend fortgeschritten ist, angesetzt werden.[2] Damit ist ein rationales Argument für die Freigabe der Forschung an menschlichen Embryonen, ja für deren Produktion ausschließlich zu Versuchszwecken, logisch abgeleitet (mit vorausgesetzt ist bei diesem Argumentationszusammenhang, daß entsprechende Tierversuche ethisch kein Problem darstellen). Freilich wird dabei auch die ungeschichtliche Abstraktheit rein logischer Argumentation deutlich: Es ist ein grundlegender Unterschied, ob ein Leben zu Ende geht oder ob es beginnt: Ein Embryo, ja schon die befruchtete Eizelle enthält von Anfang an die Möglichkeit, ja die Zielbestimmung individueller Lebensentfaltung. Diese Lebensperspektive kann nicht durch den Verweis auf den Hirntod und das so definierte Ende des Lebens aus der Welt geschafft werden. Vielmehr wäre umgekehrt, und jüngste medizinische Entwicklungen und Fallbeispiele geben dazu unmittelbar Anlaß, zu fragen: Wie weit trägt das Hirntodkriterium, und wann endet menschliches Leben wirklich?[3]

In den letzten Jahren ist erneut auch auf

die Bedeutung der Totenwache hingewiesen worden. Sie war in früheren Zeiten selbstverständlich, und das nicht nur um der Angehörigen und der darüber hinaus beteiligten Menschen und gesellschaftlichen Gruppen willen, sondern auch wegen des Verstorbenen selbst. Auch hier geht es nicht nur um die Erwartung des Sterbenden, was mit seinem Körper alsbald geschehen wird, sondern um die Offenheit für Vorstellungen, die das Ableben über das naturwissenschaftlich Fixierbare hinaus begleiten. Die mittelalterliche Diskussion darüber, wann die Seele den Körper verläßt, und die Annahme, daß es weiterhin eine Korrespondenz zwischen Leib und Seele gibt, können wir zwar heute nicht mehr nachvollziehen, sie signalisiert aber offene Fragen, die jetzt eher unter dem Begriff Pietät angesprochen werden. Daß solche Fragen im Zusammenhang der Transplantationsmedizin besonderes Gewicht erhalten, liegt auf der Hand. Um so wichtiger ist gegen eine bloße Informationslösung das Einverständnis der Betroffenen und ihrer Angehörigen, wenn es um die Frage einer möglichen Organentnahme geht.[4]

In der Struktur moderner medizinischer Praxis tritt die Parallele zwischen den Situationen am Anfang und am Ende des Lebens in eigener Konkretion zutage. Die Empfängnis kann heute technisch reguliert werden, und das betrifft ein Stück weit auch noch die Geburt. Ihr Zeitpunkt kann künstlich beeinflußt werden. Das gilt auch für das Sterben: Die Möglichkeiten der Intensivmedizin können den Tod, unter Umständen erheblich, hinauszögern, ja vorzeitigen Tod verhindern. Die medizinische Technik erschließt Möglichkeiten, das Leben zu verlängern, ebenso wie sie seinen Beginn planbar macht. Das ist die biologisch-medizinische Seite. Wie steht es mit dem psychologisch-geistigen Kontext, von dem ich sprach?

Alles im Leben wirkt weiter

Das biologische Ende des Lebens kann nur einen Aspekt des Menschseins manifestieren. Das gelebte Leben ist damit nicht vorbei. Es wirkt weiter. In der Abfolge der Generationen dreht sich das Rad des Schicksals weiter. Alle Kinder leben von dem Leben der Eltern und Großeltern und geben ihr Schicksal an ihre eigenen Kinder weiter mit dem Auftrag, sich selbst damit auseinanderzusetzen und etwas Eigenes daraus zu schaffen. Das betrifft nicht nur die leiblichen Familienverhältnisse, sondern auch die geistigen Generationenfolgen und gesellschaftlichen Zusammenhänge – kein Leben vergeht in seiner Bedeutung, auch wenn kein sichtbares Zeichen der Erinnerung mehr auffindbar ist. Theologisch wäre hier von Gottes Gedenken zu sprechen, auch wenn dem menschliche Vergeßlichkeit oder Verdrängung oder auch einfach Mangel an Sprache zuwiderlaufen möge.

Individuelles menschliches Leben, jedes einzelne menschliche Leben ist eingebettet in einen kleinen und großen Zusammenhang persönlicher, familiärer, gesellschaftlicher und kultureller Geschichte. Das macht seine Einmaligkeit aus. Jeder Mensch ist einmalig und einzigartig. Zu seiner individuellen Geschichte gibt es keine Dublette, keinen analogen Vorgang oder Nachgang. Und das gilt nicht nur für das Ganze des Lebenslaufs, sondern auch für jede einzelne Lebensphase. Keine Kindheit und Jugend ist gleich. Ebenso ist auch jedes Leben im Alter einmalig. Gewiß gibt es allgemeine Strukturen, die für jeden Lebenslauf gelten. Anstieg und Abfall der Vitalitäts- und Leistungskurve gehören elementar dazu. Die kleine Welt des Kindes weitet sich in immer größere Regionen, gelegentlich bis zum Kosmopolitismus. Für Raumfahrer wird die Welt noch größer. Dann verkleinert sich der

Lebensraum wieder. Im Alter kann er sehr klein werden. Im Pflegeheim kann, von Erinnerungen abgesehen, die bewußt wahrgenommene Lebenswelt nur einige Quadratmeter um das Bett herum, ja vielleicht nur noch das Bett selbst umfassen.

Und doch ist auch das ein Ort des Lebens, selbst wenn das Sterben beginnt. An diesem Ort finden die entscheidenden Begegnungen statt, die das Leben, nun in seiner letzten Phase, bestimmen. Was in der Mitte des Lebens vielleicht in fernen Ländern geschah, findet jetzt im Bett der Pflegestation statt: Vergewisserung des eigenen Lebens. Deshalb ist jede Phase des Lebens gleich wichtig. Und das gilt auch für die Phasen des Alters: für die Zeit, in der die Weisheit eines ganzen Lebens weitergegeben werden kann, für das hohe, das Greisenalter und auch noch für den senilen Menschen, dem das Sterben ganz nah bevorsteht. Er hat eine ganze Biographie hinter sich, auch wenn davon nichts mehr wahrnehmbar zu sein scheint. Er lebt davon, und davon, daß die, die mit ihm umgehen, die ihn begleiten, das im Sinn haben, respektieren und zur Geltung bringen.

Das gilt es zu bejahen. Die Ganzheit des Lebens, die Integrität der Geschichte in ihren einzelnen Phasen, deren Einbettung in den großen geschichtlichen Zusammenhang sozialen und kulturellen Lebens auf unserer Erde – das gilt es wahrzunehmen, zu bewahren und in der Lebensgestaltung im einzelnen zum Ausdruck zu bringen. Gelingen kann das nur, wenn das nicht nur als Last – auch wenn es eine große Last werden mag – verstanden und empfunden wird, sondern zugleich als Herausforderung, als elementarer Anstoß eben zum Leben, vielleicht in einer Gestalt, die nicht vorausgesehen, nicht gewünscht, eher befürchtet oder mit elementarer Angst besetzt war. Damit ist das Problem der Menschenwürde angesprochen.

Die Würde menschlichen Lebens

Die Diskussion um Menschenwürde und Menschenrechte hat eine lange Geschichte.[5] Darauf brauche ich hier nicht einzugehen. Wie stellt sich die Menschenwürde in unserem Zusammenhang, im Blick auf Alter und Lebensende, dar? Zunächst läßt sich schon phänomenologisch festhalten, daß jeder Mensch seine eigene Würde ausstrahlt. Das Besondere eines menschlichen Lebens ist die Tatsache, daß es eine bewußte Geschichte hat, eine Biographie, die der Mensch selbst gestaltet hat, für die er also mitverantwortlich ist. Aus Vorgegebenem, Chancen und Risiken, Startbedingungen gewissermaßen und dem Umgang damit, ihrer Nutzung und durch Verzicht auf andere Möglichkeiten, und so fortlaufendem Spiel und Ernst des Lebens gestaltet sich jede persönliche Biographie im Zusammengang von Rezeptivität und Aktivität in wie gesagt jeweils einmaliger und einzigartiger Weise. Darin unterscheidet sich die Würde eines Menschen von der eines Tieres oder auch der einer Pflanze, daß der Mensch eine Geschichte hat, die er selbst bewußt mit verantwortet.

Dabei ist freilich der Hinweis gewiß nicht überflüssig, daß auch ein Tier und sogar eine Pflanze ihre eigene Würde haben. Die ökologische Krise lehrt uns, was es bedeutet, wenn das nicht wahrgenommen wird.[6] Die Biosphäre ist eine Lebensgemeinschaft, und es gibt so etwas wie geschöpfliche Solidarität, die den Umgang mit den Mitgeschöpfen entscheidend bestimmt. Wer die Schönheit einer Pflanze wahrnimmt, hat an ihrem Leben teil, so wahr deren Leben davon abhängig ist, wie wir leben. In Krankenzimmern kann man das lernen; auch wenn der Lebensraum nur noch aus dem Bett und seiner Umgebung besteht, kann das Leben einer Pflanze auf dem Nachttisch oder Fensterbrett bis hin zu Insekten, die auf den Blättern des Baumes draußen vor dem Fenster leben, Sinnstiftung für die eigene Lebensphase bedeuten. Oriana Fallaci hat in unübertroffen eindrücklicher Weise geschildert,[7] was in der kahlen Betonzelle eines Gefängnisses der Besuch eines Kakerlaken bedeuten kann, und wie sehr die Mißachtung seiner Würde – vom Gefängnispersonal wird er zertreten – der Mißachtung der Würde des Gefangenen entspricht. Daß dieser Vergleich nicht unproblematisch ist, ist mir bewußt; es lohnt sich aber, dem nachzudenken. Für einen Menschen, der „ans Bett gefesselt" ist, kann – mutatis mutandis – ein Blumenstrauß und die Art, wie er „versorgt" wird, ähnliche Bedeutung haben. Würde des Lebens überhaupt und menschliche Würde gehören zusammen, so wahr es dann die Geschichte des menschlichen Lebens ist, die das Besondere des Menschseins ausmacht.

Das Leben als Beziehungswirklichkeit

Mit dem Hinweis auf Biographie und Geschichte und den Beispielen von so etwas wie zwischengeschöpflicher Kommunikation ist bereits angedeutet, daß Menschenwürde letztlich ein *Beziehungsbegriff* ist und sich nicht, zumindest nicht allein, von der besonderen Qualität einer einzelnen Individualität für sich ableiten läßt. Gerade wenn ein Mensch in eine senile Phase gerät und von Würde eigentlich nichts mehr wahrgenommen werden kann, wird das unmittelbar einsichtig. Dennoch spielt in der Debatte um Menschenwürde und Menschenrechte die besondere Natur des Menschen als biologischer Sonderfall und als Kulturwesen eine wichtige Rolle. Leitend ist dort die Vorstellung von der menschlichen Gattung und ihrer Eigenart, und jeder einzelne Mensch kommt darin gewissermaßen als Einzelexemplar des

Homo sapiens in den Blick. Um die Menschenwürde rechtlich – zum Beispiel in Form von Menschenrechten – zu verankern, wird auf eine solche objektivierende Abstraktion auch nicht zu verzichten sein.

Doch der Rekurs auf die gattungsspezifische biologische Besonderheit des Menschen und sein kulturelles Erbe kann angesichts unserer Fragestellung nicht ausreichen. Werden Menschsein und die davon abzuleitende Menschenwürde gattungsspezifisch definiert, dann können es nur die besonderen Fähigkeiten des Menschen sein, von denen auszugehen ist, und das sind in erster Linie die intellektuell-geistigen Möglichkeiten des Menschen. Dann aber wird es schon intellektuell zum Problem, mit den defizienten Modi dieser Fähigkeiten umzugehen. Kinder und Alte sind noch nicht oder nicht mehr im Vollbesitz alles dessen, was im Genom der menschlichen Gattung angelegt ist (wobei freilich die Genomanalyse zeigt, wie wenig schon hier von einer Identität des Genoms aller Menschen ausgegangen werden kann). Und erst recht kann schwer begründet werden, weshalb geistig behinderte Menschen die gleiche Achtung genießen sollen wie Menschen im Vollbesitz und mit voller Entfaltungsmöglichkeit der geistigen Fähigkeiten, die Menschen zur Verfügung stehen können. Hier liegt das Dilemma der utilitaristischen Ethik.[8]

Biologische und biologie-analoge Definitionen des Menschseins reichen nicht aus, um das Besondere menschlicher Würde zu bestimmen, zu reflektieren und zur Geltung zu bringen, so sehr sie Anhaltspunkte bereitstellen, die diesem Ziele dienen können. Zum menschlichen Leben gehört wie zum irdischen Leben überhaupt seine Endlichkeit. Zur Wahrnehmung der Würde des Menschen gehört die Wahrnehmung auch seiner Endlichkeit in besonderer Weise. Das bedeutet, daß man zur Begründung der Menschenwürde nicht vom Ideal einer Vollkommenheit ausgehen kann. Die Unvollkommenheit auch menschlichen Lebens darf nicht überspielt werden, sie muß vielmehr als konstitutives Moment der Lebenswirklichkeit wahrgenommen werden. Das ist namentlich von evangelischer Seite in der Debatte um den Einsatz der neuesten medizinischen Techniken, wie etwa der In-vitro-Fertilisation, und der damit zusammenhängenden ethischen Probleme auch immer wieder betont und zur Geltung gebracht worden.[9]

Die Unvollkommenheit des Lebens bedeutet aber seine Bedürftigkeit. Der Mensch ist, um sein Menschsein entfalten zu können, auf andere Menschen angewiesen. Leben ist eine Beziehungswirklichkeit, und menschliches Leben ist in noch einmal exzeptioneller Weise auf Beziehungen angewiesen: Ohne Partner, ohne Mitmenschen muß es verkümmern. In umfassender und zugleich positiver Weise formuliert das der Begriff der Nächstenliebe. Insofern ist das christliche Gebot der Nächstenliebe kein moralischer Appell, sondern der Hinweis auf die elementare Beziehungswirklichkeit des Lebens und seine Erfüllung.[10] Menschliches Leben erfüllt sich mit der wechselseitigen Wahrnehmung seiner Bedürftigkeiten, in der Gemeinschaft des Miteinanders, in Rede und Antwort und weiteren Fragen, in Arbeitsteilung, Austausch von Hilfeleistungen bis hin zu jeweiligem Füreinandereinstehen, wo immer es erforderlich wird. In gegenseitiger Ergänzung und in ihrem Wechselspiel macht das alles zusammen das aus, was Inhalt und Fülle des Lebens genannt werden darf.

Darin ist die Würde menschlichen Lebens letztlich begründet. Nicht ein naturhafter Besitz besonderer Fähigkeiten, etwa gegenüber dem Tier, ist das entscheidende Moment. Daß auch der Rekurs darauf für die Organisation gesellschaftlichen Zusammenlebens seine besondere Bedeutung hat, wurde schon gesagt. Wichtiger für die individuelle Wahrnehmung von Menschenwürde ist aber das, was der Mensch braucht und von sich aus nicht schon zur Verfügung hat: sein Angewiesensein auf Liebe. Dazu gehört die wechselseitige Akzeptanz, die Bejahung des Mitmenschen mit all seinen Schwächen, auf diesem Hintergrund dann durchaus auch seinen Stärken. Die Stärken dienen dann aber, den Schwächen anderer aufzuhelfen, wie die Schwächen den Einsatz aller Stärken herausfordern und darin ihren besonderen Sinn erkennen lassen.

Im Rahmen eines existentialen Wirklichkeitsverständnisses läßt sich dieser Sachverhalt auch so beschreiben: Menschliches Leben ist letztlich nicht in sich selbst begründet, sondern von außen bestimmt, extra nos. Damit sind nicht ausschließlich gesellschaftliche und materielle Abhängigkeiten gemeint, angesprochen ist vielmehr die grundlegende Angewiesenheit auf Begegnung, Bejahung und Kommunikation, ja communio: Gemeinschaft im menschlichen Miteinander jeden Tages. Wie Menschen jeden Tag miteinander umgehen, was sie einander geben und voneinander nehmen, daran zeigt sich die Würde menschlichen Lebens – oder ihre Verachtung.

Menschenwürde muß gelebt werden

Wenn von Menschenwürde im Alter zu sprechen ist, kann es also nicht nur darum gehen, besondere Fähigkeiten und Qualitäten festzuhalten und festzuschreiben, die dann auch im defizienten Modus zu Orientierungsdaten werden. Letztlich und entscheidend geht es um die Art und Weise, die Qualität des Zusammenlebens mit alten Menschen. In der Lebensgemeinschaft erscheint die Würde menschlichen Lebens. Wie wir einander annehmen, ansprechen, miteinander umgehen, füreinander da sind, da zeigt sich, wer wir sind und – etwas schlicht gesagt – was unser Leben wert ist. Diesen Beziehungszusammenhang wahrzunehmen, zu achten, zu ehren – darin gewinnt Würde Gestalt.

Würde kann in diesem Sinne nicht eingeklagt werden. Sie kann nur miteinander gelebt werden. Eingeklagt werden kann aber der Raum und die Zeit, die sie zur Entfaltung braucht. Angehörige, Mitmenschen, auf umgreifender Ebene die Gesellschaft müssen die Bedingungen schaffen, daß sich ein würdiges Leben auch im Alter entfalten kann.[11] Das gilt für jeden einzelnen Lebensabschnitt im Alter. Nach dem Ausscheiden im Berufsleben liegt eine Fülle von Ressourcen brach. Die betreffenden Menschen darauf anzusprechen, an ihrem Lebenswissen und ihrer Lebensentfaltung mit teilhaben zu können, das schafft neue Lebensqualität. In solchem Geben und Nehmen konstituiert sich das Leben neu, hier gewinnt das Leben neu seine Würde.

Das gilt nun nicht nur für die Phase, in der bei erhaltener Leistungsfähigkeit das, was die „Weisheit des Alters" genannt werden kann, voll zur Geltung kommen kann. Es gilt auch für die späteren Phasen, wenn die Kräfte abnehmen, bis hin zu Stadien, wo Krankheit und Verwirrung überhand nehmen können. Betroffene Menschen in dieser Situation „anzusprechen", gehört schon zu den üblichen therapeutischen Aufgaben. Es gilt aber nicht nur, ihnen „etwas zu sagen", sondern ebenso wichtig ist, auf sie zu hören, wahrzunehmen, was sie empfinden und denken, was sie sagen wollen, auch wenn sie es gar nicht mehr können. Dann wird auch das, was wir ihnen sagen wollen, zum Bestandteil eines Gesprächs, ja nur so wird es überhaupt erst möglich, sinnvolle Worte oder Gebärden für ein Gespräch zu

finden. Daß ein Gespräch entsteht, auch wenn es averbal bleibt, darauf kommt es an. Darin wird die Würde des alten und sehr alten Menschen wahrgenommen. Daß das nur allzu oft nicht gelingt, ist kein Argument dagegen, es nicht doch zu versuchen.

Mit Würde durch die enge Pforte des Todes

Das gilt nun auch für die letzte Phase des Lebens. Wie solch ein Gespräch am Ende des Lebens aussehen könnte, hat Martin Luther in seinem „Sermon von der Bereitung zum Sterben" eindrücklich beschrieben:[12]

Zum ersten. Weil der Tod ein Abschied ist von dieser Welt und all ihrem Treiben, ist es nötig, daß der Mensch sein zeitliches Gut ordentlich verteile, wie es sein muß oder wie er es anzuordnen gedenkt, damit nicht bleibe nach seinem Tod Ursache für Zank, Hader oder sonst einen Irrtum unter seinen zurückgelassenen Freunden. Und dies ist ein leiblicher oder äußerlicher Abschied von dieser Welt, und es wird Lebewohl und Abschied gegeben dem Gut. Zum zweiten, daß man auch geistlich Abschied nehme. Das ist, man vergebe freundlich, rein um Gottes willen allen Menschen, die uns beleidigt haben, begehre umgekehrt auch allein um Gottes willen Vergebung von allen Menschen, deren wir viele ohne Zweifel beleidigt haben, zumindest mit bösem Exempel oder zuwenig Wohltaten, wie wir schuldig gewesen wären nach dem Gebot brüderlicher christlicher Liebe, damit die Seele nicht bleibe behaftet mit irgendeiner Angelegenheit auf Erden. Zum dritten. Wenn so jedermann Abschied auf Erden gegeben ist, dann soll man sich allein zu Gott richten, wohin der Weg des Sterbens sich auch kehrt und uns führt.

Auch das ist ein Ideal und setzt voraus, daß der Sterbende sein Leben noch so weit ordnen kann. In der christlichen Tradition ist aber davon die Rede, daß Gott mit dem Menschen redet. Darin spricht sich die Erfahrung der christlichen Gemeinde durch die Zeiten hindurch aus, wie sie sich ursprünglich in der Überlieferung des

Neuen und Alten Testaments niedergeschlagen hat. Wenn Gott mit dem Menschen redet, dann begründet das die Würde des Menschen in seiner letzten Tiefendimension. Der Mensch „hat" eigene Menschenwürde, weil er gewürdigt ist, als Gottes Partner zu leben. In diesem Sinne ist Menschenwürde ein Geschenk, das es zu achten und zu hüten gilt in der Kommunikation der Menschen miteinander und letztlich mit Gott. Damit wird auch der Tod transzendiert, und das Sterben kann als ein Durchgang verstanden werden. Bei Luther klingt das in Fortführung des zitierten Textes so:[13]

Und hier beginnt die enge Pforte, der schmale Steig zum Leben. Darauf muß sich ein jeder getrost gefaßt machen. Denn er ist wohl sehr eng, er ist aber nicht lang. Und es geht hier zu, wie wenn ein Kind aus der kleinen Wohnung in seiner Mutter Leib mit Gefahr und Ängsten geboren wird in diesen weiten Himmel und Erde, das ist unsere Welt: ebenso geht der Mensch durch die enge Pforte des Todes aus diesem Leben. Und obwohl der Himmel und die Welt, darin wir jetzt leben, als groß und weit angesehen werden, so ist es doch alles gegen den zukünftigen Himmel so viel enger und kleiner, wie es der Mutter Leib gegen diesen Himmel ist. Darum heißt der lieben Heiligen Sterben eine neue Geburt, und ihre Feste nennt man lateinisch Natale, Tag ihrer Geburt. Aber der enge Gang des Todes macht, daß uns dies Leben weit und jenes eng dünkt. Darum muß man das glauben und an der leiblichen Geburt eines Kindes lernen, wie Christus sagt: „Ein Weib, wenn es gebiert, so leidet es Angst. Wenn sie aber genesen ist, so gedenkt sie der Angst nimmer, dieweil ein Mensch geboren ist von ihr in die Welt." (Joh. 16, 21) So muß man sich auch im Sterben auf die Angst gefaßt machen und wissen, daß danach ein großer Raum und Freude sein wird.

Eine solche Perspektive wird sich unmittelbar auf Leben und Sterben auswirken, auf das Leben nicht nur im Alter, dort aber wird sich ihre Relevanz erweisen, und betroffen ist damit auch das Leben der Angehörigen und an der Pflege und Begleitung Beteiligten. Darin beschlossen ist Mut zur Zukunft. Es ist ein besonderes Geschenk,

wenn Lebensbegleitung im Alter und Sterbebegleitung solche Hoffnung in Anspruch nehmen können. Hier hat „der Tod" als Gestalt, Person, als „Sensenmann" seine Funktion verloren. Luther kann ihn verspotten lassen.[14] Der Mensch kann sterben, er wird nicht vom Tod abgeholt.

Hilfe zur Lebenserfüllung

Unter den Bedingungen gegenwärtiger Lebensverhältnisse ist es keine Selbstverständlichkeit, daß solcher Hoffnung Raum gegeben wird. Weitgehend rechnet man gar nicht mehr mit ihrer Möglichkeit. Und doch ist in dieser Perspektive ein Humanitätspotential enthalten, das auf gesellschaftliche Realisierung angewiesen ist. Es genügt nicht, solche Vorstellungen und den dahinterstehenden Glauben der privaten, intimen Sphäre des einzelnen zu überlassen, so sehr sie hier ihren Grund haben und deshalb gerade hier Intimität, Freiheit und Selbstausdrücklichkeit geschützt werden müssen. Aber schon dieser Schutz ist eine gesellschaftliche Aufgabe im weitesten Sinn und muß als solche erkannt werden. Sie beginnt in der Familie oder dem jeweiligen Lebenskontext des alten Menschen, setzt sich in dem größeren Lebensraum einer Gemeinde und den Institutionen des Zusammenlebens fort und ist Aufgabe der Gesundheits- und Gesellschaftspolitik. Wird ein Klinikaufenthalt notwendig, ist die Organisation des Krankenhauses betroffen, und erst recht gilt das für die Einrichtung von Pflegeheimen. Hier muß jeweils Zeit und Raum gegeben und geschaffen werden, daß die Würde des Lebens in dem angesprochenen Sinn wahrgenommen werden kann.[15]

Ist das menschliche Gespräch der Ort, an dem die Würde des menschlichen Lebens wahrgenommen wird, ist es unabweisliche Aufgabe, bestmögliche Bedingungen für entsprechende Kommunikation zu schaffen. Das gilt natürlich im besonderen Maße, wenn es um das Gespräch um Leben und Tod geht. Schon psychologisch bedarf es hier der persönlichen Freiheit der Beteiligten, solche Existenzfragen aufzunehmen. Es bedarf aber auch der äußeren Bedingungen dafür, zu Hause sowohl als auch in Kliniken oder Heimen. Konkret sind das geeignete Räumlichkeiten, wo auch einmal ein Gespräch unter vier Augen möglich ist. Im übrigen liegt hier auch ein besonderer Aufgabenbereich des jeweils involvierten Personals. Ärzte und Pflegepersonen brauchen Zeit, um auf die Menschen eingehen zu können, die sich ihnen anvertraut haben, oder die ihnen anvertraut worden sind.

Gesundheitspolitik auf dem Prüfstand

Damit greift unsere Fragestellung alsbald über in die Gesundheitspolitik und die damit zusammenhängenden ökonomischen Probleme. Zugleich ist damit der Fortschritt der Medizin angesprochen, der Fortgang ihrer Technisierung und die damit verbundenen Kosten. Wenn die Arbeit an einer Klinik so organisiert ist, daß aus Effektivitätsgründen für Gespräche, die diesen Namen verdienen, keine Zeit mehr bleibt, liegt eine Fehlentwicklung vor. Ein besonders sensibler Bereich ist dabei die Personalpolitik. Das gilt einmal für die Erhaltung und Schaffung ausreichender Personalstellen. Neben dem Ärztlichen ist hier insbesondere der Pflegedienst zu berücksichtigen. Zu wenig Stellen können die Wahrnehmung der Menschenwürde in Kliniken, Alters- und Pflegeheimen beeinträchtigen. Zum anderen ist hier aber auch die Organisation der Arbeit selbst anzusprechen. Welche Stellung hat der Pflegedienst in der Hierarchie eines Krankenhauses oder eines Heims? Gibt es eine

Kommunikation zwischen Ärzten und Pflegenden, die eine gemeinsame Orientierung an den Bedürfnissen der Patienten oder Hausbewohner ermöglicht? Sind die Arbeits- und Lebensstrukturen in einem Haus so beschaffen, daß Gespräche mit Betroffenen nicht nur geduldet, sondern geschätzt, gewünscht und honoriert werden? Gibt es so etwas wie eine Kommunikationsgemeinschaft, an der alle, Ärzte, Pflegende, Patienten und deren Angehörige beteiligt sind? Auch Sozialarbeiter und Seelsorger sollten dazugehören, und eine nicht zu unterschätzende Bedeutung, gerade für bettlägerige Menschen, hat auch das Raumpflegepersonal. Gelingt hier die Ausbildung von so etwas wie Teamgeist, dem Bewußtsein einer gemeinsamen Aufgabe, muß das auf die Motivation zur Arbeit unmittelbar Auswirkungen haben, und der Patient oder Heimbewohner wird das alsbald spüren: Die Chance entsteht, daß er sich ernstgenommen, vielleicht auch verstanden, jedenfalls angenommen, ja in dem genannten Sinn angesprochen fühlt. Dafür zu sorgen, daß ein Klima entsteht, in dem das möglich wird, ist eine entscheidende Aufgabe der Gesundheitspolitik, die die äußeren Voraussetzungen dafür zu schaffen hat, dann der Organisation der Gesundheitsdienste im einzelnen bis hin zu konkreten Therapie- und Pflegeplänen.

Die letzte Phase des Lebens muß dabei von vornherein mit einbezogen werden. Der Arzt muß die Zeit erkennen, in der das Leben sein Ende findet, und dem seinen eigenen Raum belassen und verschaffen. Zur Wahrnehmung dessen ist er aber auf die Wahrnehmung insbesondere der Pflegenden, aber auch aller weiteren Beteiligten angewiesen. Hier muß sich das therapeutische Team bewähren. Hier steht aber auch die Gesundheitspolitik auf dem Prüfstand, die die Voraussetzungen dafür zu schaffen hat.

Sterben gehört zu einem erfüllten Leben

Der Wahrnehmung der Menschenwürde am Ende des Lebens stehen aber nicht nur ökonomische und organisatorische Zwänge, auch nicht nur menschliche Unzulänglichkeiten und gelegentlich auch Unfähigkeiten im Wege, sondern unter Umständen das Selbstverständnis der modernen naturwissenschaftlichen Medizin selbst. Kliniken, in denen vom Tod nicht gesprochen werden darf – so etwas gibt es –, müssen in einen Widerspruch mit sich selbst geraten, der ein menschenwürdiges Umgehen mit dem Sterben unmöglich macht. Der Anspruch der Medizin, Lebensfunktionen zu erhalten und zu erneuern, darf nicht dazu führen, die Zugehörigkeit des Sterbens zu einem erfüllten Leben zu ignorieren.

Aus der Klinikseelsorge ist folgendes krasse Beispiel berichtet worden:[16]

Eine sterbende Frau wollte die Seelsorgerin, die sie gerade besuchte, mit auf die Reise nehmen. „Wie gut, daß Sie jetzt kommen", sagte sie. „Es ist höchste Zeit, gleich fährt das Schiff ab, und ich möchte, daß Sie mich begleiten." Sie ergreift die Hand der Seelsorgerin und zieht sie ganz dicht an sich heran. „Kennen Sie Perlmutt?" Die Seelsorgerin nickt. „Mögen Sie es auch so gern?" Und als die Seelsorgerin das bejaht: „Oh wie schön, daß Sie es auch so gern mögen. Wissen Sie auch, daß es ganz knapp wird? Hier ist es gar nicht mehr zu finden, darum möchte ich die weite Reise machen. Ich weiß nicht, ob das Schiff nach Japan oder China fährt, aber das ist auch ganz egal, wenn wir nur das Perlmutt finden." Die Seelsorgerin verhält sich ganz still und wagt nicht, die Frau zu unterbrechen. Sie spricht nach einer Weile weiter: „Ist es nicht schön, wie still und ruhig das Schiff fährt? Es ist ein guter Kapitän, der das Schiff lenkt. Das Wasser ist so blau wie der Himmel!... Ob wir wohl bald ankommen? Es ist doch eine lange Reise. Ich habe so Sehnsucht nach dem Perlmutt... ich sehe es, es glänzt – sehen Sie, wie es glänzt – oh, da ist es..." Dann spricht sie den Vers: Ach bleib mit deinem Glanze bei uns, du wertes Licht, dein Wahrheit uns umschanze, damit wir irren nicht. Sie schließt die Augen. Der Mund steht weit offen. Ein Atmen ist nicht mehr zu bemerken.

Dieser Bericht hat eine bestürzende Fortsetzung. Die Seelsorgerin geht zur Stationsschwester und teilt ihr mit: „Ich glaube, sie ist tot." Die Schwester springt auf, reißt die Seelsorgerin mit, sie wirft sich auf die Patientin und beginnt eine Mund-zu-Mund-Beatmung. Sie ruft dann den Arzt – und die Reanimation gelingt. Die Patientin war danach völlig verwandelt. Sie wehrte sich, schlug um sich und schrie. In den zwei Tagen, die sie noch lebte, lehnte sie jeden Kontakt, auch den mit der Seelsorgerin, brüsk ab. Die Schwester rechtfertigte die Reanimation mit den Worten: „Auf meiner Station wird nicht gestorben, während ich Dienst habe." Als die Seelsorgerin ihr allerdings das vorausgegangene Geschehen berichtete, war sie tief schockiert und geriet in eine seelische Krise, in der sie ihre Haltung gegenüber Tod und Sterben überdachte.

Ein solches Beispiel zeigt, wie dringend notwendig ein Umdenkungs- und Bildungsprozeß ist, um die Realität des Lebens, zu der das Sterben zu seiner Zeit dazugehört, auch im Zusammenhang naturwissenschaftlich-medizinischer Denkweise wiederzugewinnen oder zu erhalten.

So ist festzuhalten: Menschliches Leben geschieht in einem großen Lebenszusammenhang, der durch biologischen Beginn und biologisches Ende nur eindimensional seine Grenzen hat. In Wahrheit beginnt Leben früher und ist mit dem Tod nicht zu Ende. Das transzendiert und qualifiziert zugleich die biologische Lebenszeit: In ihr kann Lebenserfüllung geschehen, in ihr ereignet sich Sinn, eine Tiefendimension kann sich erschließen. Das macht die besondere Würde menschlichen Lebens aus. Im Dialog zwischen Menschen, im mitmenschlichen Gespräch, in Wort und Antwort findet das seine Gestalt. Es ist deshalb entscheidend, ob dem Raum und Zeit gegeben wird oder nicht. Welche Einstellung zum Leben denk- und handlungsleitend ist, kommt immer deutlicher beim Umgang mit den Mühen des Alters heraus. Spätestens angesichts des Sterbens wird deutlich, welche Einschätzung das Leben erfährt. Der Würde des Lebens korrespondiert die Würde des Sterbens. Wer sterben kann und Sterben geschehen lassen kann, der kennt sich im Leben aus, und wer von Lebenserfüllung weiß, kann auch mit dem Sterben umgehen.

Dies deutlich zu machen, ist eine Erziehungs- und Bildungsaufgabe. Freilich läßt sich diese Aufgabe nicht einfach theoretisch, über den Verstand lösen. Hier gibt es persönliche, emotionale, psychologische Widerstände, die letztlich nur durch eigene Erfahrungen aufgearbeitet und überwunden werden können. Entscheidend ist die Bereitschaft, sich auf solche Erfahrungen einzulassen, daran zu partizipieren und so zu lernen. Dazu muß Mut gemacht werden, und daran muß gearbeitet werden, daß die Freiheit entsteht, ein solches Engagement zu wagen. Dabei muß auch gegenläufigen Gefühlen Raum gegeben werden können, Widerstände müssen sich artikulieren können, damit auch die Ambivalenz der Situation getragen werden kann.

Eine Schwierigkeit liegt sicher darin, daß bei allen wiederholbaren Beobachtungen kein festes Schema entwickelt werden kann, nach dem das Leben im Alter abläuft. Die Unterteilung von Zeit nach der Pensionierung, fortgeschrittenem Alter und hohem Alter mit abnehmenden Kräften, ebenso die Unterscheidung von verschiedenen Phasen des Sterbens treffen zwar zu, haben aber eher idealen Charakter. Es gibt Menschen, bei denen der körperliche und geistige Verfall massiv schon mit dem Ausscheiden aus dem Arbeitsleben beginnt, und es gibt Menschen, die bis ins höchste Alter in erstaunlicher Weise leistungsfähig bleiben. Dazwischen gibt es alle Übergänge.

Wie Leben und Sterben gelingen

Die Wurzeln dafür, wie das Leben im Alter und wie das Sterben gelingen, liegen in der gesamten Biographie. Die Verdrängung des Lebensendes muß zu Verwerfungen führen, die sich dann auch gesundheitlich auswirken können. Die Gesundheit im Alter hängt dann aber auch davon ab, wie sehr die Umgebung einen alten Menschen akzeptiert, ihn ernst nimmt, auf ihn eingeht: seine Menschenwürde achtet. Und da ist es wieder die Biographie, die den wichtigsten Leitfaden für den Umgang anbietet. Selbst wenn der leibliche Verfall sehr weit fortgeschritten ist, so ist doch der Gedanke an das gelebte Leben in seiner ganzen Fülle das Orientierungsfeld, das den jetzigen Zustand zu ertragen und zu begleiten hilft. Die Biographie eines Menschen sollte nicht erst anläßlich seines Todes rekapituliert werden. Es kommt darauf an, daß ein individuelles Ende des Lebens gelebt werden kann, das der Individualität des gelebten Lebens entspricht.[17]

Darauf, daß dieses Ziel erreicht werden kann, sollten auch die äußeren Bedingungen abgestimmt sein, die das Leben im Alter bestimmen. Das beginnt mit der Art und Weise, wie der Abschied aus der aktiven Erwerbswelt gestaltet wird, und in welcher Form Weiterarbeit ermöglicht wird. Vieles spricht für ein offenes Pensions- oder Rentenalter.

Eine grundlegend wichtige Frage ist, wo alte Menschen am besten wohnen können, in eigener Wohnung zu Hause, bei ihren Kindern oder in einem Heim. Hier wird es keine generellen Lösungen geben dürfen; solche Entscheidungen müssen individuell getroffen werden und müssen offenbleiben für Revisionen. Entscheidend ist, wie sich die Menschen am besten auch im Alter entfalten, sich ihres Lebens freuen können. Dazu sollte ein weitgefächertes Angebot von Lebensmöglichkeiten bereitgestellt werden als öffentliche Aufgabe der Familien- und Gesundheitspolitik.

Der Familien- und Freundschaftskreis, in dem Menschen im Laufe ihres Lebens gelebt haben, ist für den Lebensabend weiterhin von entscheidender Bedeutung. Diese Beziehungen sind lebenswichtig. Isolierung im Alter, selbstverschuldet oder aus Vernachlässigung entstanden, kann die Lebenserfüllung am Ende ernstlich beschatten, ja in gewisser Weise unmöglich machen. Deshalb kommt auf alte und auch auf neue Freundschaften sehr viel an. So sollte auch das Ende des Lebens in der Nähe vertrauter Menschen erlebt werden können, wenn nur irgend möglich zu Hause.

Wird ein Klinikaufenthalt notwendig, ist wiederum entscheidend, was der Patient oder die Patientin hier erleben. In das „Patientengut" eingeordnet zu werden und mit gängigen Prognosen behaftet zu werden, trägt nicht zur Lebensförderung bei. Nur wo sich Menschen angenommen und begleitet wissen, werden auch solche Phasen positiv bewertet und angenommen werden. Von der menschlichen Annahme und Bejahung hängt es ab, ob auch sie ihren Sinn erhalten. In diesem Zusammenhang wäre auch an die Hospizbewegung zu erinnern, bis hin zur Einrichtung von Sterbekliniken.[18] Sofern eine Pflege zu Hause nicht möglich ist, kann in solchen Institutionen das angeboten werden, was Menschen in der letzten Phase ihres Lebens brauchen. Solche Institutionen zu fördern, ist die letzte grundlegend wichtige Aufgabe der Gesundheitsfürsorge.

Die Bedingungen von Leben im Alter und Sterben aber in einem Horizont zu gestalten, der von Hoffnung auch angesichts des Endes bestimmt ist, ist dann eine Perspektive, die über das Plan- und Organisierbare hinausgeht. Hier haben die Kirchen auch in der pluralen Gesellschaft ihre besondere Aufgabe. Sie werden die Hoffnungsperspektive in einer Weise zu entfalten haben, die eine Einladung darstellt, der zu folgen oder nicht zu folgen jedem Menschen freisteht. Letztlich ist das die Einladung dessen, der gesagt hat: Fürchte dich nicht, ich habe dich erlöst. Ich habe dich bei deinem Namen gerufen.[19] Dieser Ruf hat mit dem Sensenmann nichts mehr zu tun, auch wenn der bescheiden geworden sein sollte.

[1] Vgl. dazu die Beiträge von *Dietrich von Engelhardt* und *Nils-Arvid Bringéus* in diesem Band. – [2] Vgl. *H.-M. Sass:* Extrakorporale Fertilisation und Embryotransfer. Zukünftige Möglichkeiten und ihre ethische Bewertung. In: Flöhl (Hrsg.): Genforschung – Fluch oder Segen? Interdisziplinäre Stellungnahmen, München 1985 (Gentechnologie – Chancen und Risiken 3), S. 30–58; *ders.:* Hirntod und Hirnleben. In: ders. (Hrsg.): Medizin und Ethik, Stuttgart 1989 (Universal-Bibliothek Nr. 8599), S. 160–183. – [3] *G. Bockenheimer-Lucius/E. Seidler* (Hrsg.): Hirntod und Schwangerschaft. Dokumentation einer Diskussionsveranstaltung der Akademie für Ethik in der Medizin zum „Erlanger Fall", Stuttgart 1993 (Medizin in Recht und Ethik 28); *J. Hoff/J. in der Schmitten* (Hrsg.): Wann ist der Mensch tot? Organverpflanzung und Hirntodkriterium, Reinbek 1994. – [4] Vgl. *K. P. Jörns:* Gibt es ein Recht auf Organtransplantation? Ein theologischer Diskurs, Göttingen 1993. – [5] Vgl. *W. Huber:* Menschenrechte/Menschenwürde. In: Theologische Realenzyklopädie (TRE) XII, 1992, S. 577–602. – [6] Vgl. *J. Hübner:* Die neue Verantwortung für das Leben. Ethik im Zeitalter von Gentechnologie und Umweltkrise, München 1986, S. 203–253. – [7] *O. Fallaci:* Ein Mann, Frankfurt/M. 1982 (Fischer Taschenbuch 5204), S. 78–81. – [8] Vgl. *P. Singer:* Praktische Ethik, Stuttgart 1984 (Universal-Bibliothek Nr. 8033). – [9] Vgl. Das Leben achten. Maßstäbe für Gentechnik und Fortpflanzungsmedizin. Beiträge aus der Synode der EKD von Traute Schroeder-Kurth u.a., Gütersloh 1988 (GTB 581); Gott ist ein Freund des Lebens. Herausforderungen und Aufgaben beim Schutz des Lebens. Gemeinsame Erklärung des Rates der Evangelischen Kirche in Deutschland und der Deutschen Bischofskonferenz u.a., Gütersloh 1989. – [10] Vgl. die positive Formulierung der sogenannten Goldenen Regel in der Berg-

predigt: Mt. 7, 12. – [11] Vgl. *R. Guardini:* Die Lebensalter. Ihre ethische und pädagogische Bedeutung, Mainz 1986, 5. Taschenbuchauflage 1993 (Topos 160); vgl. dazu *M. Brauchbar/H. Heer:* Zukunft Alter. Herausforderung und Wagnis, München 1993. – [12] (1519). In: K. Bornkamm/G. Ebeling (Hrsg.): *Martin Luther.* Ausgewählte Schriften, Bd. 2, Frankfurt/M. 1982, S. 16–34, hier S. 16. – [13] Ebd. S. 16f. – [14] *E. Jüngel:* Tod, Stuttgart 1971 (3Gütersloh 1985), S. 167. – [15] Vgl. *G. Schaffenorth/A. M. K. Müller* (Hrsg.): Patienten-Orientierung als Aufgabe. Kritische Analyse der Krankenhaussitutation und notwendige Neuorientierungen, Heidelberg 1990 (Texte und Materialien der Forschungsstätte der Evangelischen Studiengemeinschaft,

Reihe A Nr. 31). – [16] Ebd. S. 318f. – [17] Vgl. *B. G. Glaser/A. L. Strauss:* Interaktion mit Sterbenden. Beobachtungen für Ärzte, Schwestern, Seelsorger und Angehörige, Göttingen 1974. – [18] *H. Schöch* (Hrsg.): Gibt es ein Recht auf einen würdigen Tod? Hofgeismar 1987 (Hofgeismarer Protokolle 231); *M. Nüchtern/R. Stieber* (Red.): Hospiz – Alternative für Sterbebegleitung? Protokoll einer Tagung der Evangelischen Akademie Baden, Karlsruhe 1989 (Herrenalber Protokolle 66); *H. Beutel/D. Tausch* (Hrsg.): Sterben – eine Zeit des Lebens. Ein Handbuch der Hospizbewegung, Stuttgart 1989; *H. R. Zielinski/M. Litt. Kantap.* (Hrsg.): Hospizbewegung. Düsseldorf 1990 (Ethik – Echo Medizin). – [19] Jes. 43, 1; vgl. Joh. 14, 27.

Podiumsdiskussion
Soziale Sicherung im Alter

Walter Kannengießer: Meine Damen und Herren! Ich freue mich, die heutige Diskussion leiten zu können, zumal sich meine beiden Arbeitsgebiete, die Sozial- und die Finanzpolitik, dabei vermischen werden. Es wird zunächst jeder der Podiumsteilnehmer ein Statement abgeben, um dieses dann in der Diskussion zu vertiefen.

Zunächst aber noch eine kurze Bemerkung zum Generalthema. Das Thema ist sicherlich nicht isoliert zu betrachten, denn der alte Mensch ist eingebunden in das allgemeine Sozialsystem. Wenn wir daher über die soziale Sicherung im Alter sprechen, dann ist dieses Thema nicht vom Zustand des gesamten Sozialsystems zu trennen. Das gilt vor allem für das Rentensystem, das primär ein Sicherungssystem für den alten Menschen ist. Es gilt wohl auch für die gerade beschlossene Pflegeversicherung, sicherlich weniger für die gesetzliche Krankenversicherung.

Ich darf nun Herrn Professor Glatzer bitten, zu beginnen.

Wolfgang Glatzer: Ich möchte sieben Thesen vortragen. Alle sieben kann man natürlich vertiefen und weiter ausführen.

Die *erste These* ist: Wir leben in einer alternden Gesellschaft – aber nicht erst seit kurzem, wie es in der Diskussion oft den Anschein hat, sondern seit 120 Jahren, wie

die amtliche Statistik nachweist. Dieser Alterungsprozeß ist kontinuierlich bewältigt worden, und eigentlich ist nicht zu sehen, warum das nicht weiterhin so geschehen soll. Im Jahr 1871, das war ungefähr zehn Jahre vor der Einführung der Altersversicherung durch Bismarck, gab es 4,6 Prozent alte Menschen in Deutsch-

Walter Kannengießer, Diplom-Volkswirt, geb. 1929 in Osnabrück, gehört seit 1963 der Redaktion der Frankfurter Allgemeinen Zeitung an. Zuvor war er Redakteur der Neuen Tagespost in Osnabrück und der Ruhr-Nachrichten in Dortmund. Mehr als 30 Jahre berichtet und kommentiert er für die F. A. Z. aus Bonn; seit 1976 leitet er die Bonner Wirtschaftsredaktion der Zeitung. Seine Arbeitsschwerpunkte sind die Sozial- und Finanzpolitik. Er ist Mitherausgeber des „Handbuch Sozialpolitik". Für besondere journalistische Leistungen wurde er 1974 mit dem Theodor-Wolff-Preis, 1979 mit dem Karl-Bräuer-Preis, 1985 mit dem Ludwig-Erhard-Preis und 1989 mit der Wilhelm-von-Humboldt-Plakette der Freien Berufe ausgezeichnet.

Walter Kannengießer, Frankfurter Allgemeine Zeitung, Redaktion Bonn, Fritz-Schäffer-Straße 13, 53 113 Bonn

land. 100 Jahre später waren es 15 Prozent, und in weiteren 40 Jahren, schätzt man, werden es 25 Prozent sein. In dieser langen historischen Perspektive besteht kein Anlaß zur Dramatisierung, und ich frage mich, ob Bismarck die Altersversicherung eingeführt hätte, wenn man ihm damals die sich abzeichnende „Alterslast" so bedrohlich wie heute vor Augen geführt hätte.

Der Prozeß der Alterung der Gesellschaft vollzieht sich unauffällig und undramatisch und führt dennoch zu neuen gesellschaftlichen Herausforderungen: Da ist zunächst einmal der große Anteil älterer Menschen; ein weiterer Punkt ist die sehr lange dritte Lebensphase im höheren Alter; und noch ein ganz wichtiger Punkt ist, daß unter den alten Menschen inzwischen sehr viele Hochbetagte mit über 80 Jahren sind. Damit verbunden sind zum Teil neue Qualitäten und neue Probleme.

Die soziale Sicherung der älteren Menschen - so meine *zweite These* - ist ein Verteilungsproblem, das im Konsens mit den betroffenen Bevölkerungsgruppen gelöst werden muß. Ich denke, daß über die vielfältigen Lösungsmöglichkeiten, die in der Debatte sind, auch eine Diskussion mit den betroffenen Bevölkerungsgruppen geführt werden muß, um die richtigen Lösungen bzw. die richtigen Kombinationen von Lösungen zu finden.

In dieser Diskussion ist es wichtig, nicht nur die Älteren zu sehen, sondern auch die Kinder, die ja die zweite große Bevölkerungsgruppe darstellen, die nicht zum Sozialprodukt beiträgt, aber davon unterhalten werden muß. Die Grafik (Abb. 1) zeigt, daß mit der Zunahme älterer Menschen, wie sie langfristig unvermeidlich ist, eine deutliche Abnahme der Kinderzahl in Deutschland verbunden ist. Wenn man von „Lasten" spricht - ich benutze das Wort nicht gerne -, ist also festzustellen, daß die „Alterslast" zunimmt,

während die „Kinderlast" zurückgeht. Die Gesellschaft ist gefordert, das, was da als „Gesamtlast" vorhanden ist, zu tragen. Diese ist auf jeden Fall viel weniger gewachsen, als wenn man nur auf die „Alterslast" blickt. Was die „Kinderlast" betrifft - nur um die Zahlen noch zu nennen -, so waren es 1871 34 Prozent Kinder bis 15 Jahre; diese Zahl sank in 100 Jahren bis auf 19 Prozent, und im Jahre 2030 werden es nur noch 11 Prozent sein. Damit stellt sich natürlich auch die Frage, ob man nicht mehr für Kinder und Familien mit Kindern tun müßte.

Meine *dritte These* ist: Die Wohlstandsposition der älteren Menschen hat ein hohes Niveau erreicht. Nicht die Lebenslage der Älteren an sich, sondern die sozioökonomische Ungleichheit unter den Älteren ist inzwischen das größere gesellschaftliche Problem. Vor allem die Schlechterstellung von Frauen unter den Älteren ist hier zu nennen. Aber insgesamt kann man zeigen, daß die materielle Position der Älteren ein hohes Niveau erreicht hat, sowohl in der Einkommensverteilung als auch bei der Ausstattung der Haushalte mit technischen Geräten wie beim Vermögen und den Ersparnissen.

Daß die Älteren nicht mehr die Hauptproblemgruppe sind, zeigt sich auch, wenn man sich die Sozialhilfebezieher ansieht. Noch 1970 konnte man eindeutig feststellen, daß in der Bundesrepublik Deutschland vor allem die Älteren das Armutsproblem darstellten. Heute muß man sagen, daß die Älteren im Vergleich der Altersgruppen das geringste Armutsproblem darstellen und die Kinder das größte; dies ist eine tiefgreifende Verschiebung seit 1970, was das Armuts- und Sozialhilferisiko von Altersgruppen betrifft. Meines Erachtens ist dies bisher viel zu wenig wahrgenommen worden, obwohl es die amtliche Statistik regelmäßig publiziert. Daß die Älteren materiell ziemlich gut ge-

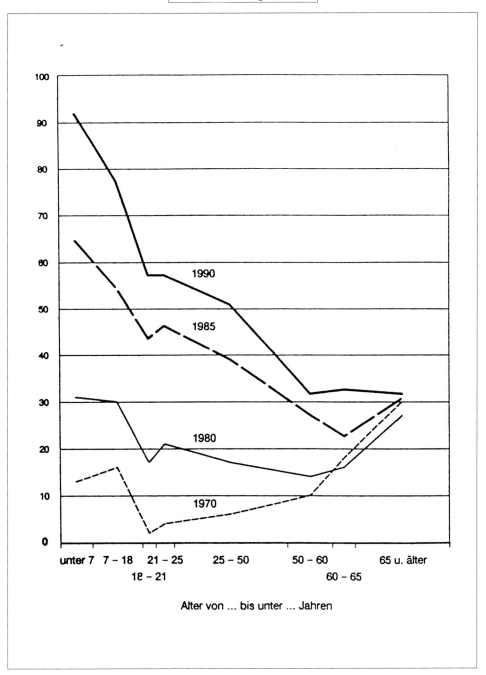

Abb. 1: Empfänger(innen) von laufender Hilfe zum Lebensunterhalt nach Altersgruppen – je 1000 Einwohner. Anmerkung: Die Linie für 1965 verläuft weitgehend deckungsgleich mit der Linie für 1970.
(Quelle: Statist. Bundesamt (1975 ff.): Fachserie 13 Sozialleistungen, Reihe 2 Sozialhilfe, 1990, S. 16).

stellt sind, geht auch aus ihren eigenen Einschätzungen hervor. Auch dazu hat das Statistische Bundesamt Erhebungen gemacht und gefragt, wie man meint, mit dem Einkommen auszukommen und wie man die Gesamtvermögenslage beurteilt. Dabei liegen die Älteren insgesamt leicht über dem Durchschnitt der Gesamtbevölkerung; die älteren Frauen liegen – wie schon angedeutet – etwas darunter.

Ich bin gebeten worden, aus der Perspektive der Lebensqualität etwas zu der Problematik älterer Menschen zu sagen. Was ich eben erwähnt habe, betrifft diese bereits. Lebensqualität kann nicht heißen, auf materielle Aspekte zu verzichten. Es ist eine grundlegende Voraussetzung, daß Grundbedürfnisse zureichend befriedigt und Existenzprobleme in materieller Hinsicht gelöst sind, damit andere Aspekte

Prof. Dr. **Wolfgang Glatzer**, geb. 1944. Professor für Soziologie am Fachbereich Gesellschaftswissenschaften der Johann Wolfgang Goethe-Universität Frankfurt a.M.; Vorsitzender der Sektion Sozialindikatoren in der Deutschen Gesellschaft für Soziologie seit 1989; Sprecher der Interdisziplinären Arbeitsgruppe Technikforschung an der Frankfurter Universität. Arbeitsschwerpunkte: sozialstruktureller und kultureller Wandel; Lebensqualität, Haushaltsproduktion, Technikforschung. Neuere Buchveröffentlichungen: Lebensqualität in der Bundesrepublik (1984); Haushaltsproduktion und Netzwerkhilfe (1986); Haushaltstechnisierung und gesellschaftliche Arbeitsteilung (1991); Recent Social Trends in West Germany (1992).

Prof. Dr. Wolfgang Glatzer, Johann Wolfgang Goethe-Universität Frankfurt am Main, FB Gesellschaftswissenschaften, Wissenschaftliche Betriebseinheit Produktion/Sozialstruktur, Robert-Mayer-Straße 5, 60054 Frankfurt am Main

der Lebensqualität erreicht und entfaltet werden können. Ich gehe in den folgenden Thesen nur kurz auf einige Aspekte ein.

Ein wichtiger Aspekt betrifft die Sozialbeziehungen zu anderen Menschen. Bei den älteren Menschen – dies meine *vierte These* – sind diese in verschiedener Hinsicht wesentlich anders als bei jüngeren. Sichtbar wird dies an der hohen Zahl älterer Menschen, die in Ein-Personen-Haushalten leben und kleine oder keine Kontaktkreise haben. Verwandte, Freunde und Bekannte werden im Laufe des zunehmenden Alters weniger, und das führt zu einem Problem der sozialen Isolierung, das vor allem wieder Frauen in höherem Alter betrifft. Ehemänner erleben zum größten Teil ihre „dritte Lebensphase" zusammen mit ihrer Frau, nach dem Tod des Mannes sind die verwitweten Frauen dann meist zum ersten Mal in ihrem Leben alleine auf sich gestellt. Die Ehephase des „leeren Nests", in der die Partner alleine sind und die Kinder das Haus verlassen haben, gilt als besonders glückliche und gute Lebensphase der Individuen. Es ist die Phase mit der höchsten Partner- und Lebenszufriedenheit, wie verschiedene Untersuchungen belegen.

Der nächste Aspekt betrifft das subjektive Wohlbefinden der älteren Menschen. Bei den älteren Menschen – meine *fünfte These* – gibt ein ganz anderes Zufriedenheitsprofil als bei der übrigen Bevölkerung in der Bundesrepublik Deutschland. Die älteren sind in vielen Lebensbereichen – zum Beispiel mit ihrer Wohnung, ihrer Freizeit, ihrer sozialen Sicherheit, mit dem Umweltschutz, mit Ehe und Partnerschaft – deutlich zufriedener als die jüngeren Menschen. Damit läßt sich im Vergleich zum Durchschnitt eine höhere Zufriedenheit der älteren Bundesbürger feststellen, wobei es wichtige Ausnahmen gibt: Unzufrieden sind die älteren Menschen mit der eigenen Gesundheit, mit der Bekämpfung von Kriminalität wie auch mit der fehlenden ausreichenden öffentlichen Sicherheit. Das mag mit den besonders konservativen Wertmaßstäben der Älteren zu tun haben, aber auch mit ihrer Betroffenheit. Deshalb muß man diesen Punkt ernst nehmen. Neuerdings findet sich auch eine größere Unzufriedenheit der Älteren hinsichtlich der Beteiligung an politischen Prozessen; für die Gründe habe ich aber keine gesicherte Erklärung und will deshalb nicht weiter darauf eingehen. Die Älteren sind, mit Ausnahme weniger Lebensbereiche, die eher Zufriedenen in dieser Republik. Wenn man jedoch das emotionale Wohlbefinden anstelle der kognitiven Zufriedenheit betrachtet, dann schneiden die Älteren weniger gut ab als die Jüngeren. Sie sind seltener glücklich und sie sind öfter von Gefühlen der Sinnlosigkeit, Einsamkeit und Machtlosigkeit betroffen. Hier liegen die Probleme der älteren Menschen – nicht so sehr im materiellen Bereich.

Der nächste Aspekt zum Themenkomplex Lebensqualität bezieht auf die häufig angesprochene und vielfältig diagnostizierte Technikabstinenz der älteren Menschen. Meine *sechste These* lautet: Ich glaube, daß hier in Zukunft eine Umkehr stattfinden wird. Die älteren Menschen werden mehr und mehr entdecken, welche Vorzüge technische Geräte bieten, um bestimmte Behinderungen und Beeinträchtigungen kompensieren zu können. Um besser sehen, hören, sich bewegen zu können, ist inzwischen eine Vielfalt von technischen Angeboten vorhanden, die unter den älteren Menschen Verbreitung finden werden, weil sie in einem stärkeren Maße als die vorhergehenden Generationen schon mit Technik aufgewachsen sind. Sie sind daran gewöhnt, mit ihr umzugehen. Aber nicht nur die Spezialtechnik ist wichtig. Die Normaltechnik in der Bundesrepublik ist meist so konstruiert,

daß sie Älteren (und auch Jüngeren) mit körperlichen Beeinträchtigungen keinen einfachen Gebrauch ermöglicht, um ein normales Alltagsleben zu führen. Hier gibt es viele Möglichkeiten, Verbesserungen vorzunehmen.

Meine *letzte These* halte ich kurz: Lebensqualität wird nicht nur durch den Staat hergestellt, wie es zum Teil in der Fragestellung für diese Veranstaltung anklang. Er ist sicher ein wesentlicher Akteur dabei, aber man muß immer vier Instanzen und ihr Zusammenwirken sehen. Das sind neben dem Staat die intermediären Organisationen, die marktwirtschaftlichen Unternehmen und die privaten Haushalte. Alle leisten jeweils ihre Beiträge, die zusammengenommen die Wohlfahrt und das Wohlbefinden älterer Menschen prägen. Den Blick einseitig auf den Staat zu lenken und nicht zu sehen, daß die Kombination von verschiedenen Leistungen und Aktivitäten für die Lebensqualität ausschlaggebend ist, halte ich für eine unzureichende Perspektive.

Richard Hauser: Meine Damen und Herren, ich möchte mein Statement ebenfalls in Thesenform kleiden:

These 1: Die soziale Sicherung im Alter sollte mehrere Bereiche umfassen. Erstens die Absicherung eines angemessenen Alterseinkommens, zweitens die Absicherung gegen Krankheitskosten, drittens die Absicherung gegen das Risiko der Pflegebedürftigkeit und der Hilfsbedürftigkeit in anderen Bereichen, und viertens die Verfügbarkeit von altersspezifischen sozialen Dienstleistungen, altengerechten Wohnungen, altengerechten Verkehrsleistungen, Schutz vor Kriminalität. Ich werde mich in meinen Ausführungen auf die Absicherung des Alterseinkommens beschränken, weil ich erwarte, daß andere Aspekte von anderen Podiumsteilnehmern vertieft angesprochen werden.

These 2: Die gegenwärtige Einkommenssituation der alten Generation über 65 ist sowohl in den alten als auch in den neuen Bundesländern im Durchschnitt gut. Nach unseren Berechnungen entspricht das Durchschnittseinkommen der alten Menschen in Westdeutschland wie in Ostdeutschland nahezu dem durchschnittlichen Einkommen der Erwerbstätigen, wenn man die geringere Zahl der Haushaltsmitglieder in Alten-Haushalten mit berücksichtigt. In den neuen Bundesländern sind die Alten jene Gruppe, die die größte relative Verbesserung nach der Vereinigung erfahren haben. Es gibt jedoch eine kleine Gruppe – Herr Glatzer

Prof. Dr. **Richard Hauser**, geb. 1936 in München. Seit 1977 o. Professor für Sozialpolitik am Fachbereich Wirtschaftswissenschaften der Universität Frankfurt a.M. Er war Sprecher bzw. stv. Sprecher des 12 Jahre lang von der Deutschen Forschungsgemeinschaft geförderten Sonderforschungsbereichs „Mikroanalytische Grundlagen der Gesellschaftspolitik", zu dessen Aufgaben auch die Untersuchung des Systems der sozialen Sicherung gehörte; 1986/88 Vizepräsident der Universität Frankfurt. Verfasser, Mitverfasser und Mitherausgeber von: Vermögensumverteilung bei schleichender Inflation (1969); Chancengleichheit und Effizienz an der Hochschule (1976); Armut, Niedrigeinkommen und Unterversorgung in der Bundesrepublik Deutschland (1981); Alternativen der Rentenreform '84 (1981); Soziale Sicherung und Einkommensverteilung (1985); Arme unter uns – Ergebnisse und Konsequenzen der Caritas-Armutsuntersuchung (1993).

Prof. Dr. Richard Hauser, Johann Wolfgang Goethe-Universität Frankfurt am Main, FB Wirtschaftswissenschaften, Institut für Konjunktur, Wachstum und Verteilung, Mertonstraße 17, 60054 Frankfurt am Main

hat darauf hingewiesen –, ca. 180.000 Personen, deren Alterseinkommen so gering ist, daß sie zusätzlich Sozialhilfe in Anspruch nehmen müssen – und zwar Hilfe zum Lebensunterhalt, nicht etwa Hilfe wegen Pflegebedürftigkeit oder ähnlichem. Außerdem schätzt man, daß es eine ähnlich große Zahl gibt, die mit einem Einkommen auskommen, das noch darunter liegt, weil sie – aus welchen Gründen auch immer – einen Sozialhilfeanspruch nicht wahrnehmen.

These 3: Ein immer größer werdender Teil der Rentner bezieht Alterseinkommen aus mehreren Quellen, sei es, daß zusätzliches Vermögenseinkommen vorhanden ist, daß Betriebsrenten bezogen werden, daß Mehrfachrenten bei einer Person zusammentreffen oder daß man im eigenen Haus mietfrei wohnt. Nur noch ca. ein Drittel der Rentner muß ausschließlich von Renten der gesetzlichen Rentenversicherung leben. Dies sind vor allem Personen mit Niedrigeinkommen, und es ist zu vermuten, daß es auch künftig eine Gruppe etwa dieser Größenordnung geben wird, die ausschließlich auf Rente der gesetzlichen Rentenversicherung angewiesen sein wird. Die Einkommensungleichheit unter den alten Menschen ist mindestens so groß wie unter den Erwerbstätigen, vermutlich sogar etwas größer. Die Vermutung, daß sich im Alter die Einkommensunterschiede verringern würden, trifft nicht zu.

These 4: Trotz der bisherigen und der zu erwartenden hohen Tranfers, die von den Beitragszahlern der alten Bundesländer an die Rentner der neuen Bundesländer geleistet werden, kann man aufgrund der Rentenreform von 1992 die finanzielle Situation der Rentenversicherung bis etwa 2005, vielleicht sogar 2010, als gesichert ansehen. Ich erwähne den zusätzlichen Transfer von West nach Ost über die Rentenversicherung deshalb eigens, weil er bei der Gestaltung der Rentenreform von 1992 noch nicht einbezogen werden konnte. Das ist ein zusätzlicher Effekt, der jetzt aufgefangen werden muß. Nach den genannten Jahren 2005 bis 2010 beginnen die demographisch bedingten Probleme, die hervorgerufen werden durch einen stark steigenden Anteil von alten Menschen an der Bevölkerung, der seinerseits wiederum zusammenhängt mit einer weiter steigenden Lebenserwartung und mit einer Geburtenrate, die weit unter derjenigen liegt, die zur Aufrechterhaltung einer konstanten Bevölkerung nötig wäre. Auch der Anteil der Hochbetagten wird ansteigen und bei den Krankheits- und Pflegekosten zu einem überproportionalen Anstieg führen.

These 5: Die nach der Jahrtausendwende anstehenden Probleme der gesetzlichen Rentenversicherung – wie übrigens auch der Beamtenversorgung und vermutlich auch der Betriebsrenten – könnten zu verschiedenen möglichen Entwicklungen zwingen. Ich zähle hier nur deutliche Alternativen auf, von denen man allerdings erwarten muß, daß keine in dieser reinen Form zustande kommen wird; dies sind gewissermaßen Grenzfälle, die man betrachten muß, um dann den Spielraum dessen, was möglich ist, abschätzen zu können.

Es könnte sein, daß die Beitragssätze auf nahezu das Doppelte angehoben werden; dann könnte man das Nettorentenniveau aufrechterhalten. Es könnte aber auch sein, daß auf der anderen Seite reagiert wird, indem man das Nettorentenniveaus deutlich senkt. Das würde bedeuten, daß man von der gegenwärtigen Anpassungsformel abgeht, die künftigen Belastungen sowohl auf Beitragzahler als auch auf Rentner zu verteilen, aber das Nettorentenniveau – also die Relation einer Nettorente zu dem Nettoerwerbseinkommen einer durchschnittlichen Person – auf-

rechtzuerhalten. Die dritte Möglichkeit wäre, daß man einen begrenzten Kapitalstock ansammelt, der durch eine bereits jetzt vorgenommene vorsorgliche Beitragssatzerhöhung allmählich zustande kommt. Die Rentenversicherung würde bis zu einer vorher festgelegten Höhe Überschüsse akkumulieren, die nach 2015 zur Minderung des sonst erforderlichen Beitragssatzanstiegs wieder abgebaut werden könnten.

Weitere Möglichkeiten sind: Verkürzung der individuellen Rentenlaufzeit durch Erhöhung des faktischen Renteneintrittsalters, etwa schrittweise bis auf das 70. Lebensjahr. Oder: Änderung der Rentenstruktur durch direkte oder indirekte Kürzung insbesondere von höheren Renten und durch Begrenzung des Zusammenfallens von mehreren Renten bei einer Person, etwa von eigenen Renten – insbesondere bei Frauen, aber auch bei Männern –, mit Witwer- oder Witwenrenten. Oder: Erhöhung der Anzahl der Beitragszahler durch weiter erhöhte Frauenerwerbstätigkeit oder durch eine starke Zuwanderung von jungen Ausländern. Und schließlich: Ersetzung des gegenwärtig auf eine Lebensstandardsicherung ausgerichteten Rentenversicherungssystems durch eine allgemeine einheitliche Grundrente für alle Alten, wobei diese nicht durch die Rente gedeckten Bedürfnisse durch Eigenvorsorge abgesichert werden müßten.

Zu einigen dieser Alternativen, aber nicht zu der Grundrente, noch einige kurze Thesen, die jeweils ein wichtiges Argument, das dafür oder dagegen spricht, beinhalten.

These 6: Einen vollständigen Ausgleich der demographischen Belastung durch Beitragssatzsteigerung bei Beibehaltung des gegenwärtigen Nettorentenniveaus dürften Erwerbstätige und Arbeitgeber nicht hinnehmen.

These 7: Eine alleinige Senkung des Nettorentenniveaus würde jene Rentnergruppen am stärksten treffen, die nur von einer Rente der gesetzlichen Rentenversicherung leben müssen; für einen Teil bliebe dann nur der Gang zum Sozialamt, um ein Existenzminimum aufrechtzuerhalten.

These 8: Eine bereits jetzt beginnende Ansammlung eines begrenzten Kapitalstocks würde die gegenwärtigen Beitragszahler mehrfach belasten. Sie hätten für die Renten der gegenwärtig schon im Rentenalter Befindlichen aufzukommen, und sie hätten zusätzlich durch jetzt schon erhöhte Beiträge für ihr eigenes Rentenalter eine Reserve zu bilden. Dies käme zu der unerwarteten Zusatzbelastung hinzu, die durch die Vereinigung zustande gekommen ist. Schließlich müßte man befürchten, daß ein höherer Kapitalstock der gesetzlichen Rentenversicherung – wenn ich einmal von drei Jahresausgaben ausgehe, wäre dies ein Kapitalstock von einer Billion Mark –, nach aller Erfahrung die Politiker begehrlich macht und die Rentenversicherung, wie schon häufiger vorgekommen, zu einem Verschiebebahnhof für den Finanzminister werden läßt. Wenn man den Staatszuschuß senkt, kann man diese Reserven ganz schnell wieder in den allgemeinen Staatshaushalt überführen.

These 9: Die erfolgreiche Hinausschiebung des Renteneintrittsalters – zunächst geplant auf 65, aber man könnte ja bis 70 gehen – läßt sich nur verwirklichen, wenn wieder Vollbeschäftigung eintritt. Daran bestehen große Zweifel. Wenn dies aber nicht der Fall ist, dann bedeutet die Hinausschiebung des Rentenalters lediglich, daß es mehr junge Arbeitslose gibt; dies war bisher in der Bundesrepublik keine erwünschte arbeitsmarktpolitische Strategie.

These 10: Die erhöhte Frauenerwerbstätigkeit bringt nur eine kurzfristig wirksame Entlastung, denn die Frauen erwerben damit auch einen Rentenanspruch, der später einzulösen sein wird. Erhöhte Frauenerwerbstätigkeit und häufigere und höhere Frauenrenten würden es allerdings erleichtern, Einsparungen auf andere Weise vorzunehmen, nämlich die Witwenrenten generell zu kürzen.

These 11: Eine erhöhte Zuwanderung würde aus Drittstaaten außerhalb der EG gespeist werden können; diese Ausländer sind in der Regel nicht beruflich qualifiziert; sie sind in der Regel nicht der Landessprache mächtig; es erfordert meist einen hohen Aufwand, um sie auf das Ausbildungsniveau eines hochindustrialisierten Landes zu bringen, bevor sie Arbeitsplätze ausfüllen können. Es ist für mich überdies unsicher, ob ein noch wesentlich erhöhter Ausländeranteil von der Bevölkerung akzeptiert werden würde.

Und damit komme ich zur *Schlußthese:* Nur ein Bündel von Reformmaßnahmen, von denen jede einen kleinen Beitrag zur Bewältigung dieses absehbaren Problems leistet, ist vermutlich eine sinnvolle politische Strategie.

Gustav Heinz: Meine Damen und Herren, ich sitze auf diesem Podium als Vertreter der Wirtschaft, eines Wirtschaftsunternehmens. Ich beginne daher damit, daß ich zunächst einmal die Aspekte nenne, unter denen sich Unternehmen heute mit dem Thema Alterssicherung befassen.

Da ist zunächst einmal der sozialpolitische Aspekt. Wir haben zu fragen, ob die Leistungen, die im Alter zum Beispiel aus der staatlichen Rentenversicherung gewährt werden, als finanzielle Basis für die Alterssicherung unserer Mitarbeiter ausreichen oder ob sie ergänzungsbedürftig sind. Zweitens haben wir uns unter einem personalpolitischen Aspekt zu fragen, ob die Beschäftigungsbedingungen, die ein Unternehmen anbietet – und dazu zählt auch die betriebliche Altersversorgung –, für qualifizierte Arbeitskräfte interessant genug sind, um sich arbeitsvertraglich an das Unternehmen zu binden. Es wird heute immer häufiger bei den Einstellungsgesprächen gefragt, wie denn die Altersversorgung im Unternehmen aussieht; das spielte früher keine so große Rolle. Drittens ist natürlich der Kostenaspekt zu berücksichtigen. Rentenversicherungsbeiträge, Aufwendungen für betriebliche Altersversorgung und auch gegebenenfalls die Förderung der Eigenvorsorge durch den Arbeitgeber verursachen Kosten, und zwar erhebliche. Ich habe damit schon die drei Säulen genannt, auf denen die Alterssicherung in Deutschland beruht. Ich darf dies noch etwas ausführen.

Bei der *Rentenversicherung* macht sich der demographische Aspekt am stärksten bemerkbar. Nach den vorliegenden Berechnungen und Schätzungen kann man davon ausgehen, daß auch nach der Rentenreform von 1992 die Beitragssätze deutlich ansteigen werden. Bis zur Jahrtausendwende wird der Beitragssatz bei 21 bis 22 Prozent liegen; der Gipfel wird um das Jahr 2030 erwartet mit 26 bis 29 Prozent, je nachdem, wie sich Bevölkerungsstruktur und Wirtschaft bis dahin entwickeln. Wenn man auch die übrigen sozialen Sicherungssysteme in die Betrachtung einbezieht, also Krankenversicherung, Arbeitslosenversicherung und ab 1. Januar 1995 die Pflegeversicherung, dann kann die Beitragsbelastung eine Größenordnung erreichen, die weder sozialpolitisch noch wirtschaftlich tragbar ist, nämlich 50 bis 60 Prozent des beitragspflichtigen Entgelts. Es ist bereits angeklungen, daß man das so nicht laufen lassen kann. Es gibt daher keinen Zweifel, daß es auch in der Rentenversicherung weitere Reformschritte geben muß. Die Frage ist nur, in welche Richtung.

Die Rentenreform von 1992 war meines Erachtens schon ein Schritt in die richtige

Richtung. Ich denke hier insbesondere an das Hinausschieben des Renteneintrittsalters. Die Rentenreform wird ihre entscheidenden Wirkungen in diesem Punkt allerdings erst nach der Jahrtausendwende entfalten, wenn der Rentenbeginn schrittweise auf das 65. Lebensjahr heraufgesetzt wird. Das wird sich finanziell für die Rentenversicherung deutlich bemerkbar machen, denn heute gehen die Leute schon mit 63 und noch früher in Rente. Das alles wird aber wohl nicht reichen, um die Rentenversicherung in der kritischen Phase über Wasser zu halten.

Ich bin andererseits der Meinung, daß gegenwärtig kein Grund zur übertriebenen Eile besteht, die Rentenversicherung erneut zu reformieren. Es will alles wohl überlegt sein, und es wäre auch sozialpolitisch falsch, jetzt schon über weitere Maßnahmen zu befinden, bevor die Reform von 1992 richtig greift. Außerdem

Gustav Heinz, geb. 1935 in Karlsbad/Sudetenland. Seit 1962 Mitarbeiter des Hauses Siemens. Er war unter anderem Personalleiter eines Werkes und von 1974 bis 1981 Geschäftsführer der Siemens-Betriebskrankenkasse; seit 1981 Leiter der Abteilung Soziale Sicherheit in der Zentralabteilung Personal (Sozialversicherung, Arbeitsschutz, Betriebsärztlicher Dienst, Betriebliche Altersversorgung). Ehrenamtliche Funktionen u.a.: altern. Vorstandsvorsitzender der Siemens-Betriebskrankenkasse, Mitglied des Ausschusses „Soziale Sicherung" bei der Bundesvereinigung der Deutschen Arbeitgeberverbände, Mitglied des Vorstands der Arbeitsgemeinschaft für betriebliche Altersversorgung e.V., Mitglied des Beirats des Pensions-Sicherungs-Vereins.

Gustav Heinz, Siemens AG, Hauptabteilung Sozialpolitik, Wittelsbacherplatz 2, 80333 München

wird das Prognos-Gutachten, das seinerzeit bei der Rentenreform die Grundlage für die politischen Entscheidungen bildete, überarbeitet; man sollte die Ergebnisse dieses Gutachtens abwarten, bevor man neue politische Weichenstellungen vornimmt. Die ständige Diskussion um die Sicherheit der Renten – vor jeder Wahl haben wir sie – verunsichert die Bürger und untergräbt ihr Vertrauen in unsere gesetzliche Rentenversicherung. Auch die Wirtschaft braucht verläßliche Kalkulationsgrundlagen.

Bei den weiteren Reformfortschritten ist aus Sicht der Unternehmen *erstens* sicherzustellen, daß die Belastung mit Sozialversicherungsbeiträgen nicht weiter steigt. Jede weitere Abgabenbelastung schwächt die Investitionskraft der Betriebe und damit deren Wettbewerbsfähigkeit. Eine wettbewerbsfähige, erfolgreiche Wirtschaft – das brauche ich nicht besonders zu unterstreichen – ist aber die finanzielle Basis für unsere sozialen Sicherungssysteme. Wir sind Weltmeister bei den sogenannten Personalzusatzkosten; und wir verfolgen mit Sorge, daß deren Anteil ständig weiter steigt. Wir haben heute auf je 100 DM verdienten Lohn 84 DM Personalzusatzkosten zu verkraften, die sich aus gesetzlich, tariflich und betrieblich bedingten Kosten zusammensetzen. In letzter Zeit sind besonders die gesetzlich bedingten Zusatzkosten gestiegen, die mit Einführung der gesetzlichen Pflegeversicherung einen weiteren Schub nach oben erfahren werden.

Zweitens: Die Strukturelemente unseres Rentenversicherungssystems, nämlich die lohn- und beitragsbezogene Rente, das Umlageverfahren und die Selbstverwaltung, sollen erhalten bleiben. Ein Umstieg auf andere Systeme wie etwa staatliche Grundrente oder Mindestsicherung ebenso wie eine Änderung in der Finanzierung bringen meines Erachtens keine

Entlastung. Der Umstieg in ein anderes Rentensystem wäre nicht nur technisch enorm schwierig; er wäre auch sehr teuer. Das Geld dafür wird – zumal in der jetzigen Situation – nicht aufzubringen sein.

Die Arbeitgeber plädieren also – *drittens* – für eine Reform *im* System. Als einen wichtigen Reformansatz kann man sich vorstellen, daß die Rentenversicherung zunächst von allen sogenannten Fremdlasten befreit wird. Heute erbringt die Rentenversicherung Leistungen, die nicht unmittelbar durch Beiträge gedeckt sind; das sind inzwischen etwa 25 bis 30 Prozent des Gesamthaushaltes. Das müssen die Beitragszahler mittragen, die in die Rentenversicherung einzahlen, um ihre Rente zu finanzieren. Das letzte Negativbeispiel für Fremdlasten ist das zweite SED-Unrechtsbereinigungsgesetz. Dieses Gesetz verpflichtet die gesetzliche Rentenversicherung, Rentenleistungen für ehemalige DDR-Bürger zu erbringen, die durch das SED-Regime in ihrer beruflichen Entwicklung geschädigt worden sind. Das ist eigentlich eine Last, die aus Steuermitteln und damit von allen zu finanzieren wäre. Natürlich muß man die Frage stellen, was passiert, wenn man 30 Prozent der Ausgaben in der gesetzlichen Rentenversicherung, das sind rund 100 Milliarden jährlich, plötzlich über Steuern finanzieren wollte. So einfach geht das natürlich nicht; aber im Sinne einer gerechten Lastenverteilung müssen die Leistungen aus dem System Rentenversicherung herausgerechnet werden.

Weitere Ansätze für eine erneute Rentenreform wären Maßnahmen oder Anreize zur Verlängerung der Beitragszeit sowohl am Beginn wie auch am Ende des Erwerbslebens. Durch das Hinausschieben des Renteneintrittsalters, wie es in der Rentenreform 1992 bereits angelegt ist, wird die Beitragszeit am Ende automatisch verlängert. Ein früherer Eintritt ins

Berufsleben, etwa durch Verkürzung der beruflichen Ausbildungszeiten, verlängert die Beitragszeit in der Rentenversicherung am Beginn.

Ein dritter Punkt für eine weitere Reformierung wäre die Neuordnung der Renten wegen verminderter Erwerbsfähigkeit. Hier muß man die Lohnersatzfunktion dieser Renten stärker berücksichtigen und daher notfalls eine Senkung des Rentenniveaus in Kauf nehmen; denn es ist nicht zumutbar, den künftigen Generationen diese hohen Lasten zur Aufrechterhaltung des derzeitigen Rentenniveaus aufzubürden.

Ich komme nun zur *betrieblichen Altersversorgung*, die – wie eingangs gesagt – für die Alterssicherung eine wichtige Ergänzung zur gesetzlichen Rente darstellt. Die Entwicklung der Altersstruktur, die zur Zeit als Bedrohung der gesetzlichen Rentenversicherung angesehen wird, wirkt sich bei den in der Regel kapitalgedeckten betrieblichen Versorgungssystemen nicht unmittelbar aus. Die Unternehmen haben das zur Zahlung der Betriebsrenten nötige Geld zwar nicht in Säcken verpackt im Keller liegen; aber sie haben Rückstellungen gebildet, die sie in die Lage versetzen, die Altersversorgung zu finanzieren. Gleichwohl führt ein sich ständig verschlechterndes Verhältnis von aktiven Mitarbeitern zu Betriebsrentnern zu zusätzlichen finanziellen Belastungen der Unternehmen, insbesondere wegen der gesetzlichen Verpflichtung, die Betriebsrenten in bestimmten zeitlichen Abständen an die gestiegenen Lebenshaltungskosten anzupassen.

In diesem Zusammenhang muß vor der Illusion gewarnt werden, daß die betriebliche Altersversorgung in der Lage sein könnte, die Lücken aufzufüllen, die in der gesetzlichen Rentenversicherung durch die demographische Entwicklung entstehen. Das Niveau bei den Betriebsrenten dürfte heute im Schnitt bei etwa 10 Prozent des letzten Bruttoeinkommens liegen. Das ist nicht sehr viel, aber – wie ich schon sagte – als Ergänzung zur gesetzlichen Rente wichtig, und wir wären froh, wenn wir dieses Niveau halten könnten.

Der Staat wäre also gut beraten, würde er die betriebliche Altersversorgung durch bessere steuer- und arbeitsrechtliche Rahmenbedingungen fördern. Zur Zeit tut er aber das Gegenteil. Er ändert immer wieder von Fall zu Fall einschlägige Gesetze vornehmlich zum eigenen Nutzen, macht es den Unternehmen damit aber immer schwerer, eine betriebliche Altersversorgung einzuführen oder auszudehnen. Dazu gehört etwa die Erhöhung des Rechnungszinsfußes für die Pensionsrückstellungen, die damit nicht mehr ausreichend bedient werden können. Dazu gehört ferner die Kürzung des Pauschsteuersatzes bei der Direktversicherung, wodurch der Anreiz, solche Versicherungen abzuschließen, wesentlich verringert wurde. Was die Unternehmen mit besonderer Sorge erfüllt, ist die Anpassungsvorschrift des Betriebsrentengesetzes und deren Auslegung durch das Bundesarbeitsgericht. Ich habe schon ausgeführt, daß die Unternehmen verpflichtet sind, alle drei Jahre die Höhe der Betriebsrenten zu überprüfen und gegebenenfalls an die Lebenshaltungskosten anzupassen. Das ist für die Unternehmen ein nicht kalkulierbarer Belastungsfaktor von erheblicher Größe, für den auch keine Vorsorge durch Rückstellungsbildung getroffen werden kann. Wir plädieren daher dafür, daß dieses geändert und die Anpassungspflicht auf die Hälfte der Teuerungsrate begrenzt wird.

Auch zur dritten Säule, auf der die Altersversorgung ruht, der *Eigenvorsorge*, möchte ich eine Bemerkung machen. Ich plädiere dafür, daß der Staat bessere Rahmenbedingungen schafft, um die Eigenvorsorge anzukurbeln. Wir kommen nicht darum herum, insbesondere wenn das Rentenniveau auf längere Sicht sinken wird und möglicherweise sogar zu einer Mindestrente zusammenschmilzt. Dann muß Eigenversorgung stärker in den Vordergrund rücken, und hierfür müssen, insbesondere auf der steuerrechtlichen Seite, aber auch bei der Vermögensbildung, Anreize geschaffen werden.

Ich schließe meine kurzen Ausführungen mit einem Hinweis auf das Problem, mit dem sich die Unternehmen in Zukunft wohl stärker beschäftigen müssen als bisher. Es ist die Frage der Beschäftigung älterer Mitarbeiter. Das Hinausschieben des Renteneintrittsalters ab 2001 entlastet zwar die gesetzliche Rentenversicherung, führt aber dazu, daß unsere Mitarbeiter wieder länger an ihrem Arbeitsplatz bleiben werden. Dieser Sachverhalt wird die Unternehmen dazu zwingen, zu überlegen, wie sie künftig ältere Mitarbeiter besser in ihrem Unternehmen einsetzen können. Da stellt sich zum Beispiel die Frage: Wie kann man die Leistungsfähigkeit dieser Mitarbeiter erhalten? Das zielt in Richtung Gesundheitsförderung und berufliche Weiterbildung. Damit hängt die Gestaltung der Arbeit und der Arbeitszeit zusammen, so daß ältere Mitarbeiter, deren Leistungsfähigkeit möglicherweise eingeschränkt ist, weiterbeschäftigt werden können.

Wir werden – ich will das einmal etwas anspruchsvoll formulieren – uns eine neue Unternehmenskultur überlegen müssen, um mit diesen Sachverhalten fertig zu werden. Mit allen unseren Bemühungen werden wir aber nur erfolgreich sein, wenn wir in der Lage sind, auch in Zukunft genügend wettbewerbsfähige beitragspflichtige Arbeitsplätze bereitzustellen. Vor allem darauf müssen wir unsere Anstrengungen richten, dann lösen sich so manche Probleme der Sicherung im Alter

möglicherweise leichter, als wir heute glauben. Und dafür wiederum müssen bereits heute die Rahmenbedingungen gesetzt werden, damit die Unternehmen wieder investieren und Arbeitsplätze schaffen können.

Eduard Tack: Meine Damen und Herren, warum diskutieren wir eigentlich über die Problematik der sozialen Sicherung im Alter? Doch deshalb, weil sich eine schleichende Revolution vollzieht, nämlich die Veränderung der Bevölkerungsstruktur. Zur Zeit geht das noch langsam vor sich, aber etwa von dem Jahr 2010 an wird sich unsere Bevölkerungsstruktur in dramatischen Schritten verändern.

Wie schon gesagt worden ist, haben wir seit langem, ganz deutlich jedoch seit Beginn dieses Jahrhunderts einen Alterungsprozeß in unserer Bevölkerung zu verzeichnen. Dramatisch und nicht mehr umkehrbar ist auf der anderen Seite die Entwicklung, daß die jüngere Generation durch einen seit Mitte der sechziger Jahre drastischen Geburtenrückgang immer mehr abnimmt. Wir haben eine Geburtenzahl, die nicht mehr die Bestanderhaltung unserer Bevölkerung garantiert. Der geburtenstärkste Jahrgang – ich darf daran erinnern – war 1964; seitdem ist die Zahl der Geburten rückläufig. Wir werden deshalb, was das Verhältnis der jüngeren Generation in unserer Bevölkerung zu dem Anteil der älteren angeht, in die Situation geraten, daß diese Schere immer weiter auseinanderklafft. Da diese Entwicklung nach allen mir bekannten Modellrechnungen in allen Varianten bis etwa zum Jahr 2010 relativ langsam vonstatten geht, haben wir eine große Chance. Professor Biedenkopf hat diese Situation einmal „die Ruhe vor dem demographischen Sturm" genannt. Wir sollten diese Ruhe, die noch etwa 15 Jahre anhalten wird, nutzen, um ohne Aufregung die Probleme anzupakken, die sich abzeichnen. Der demographische Umbruch wird alle Bereiche unserer Gesellschaft erfassen und damit auch in alle Politikbereiche hineingehen, von der Verkehrs- über die Wohnpolitik bis hin zur Renten- und Gesundheitsstrukturpolitik. Wir sollten rechtzeitig an die Sache herangehen, ohne Panik, aber auch ohne Illusionen.

Wenn wir zum Teil sehr weitreichende Anpassungsleistungen in unserer Gesellschaft vornehmen müssen – und dies wird der Fall sein –, dann können wir dies nur tun, wenn die Gesellschaft als solche mitspielt. Wir stehen vor der Frage: Wie wird eine Gesellschaft reagieren, in der im Jahr 2020/2030 der Anteil der über 60jährigen auf ein Drittel gestiegen sein wird und der Anteil der unter 20jährigen auf etwa 17 Prozent zurückgehen wird? Wie wird eine solche Gesellschaft in ihrem Gefüge funktionieren? Niemand weiß das. Es handelt sich um einen historisch einmaligen Prozeß. Es gibt keine Beispiele, auf die wir zurückgreifen könnten. Wir müssen also die Handlungsstrategien und die Wertmaßstäbe, die wir in einer solchen Gesellschaft künftig benötigen, erst entwickeln, und da sind wir noch am Anfang.

Nun gibt es ja die pessimistische Perspektive, daß wir in Verteilungskämpfe hineinkommen und nahezu zwangsläufig in so etwas wie einen Krieg der Generationen geraten werden. Ich teile diese Auffassung nicht. Die Frage ist: Werden wir durch die veränderte Bevölkerungsstruktur einen Entsolidarisierungsprozeß in der Gesellschaft erleben oder haben wir die Chance zu mehr Solidarität? Alle bisher bekannten empirischen Untersuchungen zu dieser Frage – die leider noch nicht sehr zahlreich sind – geben keinen Beleg dafür, daß sich im Moment in unserer Gesellschaft ein Prozeß der Entsolidarisierung ereignet. Das mag anders sein, wenn wir einzelne Konfliktfelder betrachten,

zum Beispiel die Frage der Arbeitsplatzsicherung oder die der Finanzierung des Aufbaus im Osten, aber generell betrachtet gibt es in unserer Gesellschaft keinen Prozeß der Entsolidarisierung.

Lassen Sie uns uns einmal betrachten, mit welcher Altengeneration wir es zu tun haben und mit welcher Jugend. Die heute 80jährigen sind zu Beginn des Ersten Weltkrieges geboren und haben im Osten und Westen unseres Landes ein sehr spezifisches Schicksal hinter sich. Erfahrungen mit dem Ersten Weltkrieg, der Nachkriegszeit in ihrer Kindheit, dann die zwanziger Jahre mit Inflation, dann die NS-Diktatur, der Zweite Weltkrieg, und danach die Teilung unseres Landes in Ost und West. Hier im Westen haben wir die Generation, die den Aufbau geschafft und auch Erfolg hatte, und im Osten haben wir eine Altengeneration, die zwar genauso gearbeitet hat, aber unter den dortigen Bedingungen der SED-Diktatur nicht das erreichen konnte, was wir im Westen erreicht haben. Ich erwähne das, weil ich denke, daß es hier Ansätze zum Zusammenhalt aufgrund gemeinsamer sehr wichtiger historischer Erfahrungen gibt. Und es ist auch eine Altengeneration, für die bestimmte Werte nach wie vor sehr entscheidend sind: Verläßlichkeit, Fleiß, Bescheidenheit, Sparsamkeit usw. Wir haben 16,5 Millionen über 60jährige in der Bun-

Ministerialdirigent **Eduard Tack**, geb. 1938, ist Leiter der Abteilung Senioren – Ältere Menschen im Bundesministerium für Familie und Senioren.

Eduard Tack, Bundesministerium für Familie und Senioren, Abteilung Senioren – Ältere Menschen, Postfach 12 06 09, 35 048 Bonn

desrepublik, die Hälfte davon, etwa 8 Millionen, ist bereits heute älter als 70 Jahre und bei den über 80jährigen haben wir heute schon eine Zahl von über 3 Millionen – die deutliche Zunahme der über 80jährigen ist ein Phänomen, dem man besondere Beachtung schenken muß. Wir werden im nächsten Jahrtausend eine Zunahme der über 80jährigen auf deutlich über 4 Millionen zu verzeichnen haben.

Die Altengeneration des Jahres 2010/2015, wenn der demographische Sturm losbricht – um nochmals mit Professor Biedenkopf zu reden –, wird die Nachkriegsgeneration der 68er mit ihren spezifischen Erfahrungen sein. Niemand weiß heute, wie diese Generation künftig reagieren wird, wie sie sich auch politisch verhalten wird. Hinzu kommt, daß wir innerhalb der älteren Generation schon heute deutliche Veränderungen erleben dahingehend, daß die Kategorie Alter – das kalendarische Alter – nicht mehr das entscheidende Definitionskriterium ist. Wenn wir heute sagen, mit 60 beginnt die ältere Generation, dann wird dies 2010 so nicht mehr gesehen werden. Die Alten des Jahres 2010 werden sich mit 60 selbst nicht als alt definieren. Sie werden auch aller Voraussicht nach in ihrem gesundheitlichen, in ihrem biologischen Status wesentlich stabiler und gesünder sein, und dies hat Konsequenzen für ihre Betätigung innerhalb der Gesellschaft. Und sie werden wahrscheinlich auch politisch wacher sein und Forderungen stellen.

Auf der anderen Seite haben wir eine abnehmende Generation junger Menschen, die nicht die Erfahrungen des Wiederaufbaus nach dem Zweiten Weltkrieg gemacht hat, sondern die jetzt die Erfahrung macht mit Problemen, auf dem Arbeitsmarkt unterzukommen und zumindest den materiellen Status ihrer Eltern zu halten. Früher war es immer so: Die nächste Generation geht einen Schritt weiter.

Heute ist die junge Generation froh, wenn sie den Status halten kann.

Was bedeutet das für die Einstellung dieser Menschen mit Blick auf die künftig geforderte Solidarität bei der Anpassung an Zukunftsherausforderungen? Niemand weiß das genau. Es gibt nur Vermutungen. Die heutige junge Generation wächst in anderen Sozialbeziehungen auf – sehr viele als Einzelkinder, sehr viele aus geschiedenen Ehen, sehr viele in einer sehr ausgedünnten Verwandtschaft. Die Folge ist, daß – dafür gibt es auch schon erste Erkenntnisse – es Versuche gibt, neue soziale Kontakte, neue Beziehungen herzustellen außerhalb von Familie und Verwandtschaft. Wir erleben hier möglicherweise, mit einer strukturellen Verzögerung, die Entwicklung einer neuer Solidarität innerhalb unserer Gesellschaft. Ich glaube, wenn wir über Stabilisierung des Generationenvertrages als Grundlage unserer sozialen Sicherung im Alter sprechen, müssen wir alles daransetzen, daß sich eine solche neue Solidarität herausbildet. Das heißt letzten Endes, daß wir aufgefordert sind, für eine alternde Gesellschaft oder in ihrer Altersstruktur völlig veränderten Gesellschaft eine neue Ethik zu entwickeln. Hier stehen wir noch sehr am Anfang.

Klaus-Dirk Henke: Meine Damen und Herren, ich möchte mich vor dem Hintergrund des großen Themas „Soziale Sicherung im Alter" auf nur einen Aspekt konzentrieren und die Krankenversorgung bzw. die gesundheitliche Betreuung der Bevölkerung in den Vordergrund stellen. Selbst dieser eine Bereich ist so riesig, daß ich ihn auf vier oder fünf Ebenen abschichten möchte. Von diesen Ebenen möchte ich nur die Finanzierungsebene näher behandeln.

Wenn ich von fünf Ebenen spreche, ist mir der altersspezifische Gesundheitsstand zunächst einmal die wichtigste. Hier geht es um vielerlei: um die Strukturen von Morbidität und Mortalität, um die Entwicklung der Lebenserwartung, um motorische und sensorische Einschränkungen, um Pflegebedürftigkeit, chronische Erkrankungen, Schmerzen, psychosoziales Anderswerden alter Menschen. Bei diesen Indikatoren erhält die subjektive Seite zunehmend Gewicht, und die Bedürfnisse der älter werdenden Menschen treten in den Vordergrund: Daran orientieren wir uns, wenn wir eine ergebnisorientierte Gesundheitspolitik fordern.

Auch der Altenbericht der Bundesregierung enthält vieles zu den Themen Prävention und Rehabilitation. Ich denke aber, daß in diesem Kontext auch über den Gesundheitsbegriff gearbeitet werden muß. Mit der immer genannten Definition der Weltgesundheitsorganisation (WHO), die Gesundheit als einen Zustand des völligen körperlichen, seelischen und sozialen Wohlbefindens bezeichnet, kommen wir in diesem Kontext nicht weiter. Was wir brauchen, ist nicht das Ideal eines beschwerdefreien Lebens, das sich an den normgebenden jugendlichen Erwachsenen orientiert, sondern eine altersgemäße Definition, so etwas wie die körperliche und seelische Funktionalität. Wenn man eine solche weitere Betrachtung wählt, müssen wir auch weit über die Gesetzlichen Krankversicherungen (GKV) hinausblicken und viele andere Aspekte mit einbeziehen.

Eine zweite Ebene, die ich davon trennen würde, ist das Nutzungs- und Inanspruchnahmeverhalten der älter werdenden Bevölkerung im Hinblick auf die verfügbaren Gesundheitseinrichtungen. Dabei ist wichtig, festzuhalten, daß wir in Deutschland bisher keine Leistungsausschlüsse erfahren, wie das zum Teil im Ausland der Fall ist - ich verweise auf England, wo bestimmte Operationen an Altersgrenzen orientiert sind. Dies führt zu einem Nebeneffekt, den wir noch vertiefen müssen, nämlich zu der Zweiklassenmedizin. Diejenigen, die diese Operation nicht mehr bekommen, sind auf eine Privatversicherung angewiesen.

Ein anderer Punkt ist, daß man auch - aber das ist ein großes neues Thema - über Transplantationsfragen sprechen kann. Der Philosoph Kliemt aus Duisburg fordert neuerdings, daß ein Organempfänger nur derjenige werden kann, der selbst aus-

Prof. Dr. **Klaus-Dirk Henke**, geb. 1942 in Hannover. Seit 1976 Professor für Volkswirtschaftslehre, insbesondere Finanzwissenschaft, an der Universität Hannover. Forschungsaufenthalte an der Brookings Institution, Washington, D.C. (1974/75, 1979/80, 1984 und 1990). 1980–1982 Mitglied und zeitweilig Vorsitzender der Aufbaukommission des Fachbereichs Wirtschaftswissenschaften der Hochschule Lüneburg. Seit 1984 Mitglied des Wissenschaftlichen Beirats beim Bundesministerium der Finanzen; seit 1986 Mitglied des Sachverständigenrates für die Konzertierte Aktion im Gesundheitswesen. 1986 Gastprofessor an der Technischen Universität Wien, 1989 Gastprofessor an der Universität Bristol; 1989–1991 Vorsitzender der European Health Care Management Association. 1993 Wiederberufung in den Sachverständigenrat für die Konzertierte Aktion im Gesundheitswesen; Wahl zum Ordentlichen Mitglied der Akademie der Wissenschaften zu Göttingen; Berufung zum Konvent der Evangelischen Akademie Loccum. Zahlreiche Veröffentlichungen, insbesondere zu Fragen der sozialen Sicherung und zu finanzwissenschaftlichen sowie gesundheitsökonomischen Themen.

Prof. Dr. Klaus-Dirk Henke, Universität Hannover, Institut für Volkswirtschaftslehre – Öffentliche Finanzen –, Königsworther Platz 1, 30167 Hannover

gewiesener Organspender ist in dem Sinne, daß er einen Organpaß trägt. Diese Nutzungs- und Inanspruchnahmemuster bedürfen weiterer Untersuchung. Es wird auch zu ermitteln sein, welches die Bedürfnisse sind.

Erst vor diesem Hintergrund kommen wir zu den Kosten- und Finanzierungsfragen. Mir ist wichtig, was im angelsächsischen Bereich die „Outcome Orientation" genannt wird. Da fragt man zunächst einmal: Was wollen wir eigentlich in einer Gesellschaft erreichen? Und erst, wenn ich das möglichst liebevoll erarbeitet und sorgfältig aufgeschrieben habe, kommt die Frage nach den Kosten. Und erst wenn ich die Kosten ermitteln kann, was schwer genug ist, stellt sich erst die Frage einer äußeren und inneren Finanzierung.

In dem Bereich der Kosten, an den die Ökonomen vielleicht als erstes denken, gibt es natürlich viele altersspezifische Angaben. Auf Einzelheiten können wir hier nicht eingehen; sie sind einer Untersuchung über die Ausgabenprofile nach Alter und Geschlecht in der gesetzlichen Krankenversicherung zu entnehmen. Die vorliegenden Daten verwendet man auch für Status-quo-Prognosen, die man in diesem Zusammenhang auch einmal vornehmen sollte. Aber ich weise darauf hin, daß sich das, was wir gleich als eine solche Prognose gleich sehen werden, immer auf die gesetzliche Krankenversicherung bezieht, von der ich eben gesagt habe, daß sie im vorliegenden Kontext nur einen Ausschnitt darstellt. Ich nehme einmal an, daß hier überwiegend Beihilfeempfänger sitzen; die Beihilfe ist ein ganz anderes System, über das wir sehr selten sprechen. Viele derer, die an der Reform arbeiten, reformieren ein System, in dem sie selbst gar nicht sind. Die Private Krankenversicherung (PKV) ist ein drittes System, über das man gesondert reden müßte.

Ein pflichtversicherter Rentner zahlt heute Beiträge aus seiner Rente in Höhe der Hälfte des durchschnittlichen allgemeinen Beitragssatzes, ungefähr 6 bis 6,5 Prozent. Die andere Hälfte bezahlt die Rentenversicherung. Der Arbeitgeberbeitrag – wir haben ja ein 50 zu 50-Finanzierungssystem – läuft aus historischen Gründen, auf die ich jetzt nicht weiter eingehen will, so weiter, daß die Rentenversicherung ihn übernimmt. Zusatzeinnahmen aus Versorgungsbezügen, zum Beispiel Betriebsrenten und Pensionen, werden bis zur Höhe der Beitragsbemessungsgrenze auch mit diesem halben Beitragssatz belegt. Dies betrifft natürlich nur diejenigen, die Mitglied der GKV sind – das sind immerhin etwa 90 Prozent der Bevölkerung.

Bei freiwillig versicherten Rentnern, die nach dem 31. Dezember 1992 in den Ruhestand gegangen sind, wird bis zur Beitragsbemessungsgrenze auch für Versorgungsbezüge und Arbeitseinkommen aus selbständiger Tätigkeit der volle Beitragssatz, also 13 bis 14 Prozent, erhoben. Bisher war das der halbe Beitragssatz. Weiterhin werden sonstige Einkommenszinsen, Mieten, Pachten mit dem vollen Beitragssatz herangezogen – natürlich auch nur bis zur Beitragsbemessungsgrenze. Hinter diesen zwei kurzen Sätzen steht sehr viel: Wenn man sich vor Augen führt, daß hier im Nebensatz praktisch gesagt wird, daß die sieben Einkunftsarten teilweise schon als neue Bemessungsgrundlage für die GKV gelten, dann hat das eine ordnungspolitische Brisanz. Mit so einem historischen Schnitt setzt plötzlich eine doppelte Belastung ein: einmal mit dem vollen Satz und einmal mit sieben Einkunftsarten.

Es geht aber weiter. Zu dem Finanzierungsanteil der Rentner kommt noch der Finanzierungsanteil der allgemeinen Krankenversicherung. Sie müssen sich das so vorstellen, daß wir eine gesetzliche Krankenversicherung der Rentner haben und eine allgemeine Krankenversicherung. Das ist im Moment zumindest gedanklich und technisch zu trennen, obwohl es demnächst geändert werden wird. Zu diesem Finanzierungsanteil der Rentner kommt also noch ein Finanzierungsanteil der AKV (der allgemeinen Krankenversicherung), da die KVDR (die Krankenversicherung der Rentner) nicht ausreicht, um die Ausgaben für die Rentner zu decken. Hier ist der Finanzierungsanteil der einzelnen Kasse – es gibt verschiedene Kassen: Ortskrankenkasse, Ersatzkrankenkasse usw. – so bemessen, daß jedes Mitglied einen gleichen Prozentsatz sozusagen indirekt für die Krankenversicherung der Rentner zahlt. Und dieser Solidarbeitrag, von dem wir eben auf eine andere Weise schon gehört haben, beträgt immerhin 3,8 Beitragspunkte. Das scheint für jemanden, der mit dem System nicht vertraut ist, gar nicht so viel zu sein. Im Jahr 1992 waren es aber immerhin ca. 45 Milliarden DM, die auf diese Weise von der erwerbstätigen Bevölkerung auf die nichterwerbstätige übertragen wurden. Das ist intergenerative Solidarität – aber vielleicht wird das demnächst anders gesehen.

Der KVDR-Ausgleich ist 1977 im Rahmen des Krankenversicherungskostendämpfungsgesetzes eingeführt worden, um die unterschiedlich hohen Ausgaben der einzelnen Kassen für alte Menschen auszugleichen. Das ist einzusehen. Wenn ich verschiedene Kassen habe und verschiedene Anteile von Rentnern, brauche ich einen Finanzausgleich, um die unterschiedlichen Belastungen zu kompensieren. Dieser kassenartenübergreifende Finanzausgleich ist in einer sehr technischen Form ab 1995 um den Risikostrukturausgleich weiter ergänzt worden. Man hat zum Element Alter noch weitere Elemente hinzugenommen – Geschlecht, Anzahl der Familienangehörigen, der Grund-

lohn, die Anzahl der Berufsunfähigkeitsrentner, die Anzahl der Erwerbsunfähigkeitsrentner – und bringt das alles zusammen. Dies schafft keine Einheitskasse, obwohl die Gefahr immer noch nicht gebannt ist. Jedenfalls werden hier Unterschiede ausgeglichen, und es kommt deshalb in Zukunft auch aufgrund der Entwicklung der Erwerbstätigen und der Rentner zu einer größeren Solidarität.

Ökonomisch ausdrückt: Es wird ein höherer Transferanteil entstehen, der von den Erwerbstätigen in die Krankenversicherung der Rentner übertragen wird. Diese wird zwar in Zukunft nicht mehr so genannt – das ökonomische Problem bleibt aber. Irgendwann sind die immer weniger werdenden Leistungsträger der Gesellschaft nicht mehr bereit zu sagen: „Ich zahle nun gerne für dich, du hast das ja früher auch gemacht." Die intergenerative Gerechtigkeit wird zunehmend ein Thema, und das gilt es zu quantifizieren, auch in dem Bereich der gesetzlichen Krankenversicherung. Also: Wenn wir diesen Solidaranteil nehmen – den Transferanteil – und ihn vor dem Hintergrund der demographischen Entwicklung betrachten, dann kommen wir zu dem Ergebnis, daß die steigende Anzahl der Rentner an der Gesamtheit der Beitragszahler dazu führt, daß dieser Solidaranteil „zunimmt".

Vielleicht kann uns Tabelle 1 zu etwas optimistischeren Gedanken verhelfen. Es gibt – wie man es nennt – Ceteris-paribus-Berechnungen, in denen man versucht, eine Status-quo-Prognose zu machen anhand der Altersinanspruchnahmeprofile, die wir für die Vergangenheit ermittelt haben. Man schaut sich die einzelnen Bereiche der Krankenversicherung an und fragt, wie sich die Ausgaben – pro Kopf auf 100 normiert – von 1991 bis 2030 entwickeln werden. Tabelle 1 zeigt die prognostizierte Entwicklung der GKV-

Tabelle 1: Prognostizierte Entwicklung der GKV-Ausgaben für ambulante und stationäre Behandlung sowie Arzneimittel in Preisen von 1991 bei konstanter altersspezifischer Inanspruchnahme

a) insgesamt in Mrd. DM

Jahr	ambulante Behandlung absolut in Mrd. DM	ambulante Behandlung Meßziffer 1991 = 100	stationäre Behandlung absolut in Mrd. DM	stationäre Behandlung Meßziffer 1991 = 100	Arzneimittel absolut in Mrd. DM	Arzneimittel Meßziffer 1991 = 100
1991	28,23	100,00	44,42	100,00	22,41	100,00
2000	29,63	104,98	47,44	106,81	23,97	108,03
2010	30,00	106,29	49,54	111,54	25,34	114,22
2020	29,52	104,59	49,93	112,42	25,84	116,44
2030	28,22	99,99	48,84	109,96	25,50	114,93

b) in DM je Versicherten

Jahr	ambulante Behandlung absolut in Mrd. DM	ambulante Behandlung Meßziffer 1991 = 100	stationäre Behandlung absolut in Mrd. DM	stationäre Behandlung Meßziffer 1991 = 100	Arzneimittel absolut in Mrd. DM	Arzneimittel Meßziffer 1991 = 100
1991	486,47	100,00	765,52	100,00	382,42	100,00
2000	500,63	102,91	801,53	104,71	404,98	105,90
2010	522,13	107,33	862,23	112,63	441,08	115,34
2020	540,30	111,07	913,85	119,38	472,86	123,65
2030	554,07	113,90	958,82	125,25	500,63	130,91

Quelle: Eigene Darstellung und Berechnung auf Grundlage K. Jacobs/A. Knische/P. Reschke: Ausgabenprofile nach Alter und Geschlecht in der Gesetzlichen Krankenversicherung, Berlin 1993 und Statistisches Bundesamt. Entnommen aus: Sachverständigenrat für die Konzertierte Aktion im Gesundheitswesen, Gesundheitsversorgung und Krankenversicherung 2000, Sachstandsbericht 1994, Kurzfassung, Bonn 1994.

Ausgaben für ambulante und stationäre Behandlung sowie Arzneimittel in Preisen von 1991 bei – und daher der Ausdruck „ceteris paribus" – konstanter altersspezifischer Inanspruchnahme.

Anhand der Tabelle – sie führt Absolut-Beträge in DM auf – können Sie sehen, daß die Beträge sich nicht gerade dramatisch erhöhen werden. Die stationäre Behandlung etwa wird von 765,52 DM auf 862 DM steigen. Die Meßziffern steigen von 100 auf 112, 125. Bei den Arzneimitteln steigen die Beträge von 382 DM auf bis 500 DM, so daß die Meßziffer von 100 auf 130 geht.

Diese Zahlen legen nun nahe, zu fragen: Wo ist denn überhaupt das Problem? Wenn sich die Entwicklung bis 2030 mit den Indexzahlen so darstellt, muß man nicht das Gefühl haben, das schaffen wir nicht. Sie haben eben schon gehört, daß die Probleme schon zu meistern sein werden. Diese Prognose ist aber nur bedingt aussagekräftig. Was in die Prognose nicht eingeht, ist das, was in den nächsten Jahren passieren wird hinsichtlich des Fortschritts der Lebenserwartung, also Fortschritte, die durch die technische und medizinische Entwicklung bedingt sind, verbesserte, neue Behandlungsmethoden, aufwendigere Behandlung bis ins hohe Alter, die medizinische Behandlungsintensität mit den Folgen bei der Versorgung von Rentnern, höhere Ausgaben der GKV. Das sind Dinge, die wir noch nicht valide abbilden können, weil wir quantitativ zu wenig darüber wissen. Ich nenne weitere Punkte: Auch unser aller Anspruchshaltung wird sich verändern. Das Verhalten der Leistungsanbieter wird sich verändern; sie müßten einbezogen werden. Es wird Preisstruktureffekte geben – in einer personalintensiven Wachstumsbranche unvermeidlich –, die auch berücksichtigt werden müßten. So schön dieses Entwicklungsbild auch ist, es bedarf also der Ergänzung.

Demographische Entwicklungen sind langfristige Entwicklungen, auf die wir uns einstellen müssen. Das, was die Kostenexplosion genannt wird – wenn es so etwas überhaupt gibt, denn das ist für Deutschland im internationalen Vergleich nicht so ohne weiteres nachzuweisen –, kommt aus anderen Gründen: wegen einer Mengenexplosion, vielleicht wegen einer zu großen Zahl von Ärzten, vielleicht auch aus Unwirtschaftlichkeiten heraus. Das sind Dinge, die zu Handlungen führen, während die langfristige Entwicklung, die in Tabelle 1 dargestellt ist, eine andere Dimension hat.

Ich möchte noch auf einer weiteren Ebene die offenen Fragen ansprechen: Was wird zum Beispiel aus dem Leistungskatalog der GKV (davon ist auch immer der Leistungskatalog der Beihilfe berührt)? Werden wir, um eine Zweiklassenmedizin zu vermeiden, über eine Grundversorgung und eine Zusatzversicherung reden? Ich meine ja. Es gibt auch eine ganze Reihe von GKV-Leistungen, bei denen von den Versicherten mehr Selbstbeteiligung übernommen werden kann als in der Vergangenheit. Es zeichnen sich Veränderungen im Verständnis von Eigen-

verantwortung und Selbstbeteiligung ab – auch vor dem Hintergrund von Härtefallklauseln. Hier brauchen wir Aufklärung. Es wird in diesem Kontext auch eine neue Definition des Grundsatzes von Solidarität und Subsidiarität geben. Davon ist nicht nur die GKV betroffen, sondern auch Beihilfe und PKV. Möglicherweise sollten wir die Subsidiarität mehr in den Vordergrund stellen und überlegen, was es bei der Zuordnung von Aufgaben, die wir als lösungsbedürftig ansehen, bedeutet, die Eigenverantwortung in den Vordergrund zu stellen und die Solidarität nicht zu vergessen.

Die vorhandenen Wirtschaftlichkeitsreserven sind nach Einschätzung vieler Praktiker immer noch immens, und weitere Rationalisierung ist immer noch möglich. Viele sagen, daß Rationalisierung vor Rationierung geht. Als Ökonom halte ich das für Unsinn, denn Rationierung haben wir immer. Wir leben nicht im Schlaraffenland, und jede Wirtschaftsordnung, die man sich vorstellen kann, muß in irgendeiner Form das Knappheitsproblem lösen. Dennoch meint die plakative Formulierung, daß Wirtschaftlichkeitsreserven noch vorhanden sind und daß eine strengere Rationierung so lange wie möglich vermieden werden sollte. Das ist auch im vorliegenden Kontext sehr wichtig.

Was in unserer Betrachtung noch fehlt, sind Gedanken über das Humankapital als Wachstumsfaktor. Alte Menschen sollten nicht immer als Kostenfaktor angesehen werden; ihre erhebliche Kaufkraft sollte als Nachfragefaktor einbezogen werden. Es gibt ja Gott sei Dank noch in der überwiegenden Zahl gesunde alte Menschen; es gibt viele Menschen, die sozusagen aus vollem Leben sterben. Ich denke, daß man diese Seite auch einmal aus ökonomischer Sicht bewerten darf. Vor diesem Hintergrund meine ich, daß ein neues Gleichgewicht nötig ist zwischen dem gesund-

Tabelle 2: Entwicklung der Altersbevölkerung von 1950 bis 2000 (alte Bundesländer)

Alter	1950	1982	2000
75–80	864.000	2.088.000	2.235.000
80–85	375.000	1.185.000	1.013.000
85–90	107.000	461.000	842.000
90 und älter	18.877	148.000	342.000

Quelle: W. Rückert: Pflegebedürftigkeit als vordringliches soziales Problem, S. 278. In: Caritas 6 (1984), S. 275–285

heitspolitisch Notwendigen und dem finanziell Machbaren.

W. Kannengießer: Vielleicht ist ein Punkt hierbei nicht hinreichend klar geworden. Die Demographie spielt in der gesetzlichen Krankenversicherung nicht eine so dominierende Rolle wie in der Rentenversicherung, weil ja die alten Menschen auch beitragspflichtig sind, während sie in der Rentenversicherung keine Beiträge entrichten. Es werden keine Rentenbeiträge mehr fällig, wenn man eine Rente bezieht. Insofern ist in der gesetzlichen Krankenversicherung das Problem etwas geringer, aber in der Kumulation mit der Rentenversicherung verstärkt sich natürlich auch über die Krankenversicherung das Gesamtproblem.

Jürgen Howe: Meine Damen und Herren, ich möchte mit meinen Ausführungen auf die Dimension des Pflegeplatzbedarfes aufmerksam machen. Über dieses Thema haben wir bislang noch nicht gesprochen.

Ich vertrete die These, daß wir aufgrund der Bevölkerungsentwicklung und der Struktur unseres Altenhilfesystems einem Pflegenotstand zusteuern, wenn wir ihn nicht schon haben. Dies kann auf verschiedenen Ebenen beschrieben werden: Es läßt sich sowohl eine quantitative Seite

als auch eine qualitative Seite der Versorgung betrachten.

Tabelle 2 zeigt eine der vielen Hochrechnungen, die die Dimension der Bevölkerungsentwicklung verdeutlicht. Hier wird ein Vergleich von 1950 über 1980 bis zum Jahr 2000 vorgenommen. Man sieht, daß die Zahl der 85- bis 90jährigen im Jahre 1950 107.000 betrug. Nach dieser Hochrechnung wird sie allein für die alten Bundesländer im Jahre 2000 842.000 betragen. Diese Relation wird noch deutlicher bei den 90jährigen und älteren. Im Jahre 1950 gab es knapp 19.000 über 90jährige, im Jahre 2000 wird es – allein in den alten Bundesländern – 342.000 geben. Man kann also eine kleine Großstadt mit allein über 90jährigen füllen.

Schauen wir uns Tabelle 3 an: Dort sehen wir, daß die Zahl der über 85jährigen von 1.018.000 im Jahr 1988 bis auf 1.550.000 im Jahr 2020 ansteigt. Das entspricht einem Anstieg um etwa 52 Prozent.

Aufschluß über den Bedarf an Pflegeplätzen gibt Tabelle 4. Von den 85jährigen und älteren werden etwa 16,7 Prozent stationäre Pflegeplätze benötigen. Es ist unerheblich, ob man hier 14 oder 17 Prozent sagt, da es nur um die Darstellung der Größenordnung geht. Wenn wir uns zunächst auf die über 85jährigen konzentrieren, dann bedeutet diese Zahl, daß

Tabelle 3: Absolute Besetzungszahlen in den Altersgruppen über 65 Jahren in der Bundesrepublik Deutschland (alte und neue Bundesländer) in Millionen für beide Geschlechter unter Annahme konstanter Sterblichkeit und Nullwanderungen

| Jahr | Beide Geschlechter | | |
	65 und älter	75 und älter	85 und älter
1988	11.700.000	5.628.000	1.018.000
1990	11.950.000	5.695.000	1.148.000
1995	12.619.000	5.245.000	1.425.000
2000	13.181.000	5.609.000	1.470.000
2005	14.662.000	5.969.000	1.250.000
2010	14.889.000	6.234.000	1.431.000
2015	14.797.000	7.085.000	1.510.000
2020	14.980.000	6.921.000	1.549.000

Quelle: R. Dinkel: Demographische Alterung: Ein Überblick unter besonderer Berücksichtigung der Mortalitätsentwicklungen, S. 82. In: P. B. Baltes/J. Mittelstraß (Hrsg.): Zukunft des Alterns und gesellschaftliche Entwicklung, Berlin 1992, S. 63–93.

man alleine für die über 85jährigen bis zum Jahre 2020 etwa 80.000 neue Pflegeplätze braucht. Ein Pflegeplatz kostet heutzutage, wenn neu gebaut wird, etwa 180.000 DM. Das bedeutet, daß man nur für diese Altersgruppe ein Investitionsvolumen von etwa 14,4 Milliarden DM benötigen wird. Das wird angesichts der wachsenden Haushaltsdefizite der öffentlichen Hand schwer zu bezahlen sein, zumal der Pflegeplatzbedarf für die übrigen Altersgruppen noch nicht berücksichtigt worden ist.

W. Kannengießer: Sie sprechen von stationären Pflegeplätzen?

J. Howe: Ich spreche jetzt ausschließlich von stationären Pflegeplätzen mit der Absicht, die Größenordnungen zu verdeutlichen. Es sind ganz erhebliche Dimensionen, die hier auf uns zukommen.

Die Kosten sind noch höher zu veranschlagen, wenn wir über Qualität sprechen. Damit ist unter anderem der Bau von Einzelzimmern gemeint. Wer möchte

Tabelle 4: Bedarfszahlen für Pflegeplätze in stationären Einrichtungen nach Jahrgangsgruppen

Alter	Bedarfszahlen in v. H.
0–59	0,042
60–64	0,48
65–69	0,66
70–74	1,47
75–79	3,58
80–84	8,34
85 und älter	16,71

schon angesichts gesundheitlicher Probleme in einem Doppelzimmer mit jemand anderem zusammenleben, den er vorher nicht gekannt hat? Wir haben in der Bundesrepublik einen sehr hohen Bestand an Doppelzimmern; Umbaumaßnahmen sind in zahllosen Einrichtungen dringend erforderlich. Die notwendigen Finanzmittel werden schwer aufzubringen sein. Man muß dazu sehen, daß die heutige Orientierung der Politik, die von allen geteilt wird, der ambulanten Versorgung einen Vorrang vor der stationären Versorgung einräumt. Das bedeutet aber nicht, daß die ambulante Versorgung irgendwann so gut sein kann, daß man auf die stationäre Versorgung verzichten kann. Herr Tack hat darauf hingewiesen, daß auch das familiäre Netz nicht mehr so tragfähig ist und daß wir noch nicht eine neue Kultur des Helfens haben. Man kann durchaus bezweifeln, ob es sie je geben wird. Selbst wenn die ambulante Versorgung äußerst stark ausgebaut werden würde, bedeutet dies, daß erhebliche Kosten damit verbunden sind. Eine 24-Stunden-rund-um-die-Uhr-Versorgung, wie es beispielsweise bei schwer oder mittelschwer demenziell Erkrankten gegeben sein muß, ist im ambulanten Bereich nicht billiger als im stationären Bereich, sondern in der Regel sogar teurer.

Wie kann man einen drohenden Pflegenotstand verhindern? Die Ursachen für nicht ausreichend vorhandene Pflegeplätze und einer zum Teil nicht ausreichenden Pflegequalität in den stationären

Prof. Dr. **Jürgen Howe**, geb. 1950 in Ulzburg, Studium der Psychologie in Kiel, Promotion 1978, Habilitation 1987, Direktor des Instituts für Interdisziplinäre Gerontologie 1990 bis 1994 an der Universität Osnabrück/Standort Vechta. Buchveröffentlichungen u.a.: Lehrbuch der psychologischen und sozialen Alternswissenschaften, 4 Bde. (1989–1993); Das Sterben als Gegenstand psychosozialer Alternswissenschaft (1987); Altenpflege auf dem Lande (1993); Wohnen und Leben alter Menschen in Osteuropa (1994).

Prof. Dr. Jürgen Howe, Universität Osnabrück – Standort Vechta, Institut für Interdisziplinäre Gerontologie, Driverstraße 22, 49377 Vechta

Einrichtungen liegen meiner Einschätzung nach in einer sehr komplizierten Beziehung zwischen dem Staat und den Trägern der Wohlfahrtspflege. Die strukturellen Schwächen dieses Systems ermöglichen nicht den erforderlichen raschen Wandel des sozialen Dienstleistungsangebots für die wachsende Zahl älterer hilfs- bzw. pflegebedürftiger Menschen. Dazu kommen Probleme der inneren Organisation der Wohlfahrtsverbände, die verhindern, daß sie sich auf die seit langem bekannten Folgen der Bevölkerungsentwicklung effektiv einstellen können.

Die Wohlfahrtsverbände als wichtigste Träger von Altenhilfeeinrichtungen werden im wesentlichen vom Staat finanziert. Die Kommunen, Städte, Kreise und Länder müssen jedoch auf eine Begrenzung der Kosten achten. Die Folge dieser wechselseitigen Abhängigkeit führt zu Innovationsfeindlichkeit und Zufriedenheit mit Minimalstandards. Ich bin davon überzeugt, daß dieses System auf Dauer noch weitere Einbußen an Leistungsfähigkeit hervorbringen wird. Die breite Diskussion über die Qualität der ambulanten und stationären Einrichtungen der Altenpflege der letzten Zeit kann als Beleg dafür gewertet werden. Weitere Schritte in Richtung Privatisierung sollten bei gleichzeitig strengerer Überwachung der Qualität mit Nachdruck angestrebt werden. Die Pflegeversicherung läßt in diesem Zusammenhang interessante Ergebnisse erwarten, ebenso dürfte die Sozialpolitik der Europäischen Union diese Tendenzen unterstützen.

Meinhard Miegel: Meine Damen und Herren, nach diesem Exkurs in zweifellos interessante Detailfragen möchte ich versuchen, zur Ausgangsfrage zurückzukehren, zur sozialen Sicherung im Alter.

Vorab möchte ich hierzu bemerken, daß dies nicht vorrangig ein Thema für alte

Menschen ist. Im Gegenteil: Die Jungen sind angesprochen. Denn wer alt ist, kann nur noch die Früchte dessen ernten, was er in früheren Jahren gesät hat. Den heute Jungen muß deshalb verdeutlicht werden, was und wie sie säen müssen, um im Alter gut versorgt zu sein. Damit sind wir beim Kern des Problems.

Es heißt, die soziale Sicherung im Alter stehe und falle mit der jeweiligen Leistungsfähigkeit einer Volkswirtschaft. Das ist im großen und ganzen zutreffend, besagt aber nicht viel. Denn die Leistungsfähigkeit einer Volkswirtschaft wird wiederum von Faktoren bestimmt, deren Ursachenketten oft weit in die Vergangenheit zurückreichen. Diese Faktoren verdienen unser Hauptaugenmerk: Bei ihnen kann ganz grob zwischen ökonomischen und nichtökonomischen unterschieden werden. Zu den nichtökonomischen gehören das Ansehen, das alte Menschen in einer Gesellschaft genießen, die Bereitschaft der Jungen, sich ihrer anzunehmen und sie gegebenenfalls sozial einzubetten, und anderes mehr. Diese nichtökonomischen Faktoren werden maßgeblich vom Elternhaus, der Schule und ähnlichen Institutionen bestimmt.

Als Ökonom will ich mich allerdings nicht auf diese, sondern auf die ökonomischen Faktoren konzentrieren. Was sind die ökonomischen Faktoren der Alterssicherung? Viele meinen, entscheidend seien die Beitragszahlungen, die während eines Erwerbslebens an die gesetzliche Rentenversicherung geleistet werden. Das ist eine zumindest sehr oberflächliche Sichtweise. Beitragszahlungen sind nämlich wenig wert, wenn die Volkswirtschaft nicht leistungsstark ist.

Der heute Fünfzigjährige kann nur dann davon ausgehen, in zwanzig oder dreißig Jahren im Rahmen der gesetzlichen Rentenversicherung gut versorgt zu werden, wenn er verläßliche Anhaltspunkte dafür

hat, daß in zwanzig oder dreißig Jahren die Volkswirtschaft leistungsstark sein wird. Spricht hingegen vieles für ein Abnehmen ihrer Leistungskraft, muß er sich unabhängig von seinen Beitragszahlungen auf ein eher kümmerliches Alter einstellen. Die für die heute Erwerbstätigen entscheidende Frage lautet also nicht: Zahlen wir heute genug an die gesetzliche Rentenversicherung?, sondern: Was läßt die Wirtschaft in unserem Alter stark sein?

Die Antwort hierauf ist denkbar einfach: Investitionen. Was heute investiert wird, wird morgen produktiv sein oder, um im Eingangsbild zu bleiben: Investitionen sind die Saat, deren Früchte im Laufe der Zeit heranreifen. Dabei können – wiederum etwas vergröbernd – zwei Formen von Investitionen unterschieden werden.

Zum einen Humankapital oder schlichter: Kinder, die von Eltern und Gesellschaft erzogen, ausgebildet und in das Leben eingeführt werden. Würde diese Aufgabe in unserer Gesellschaft ausreichend erfüllt, hätten wir heute kaum Anlaß, hier beieinander zu sitzen. Doch sie wird nicht

Prof. Dr. **Meinhard Miegel**, geb. 1939 in Wien. Mitbegründer und seit 1977 Leiter des IWG Bonn. Zugleich seit 1992 außerplanmäßiger Professor an der wirtschaftswissenschaftlichen Fakultät der Universität Leipzig und Vorstand des dortigen Zentrums für Internationale Wirtschaftsbeziehungen. Zahlreiche Veröffentlichungen im Bereich der Wirtschafts- und Sozialwissenschaften, neuestens: Das Ende des Individualismus – Die Kultur des Westens zerstört sich selbst (zus. mit Stefanie Wahl).

Prof. Dr. Meinhard Miegel, Institut für Wirtschaft und Gesellschaft Bonn e. V., Wissenschaftszentrum, Ahrstraße 45, 53175 Bonn

ausreichend erfüllt. Die heute erwerbsfähige Generation bildet – technisch gesprochen – weniger Humankapital als für ihre Alterssicherung erforderlich wäre. Dabei geht es nicht nur um die Zahl von Kindern. Es geht auch um die Qualität ihrer Ausbildung und die Weckung sozialer Verantwortung. Um beides ist es nicht gut bestellt. Wie mit der heranwachsenden Generation innovatives, dynamisches und soziales Wirtschaften gewährleistet werden soll, ist schwer zu erkennen.

Zum anderen geht es um Sachkapital im weitesten Sinne dieses Begriffs. Das heißt um Straßen und Brücken, Häuser und Fabrikanlagen, Forschung und Patente, Innovationen und nicht zuletzt Arbeitsplätze. Es ist schon grotesk, wenn sich heute Rentenpolitiker hinstellen und sagen: Hätten wir nur eine bessere Beschäftigungslage, könnte auch das bestehende System leicht finanziert werden. Offenbar haben sie noch nicht begriffen, daß gerade dieses System nachhaltig dazu beiträgt, daß Arbeitsplätze nicht in ausreichendem Umfang entstehen. Wir haben heute in den hochentwickelten Industrieländern eine ausgesprochene Kapitalmangel-Arbeitslosigkeit. Es fehlt Kapital, um genügend Arbeitsplätze zu schaffen. Zwar ist dies nicht der einzige, aber doch ein wichtiger Grund.

Die heute erwerbsfähige Generation bildet also nicht nur zu wenig Human-, sondern auch zu wenig Sachkapital. Das unterscheidet sie von den heute Alten. Sie haben in ausreichendem Maße in beiden Bereichen Vorsorge betrieben. Deshalb sind sie jetzt gut versorgt. Die heute Jungen betreiben hingegen nur unzureichend Altersvorsorge und deswegen werden sie in ihrem Alter schlecht versorgt sein.

Um diesem Mißstand abzuhelfen – hier unterscheide ich mich von Herrn Heinz – bedürfen wir eines Alterssicherungssystems, das dem Gesichtspunkt der Alters-

vorsorge Rechnung trägt. Das bestehende System der gesetzlichen Rentenversicherung ist kein System der Altersvorsorge. Es ist ein System reiner Altenfürsorge. Altersvorsorge muß im vollen Umfang außerhalb dieses Systems betrieben werden, eben durch Kinder, Sachinvestitionen und alle Maßnahmen, die ich angesprochen habe. Hier besteht ein wirklich dringender Handlungsbedarf, und zwar nicht bei den heute alten, sondern bei den jüngeren Menschen, bei denen, die unter fünfzig sind.

Was ist zu tun? Ich meine, wenn die Investitionen in die Zukunft verbessert werden sollen, dürfen die Belastungen durch die gesetzliche Rentenversicherung nicht weiter ansteigen. Nur hierum geht es: keine weitere Expansion. Ich halte es für völlig unrealistisch, anzunehmen, die Belastungen der gesetzlichen Rentenversicherung ließen sich durch eine Reform dieses Systems mindern.

Nun sagt Herr Hauser, wenn man in Extremszenarien denke, könne das entweder zu einer Verdoppelung der Beiträge oder zu einer Halbierung der Rentenleistungen oder zu einem Mittelweg führen, bei dem sowohl die Beiträge erhöht, als auch die Rentenleistungen vermindert werden. Dies sei dann der Generationenkompromiß. Doch was heißt hier „Generationenkompromiß"? Warum soll die künftig junge Generation mit den dann Alten – ich rede von der Zeit nach 2010 – irgendwelche Kompromisse schließen? Die künftig Jungen können doch vollkommen zu Recht den Standpunkt vertreten, daß sie nichts dafür können, wenn sie so wenige sind, schlecht ausgestattete Arbeitsplätze haben, die Innovationsvorsprünge verloren gegangen sind oder die Infrastrukturen Mängel aufweisen. Das ist, so können sie doch zu den dann Alten sagen, ausschließlich eure Schuld. Warum also sollen wir mit euch Kompromisse schließen? Und sie könnten fortfahren: Wir sind gerne bereit, euch so zu versorgen, wie ihr einmal unsere Großeltern versorgt habt, also 17, 18 oder 19 Prozent unseres Einkommens für euch aufzuwenden. Aber wir sind nicht bereit, für euch 30 Prozent unseres Einkommens aufzuwenden. Im übrigen wollen wir auch wieder mehr Kinder haben, und für sie benötigen wir erhebliche Mittel. Es tut uns sehr leid, aber entsprechend wenig bleibt für euch. Was sollen die dann Alten einwenden? Ihr dürft nicht mehr Kinder haben? Jetzt müssen erst einmal wir versorgt werden?

So einfach sind die gesellschaftlichen Zusammenhänge. Es geht um das Bezugssystem von Großeltern, Eltern und Kindern, um einen Verband, wo einer für den anderen eintritt, einer für den anderen sorgt. Der Verband ist in der bestehenden Gesellschaft nicht zuletzt durch das System der gesetzlichen Rentenversicherung empfindlich beschädigt worden. Wenn das System der Alterssicherung wieder funktionieren soll, müssen zunächst die elementaren Beziehungen unter Menschen wieder in Ordnung gebracht werden.

Wenn aber die Aufwendungen für die gesetzliche Rentenversicherung nicht weiter expandieren sollen, dann kann das nur bedeuten, daß die Renten – hierauf hat Herr Hauser zutreffend hingewiesen – vermindert werden müssen. Doch die Renten können nicht gleichmäßig vermindert werden. Denn viele befinden sich unter oder nur geringfügig über dem Sozialhilfeniveau. Diese Renten können nicht gekürzt werden. Wenn aber ein Teil der Renten nicht vermindert werden kann, müssen die höheren Renten entsprechend überproportional zurückgeführt werden.

Und weil das so ist, ist die Geschichte vom Generationenkompromiß und der gleichmäßigen Drosselung des Rentenanstiegs und Aufrechterhaltung der sogenannten Leistungsgerechtigkeit ein Schwindel. Was hier in Aussicht gestellt wird, ist irreal. Bei den niedrigen Renten gibt es nichts zu drosseln, und deshalb müssen die höheren um so schärfer gedrosselt werden. Der Abstand zwischen niedrigen und hohen Renten wird sich also verringern. Das kann und muß der Bevölkerung heute gesagt werden.

Was heißt das konkret? Den wirtschaftlich Stärkeren muß verdeutlicht werden, daß sie mit großer Wahrscheinlichkeit nicht die Renten erhalten werden, die sie im heutigen System erwarten. Ihre Rente wird nicht mehr ihren Lebensstandard sichern. Wer heute ein überdurchschnittliches Einkommen erzielt, wird in erheblichem Umfang privat Vorsorge betreiben müssen, wenn er im Alter seinen Lebensstandard halten will. Nur für die wirtschaftlich Schwächeren, das heißt für den Personenkreis, der heute ein unterdurchschnittliches Arbeitseinkommen erzielt, wird die künftige Rente ausreichen, das gewohnte Versorgungsniveau aufrechtzuerhalten.

Indem aber die wirtschaftlich leistungsfähigeren Bevölkerungsteile verstärkt privat Altersvorsorge betreiben, tragen sie zur Erhöhung der Sachkapitalbildung bei. Das bedeutet, durch eine Veränderung der Form der Altersvorsorge dürfte die Wirtschaftskraft in einigen Jahrzehnten größer sein, als sie ohne diese Veränderung wäre. Durch die Eingrenzung der gesetzlichen Rentenversicherung auf eine Grundsicherung und die Stärkung privater Vorsorgemaßnahmen werden also mehrere Fliegen mit einer Klappe geschlagen. Erstens wird die künftig erwerbstätige Generation nicht mit Beiträgen für die Altersversorgung überfordert. Und zweitens werden schon heute Investitionen angeregt. Das ist der Gedanke, der dem Konzept „öffentliche Grundsicherung plus private Vorsorge" zugrundeliegt. Die Bevölkerung hat sich inzwischen mit diesem System vertraut gemacht. Etwa zwei Drittel glauben, daß dies das System der Zukunft sei.

W. Kannengießer: Ich möchte nun die Diskussion eröffnen. Uns bleibt nicht viel Zeit angesichts der Komplexität des Themas, wie wir sie in der Breite der Stellungnahmen vorgeführt bekommen haben. Wir müssen uns auf die wichtigsten Fragen konzentrieren. Eine davon ist das Thema der Finanzierung des Gesamtsozialsystems in seinen verschiedenen Elementen: Rentenversicherung, Arbeitslosenversicherung, Krankenversicherung, Pflegeversicherung, alles umlagefinanziert.

Herrn Miegel kommt das Verdienst zu, daß er die Diskussion auf die einfache Wahrheit zurückgeführt hat, daß wir uns das komplexe und hochleistungsfähige System, wie wir es heute haben, in den nächsten Jahrzehnten nicht mehr werden leisten können. Wir müssen also darüber nachdenken, wie wir mit Augenmaß und Entschlossenheit die Leistungsstrukturen herstellen, die finanzierbar erscheinen, und dennoch eine soziale Absicherung nicht nur der alten, sondern auch der jüngeren Menschen ermöglichen. Ich glaube, das ist die Kernfrage.

Wir brauchen uns über die demographischen Daten nicht lange zu streiten. Sie liegen relativ fest, jedenfalls für die überschaubare Zeit von etwa 20 Jahren. Da wird sich nichts verändern. Wir dürfen auch nicht die Erwartung haben, es könne dadurch zu einer Entlastung des Systems kommen, daß die Geburtenrate plötzlich wieder steigt, ganz abgesehen davon, daß dann über einen langen Zeitraum zusätzlich zu der Finanzierung der „Alterslast" auch dann noch eine „Kinderlast" zu finanzieren wäre. Herr Glatzer hat eine Kurve gezeichnet, nach der die „Alterslast" hochgeht und die „Kinderlast" her-

unter. Herr Glatzer, ich glaube nicht, daß man daraus die Schlußfolgerung ziehen kann, daß das eine das andere kompensiert.

W. Glatzer: Dieser Gedanke ist allerdings üblich. Man addiert die verschiedenen Belastungen der aktiven, der erwerbstätigen Bevölkerung. Dazu gehören dann freilich nicht nur Kinder und alte Menschen, sondern auch die Arbeits- und Erwerbslosen – ein Punkt, der bisher sehr wenig angesprochen worden ist. Wir verschwenden in Deutschland Produktionspotential dadurch, daß wir mehrere Millionen Arbeitslose haben; wenn sie in das Erwerbsleben integriert werden könnten, würde das zusätzliche Güter und Dienste bedeuten, die für die Versorgung der Gesamtbevölkerung und damit auch der älteren Menschen zur Verfügung stünden. Ich denke schon, daß Belastungs- und Entlastungsprozesse übergreifend sind und im Zusammenhang gesehen werden müssen, auch wenn man im Einzelfall keine Aufrechnung vornehmen kann.

W. Kannengießer: Meine Frage bezog sich speziell auf die gegenwärtige Entwicklung der Kosten der alten Menschen und der Kosten der jungen Menschen, nicht auf den Arbeitsmarkt. Was Sie über den gesagt haben, scheint mir logisch zu sein. Selbstverständlich werden wir voraussichtlich in eine etwas günstigere Arbeitsmarktentwicklung kommen, wenn der Prozeß der Demographien weiterläuft. Sicher kann man da natürlich auch nicht sein, denn das hängt von den ökonomischen Fakten, die wir heute schaffen. Wenn die Perspektive bleibt, daß die Beitragsbelastung und die Abgabenbelastung der Wirtschaft und der Allgemeinheit weiter steigen, wird das natürlich keine besonderen Investitions- oder Wachstumsimpulse auslösen, die ein

Plus an Beschäftigung ermöglichen können.

W. Glatzer: Es ist hier schon einmal gesagt worden, daß die grundsätzliche Betrachtung realwirtschaftlich sein muß. Verteilt werden kann das, was in einer bestimmten Periode produziert wird, und von dieser Güter- und Dienstleistungsmenge müssen alle Gruppen der Bevölkerung etwas abbekommen. Im übrigen gehen meines Wissens von der Kaufkraft der staatlichen Transfereinkommen wichtige Wachstumsimpulse aus.

W. Kannengießer: Nun erleben wir einen Prozeß: Je weniger Kinder geboren werden, um so höher werden die Transferleistungen je Kind. Das scheint sich zu kompensieren. Vielleicht darf ich in diesem Zusammenhang auf eine Erfahrung verweisen, die mich schon in den sechziger Jahren begleitet hat. Damals sagten die Politiker: Wenn wir bei den Kriegsopferrenten kräftig drauflegen, dann ist das nicht so schlimm, das ist ein auslaufendes Problem. Wir haben aber erst in den letzten zwei, drei Jahren zum ersten Mal die Tatsache zu verzeichnen, daß die Ansätze im Haushalt für die Kriegsopferversorgung marginal zurückgegangen sind. Wir sollten uns also mit solchen Überlegungen nicht reich rechnen. Sie halten der Wirklichkeit nicht stand. Wir müssen mehr Transferleistungen in den Familienlastenausgleich hineinbringen, um den Familien wieder einen höheren Stellenwert zu geben. Da gibt es eine ganze Reihe von Komponenten, die dazu führen, daß wir, selbst wenn die Kinderzahl weiter sinkt, keine finanziellen Entlastungswirkungen haben.

W. Glatzer: Da stimme ich Ihnen zu. Alters- und Kinderlast sind nicht gegeneinander aufrechenbar, wenn man betrachtet, daß sie nach ganz verschiedenen sozialpolitischen Grundsätzen und Regelungsmechanismen verteilt werden. Es sind auch ganz verschiedene Bevölkerungsgruppen, die die Kinderlast und die die Alterslast tragen. Insofern kann man beides nicht einfach gegeneinander aufrechnen.

E. Tack: Ich bin nicht davon überzeugt, daß wir alle Daten, auf die es ankommt, genau kennen. Die demographischen Daten vielleicht schon, aber wir reden über eine Zeit ab dem Jahr 2010. Wer von uns weiß denn, wie die Arbeitswelt und unsere Wirtschaft, wie die Produktivität im Jahre 2010 oder 2020 aussehen wird? Niemand weiß das. Was wir brauchen, ist Innovation. Wie wir die mit einer abnehmenden jungen Bevölkerung herstellen, ist tatsächlich eine Frage, über die man reden müßte. Ich denke, wir brauchen neue Arbeitsorganisationsstrukturen zwischen Alt und Jung. Wer sagt denn, daß 60jährige des Jahres 2010 nicht durchaus innovativ sein können, daß sie nicht auch voll ihren Mann oder ihre Frau stehen können zusammen mit Jüngeren im Team mit einem neuen Verständnis vom Miteinander? Dort müßte man ansetzen. Und wenn wir dahin kommen wollen, dann muß man auch vorsichtig sein in der Art, wie man argumentiert. Das geht hin bis in die Wortwahl. Es mag eine Marginalie sein, aber ich warne vor Begriffen wie Alterslast oder Jugendlast und Kinderlast, weil die breite Bevölkerung diese Begriffe nicht im volkswirtschaftlichen Sinne versteht, sondern in ganz anderer Weise aufnimmt. Ich sehe die Gefahr, daß damit pessimistische Grundstimmungen verstärkt werden könnten.

Herr Miegel hat mit Recht gesagt, wir sitzen hier zusammen mit einer Generation, die das, was wir mit Blick auf die Zukunft diskutieren, im großen und ganzen nicht mehr betreffen wird, und diejenigen, die es angeht, sind nicht hier. Aber diejenigen, die es künftig angeht, ihren Optimismus, ihre Initiative und ihre Bereitschaft zuzupacken, müssen wir unterstützen. Da erhebt sich die Frage, wie wir den Dialog über die Probleme, die zur Lösung anstehen, führen. Das Stichwort – meines Erachtens das Schlüsselwort für diese ganze künftige Debatte – ist Kommunikation: Kommunikation zwischen den Generationen und zwischen Politik und Bevölkerung. Denn alle Entscheidungen, die wir künftig in diesem Bereich brauchen – auch dann, wenn sie unangenehm sind – müssen mehrheitsfähig sein in der parlamentarischen Demokratie. Das heißt, wir müssen die Bevölkerung – und zwar die Jungen und die Alten – mehrheitlich dafür gewinnen, und das kann man nur, wenn man die Debatte sehr sensibel führt.

W. Kannengießer: Herr Miegel will die demographischen Probleme dadurch lösen, daß er zu einer steuerfinanzierten Grundrente kommt, was sicherlich eine sehr lange Übergangszeit in Anspruch nehmen würde. Herr Hauser hat eine Reihe von Möglichkeiten genannt, das System zu entlasten. Auch darin ist eine Komponente enthalten gewesen, das Leistungsniveau abzusenken, aber es gibt natürlich auch eine Fülle anderer Möglichkeiten.

Wir sollten aber zunächst noch eine andere Frage diskutieren. Sowohl Herr Tack als auch Herr Heinz haben gesagt, man solle nicht hektisch an diese Fragen herangehen, während Herr Miegel meint, es müsse jetzt gehandelt werden, möglichst kurzfristig. Nun ist das Alterssystem ja eine sehr langfristige Veranstaltung. Zu nennenswerten Ergebnissen einer privaten Vorsorge kommt man nur, wenn man über 15, 20, 30 Jahre Sparleistungen er-

bringt und diese produktiv angelegt werden. Wenn ich also mehr private Vorsorge fordere, damit das gesetzliche – umlagefinanzierte – System entlastet wird, brauche ich doch einen Zeithorizont über 15 bis 20 Jahre, bis so etwas wirksam wird. Da stellt sich für mich die Frage, ob es nicht richtig wäre, jetzt wirklich zielstrebig darüber nachzudenken, was eingeleitet werden muß, damit wir unseren Kindern ein System der Alterssicherung, ein gesamtes Sozialsystem hinterlassen, auf das sie sich verlassen können, und das der älteren Generation die Chance läßt, daß die jüngere Generation nicht eines Tages sagt: Jetzt hört das auf mit den hohen Renten, wir machen eine Grundrente a là Miegel und damit basta. Wenn die Zwänge sehr groß sind, wird möglicherweise auch das Verfassungsgericht enteignungsgleiche Zugriffe auf bestehende und erworbene Anwartschaften zulassen, weil es dann überhaupt nicht mehr anders machbar ist. Müssen wir nicht jetzt anfangen? Herr Hauser, was würden Sie als erstes tun? Wo sollten die Schwerpunkte liegen?

R. Hauser: Wenn Sie mich auf direkte, relativ schnell wirksame und auch nicht mit großem Umstellungsaufwand verbundene Regelungen ansprechen, dann würde ich zwei nennen: Im Bereich der Witwenrenten haben wir einen Freibetrag für das eigene Einkommen, der dynamisiert ist und der jetzt bei etwa 1.100 Mark liegt. Man könnte die Dynamisierung dieses Freibetrages stoppen. Das würde bedeuten, daß der Freibetrag nominell konstant bleibt und der Auszahlungsbetrag der Witwenrenten ganz allmählich sinkt, während die eigenen erworbenen Renten der Frauen ansteigen. Diese Maßnahme hätte im übrigen noch die zusätzliche Bedeutung, daß ein aufkommender Ost-West-Konflikt zwischen den Frauen in den alten und neuen Bundesländern gemildert würde; denn die Frauen in den neuen Bundesländern haben alle fast vollständig Erwerbskarrieren und damit vollständige eigene Renten, und sie haben jetzt die Witwenrenten hinzubekommen. In fünf oder sechs Jahren, wenn das Rentenniveau im Osten etwa das im Westen erreicht haben wird, wird es den im Osten als Rentnerinnen lebenden Frauen besser gehen als den Frauen im Westen. Diesen Effekt kann man durch eine gezielte Milderung dieser Witwenrentenproblematik ganz gleitend beseitigen.

Eine zweite Reformmöglichkeit könnte sein, daß man sich doch einmal daran macht, eine Besteuerung der Renten einzuführen. Das würde eine ganz gleitende Beschränkung der hohen Renten bedeuten, insbesondere, wenn diese hohen Renten noch mit anderen Alterseinkünften zusammentreffen. Eine solche Reform würde aufgrund der Verfassungsgerichtsentscheidung, daß das sozioökonomische Existenzminimum von der Steuer freigestellt werden muß, nur jene Personen betreffen, die ein relativ hohes Einkommen haben. Dies wären zwei Maßnahmen, die gleitend und allmählich wirken würden. So würden die gesetzliche Rente nicht lediglich auf eine Grundsicherung, aber auf eine – sagen wir einmal – mittlere Sicherung reduziert.

Eine dritte Möglichkeit bestünde darin, die Beitragsbemessungsgrenze nicht mehr voll zu dynamisieren. Sie liegt jetzt bei etwa 167 bis 170 Prozent des Durchschnittseinkommens. Man könnte durch eine Abmilderung dieser Dynamisierung vielleicht auf 150 Prozent kommen. Das würde bedeuten, daß ein Einkommen, das über 150 Prozent des Durchschnittseinkommens liegt, der eigenen Absicherung überlassen bleibt.

W. Kannengießer: Vielleicht können wir diese Vorschlägen kurz diskutieren. Darf

ich mir eine Vorbemerkung erlauben: Ich glaube, daß ein Festschreiben der Witwenrente so nicht möglich ist. In dem Alter, in dem Witwenrenten in der Regel bezogen werden, ist heute eine Generation von Frauen, die in der überwiegenden Mehrzahl keine eigenen oder nur niedrige Renten haben. Das Problem der Altersarmut von Frauen betrifft gerade die Personen, die nur von einer Hinterbliebenenrente leben müssen. Das sind unter den Frauen der älteren Generation so viele, daß ich glaube, daß Ihr Vorschlag zwar bedenkenswert, aber nur in einer sehr langen Zeitperspektive verwirklicht werden kann. Sie dürfen nicht vergessen: Die Männer dieser Frauen haben über Jahrzehnte für die Hinterbliebenenversicherung ihrer Ehefrauen auch Beitragsanteile gezahlt – leistungsbezogene Beitragsanteile. Dies wäre schon ein Bruch mit dem System. Vielleicht hören wir einmal Professor Glatzer dazu, ob er aus seiner Erfahrung meint, daß ein solcher Vorschlag diskussionsfähig wäre.

R. Hauser: Darf ich nur ein Mißverständnis beseitigen: Wenn eine alte Frau kein eigenes Einkommen hat, bleibt die Witwenrente völlig unberührt; nur, wenn ihr eigenes Einkommen diese 1.100 oder 1.200 Mark übersteigt, würde die Witwenrente gekürzt, und zwar um 40 Prozent dessen, was diese 1.200 Mark übersteigt. Das ist eine ganz milde Maßnahme und würde sich insbesondere auf Personen aus Zweiverdienerehepaaren richten, die zwei volle Renten hatten, als sie beide lebten, und wo dann der überlebende Ehegatte eine hohe eigene und überdies noch eine hohe Hinterbliebenenrente bezieht.

W. Kannengießer: Wenn wir mal „hohe" in Anführungsstriche setzen, bin ich damit einverstanden. Herr Glatzer, könnten Sie dazu etwas sagen?

W. Glatzer: Ich denke, daß Herr Hauser diesen Punkt recht gut beurteilen kann, und meine Auffassung ist, daß man Lösungen in diesem Bereich in Diskussionen der Experten mit den Betroffenen suchen sollte. Es wurde ja auch schon darauf hingewiesen: Wir haben 10 Jahre Zeit, bevor größere Umstellungen in der Altersstruktur erfolgen, und die kommenden 5 bis 10 Jahre muß man nutzen, um möglichst viel Konsens zu erzeugen für die Maßnahmen, die man dann einführen will. Ich glaube, daß das Verständnis in der Bevölkerung für Einschnitte oft viel größer ist, als man annimmt, wenn sie nicht autoritär gemacht werden, sondern in einem Willensbildungsprozeß, der an Maßstäben der Gerechtigkeit und Einfachheit orientiert ist.

W. Kannengießer: Ich bin nur der Meinung – und das ist auch das Problem, das ich mit Herrn Miegel habe –, daß man solche Eingriffe frühzeitig beschließen sollte, aber eine sehr lange Übergangszeit wählen sollte, um die Menschen allmählich mit dem zu konfrontieren, was später auf sie zukommt. Die andere Generation muß die Zeit haben, solche Einschnitte durch private Vorsorge zu ersetzen. Mir liegt daran, daß man gleitende Übergänge bekommt, damit der Einschnitt maßvoller ist und auch politisch eher akzeptiert wird. Sicher ist: Je mehr wir dazu übergehen, Erziehungszeiten anzurechnen, um so stärker müssen wir die Hinterbliebenenrente problematisieren und abschmelzen. In einer weiten Zukunft könnte ich mir vorstellen, daß es ein System ganz ohne Hinterbliebenenrente gibt, aber das ist eine Entwicklung von 30 bis 40 Jahren. Wenn die jüngeren Frauen ihre eigene Berufs- und Erwerbstätigkeit haben, haben sie eigene Rentenansprüche, im Grunde sicherere und bessere als heute bei der Hinterbliebenenrente. Aber man

kann nicht beides haben: Man kann nicht Erziehungszeiten anrechnen und Hinterbliebenenrenten zahlen. Ich glaube, das wird sich à la longue ausschließen.

M. Miegel: Ich stimme Herrn Kannengießer uneingeschränkt zu, wenn er bei Veränderungen von Alterssicherungssystemen für lange Übergangszeiten plädiert. Nur, was geschieht in der Praxis? Alle, die sich mit demographischen Fragen befassen, wußten bereits Ende der siebziger Jahre, daß während der achtziger und neunziger Jahre die Rentenlasten verhältnismäßig gering sein würden. Ursachen hierfür waren die geringe Geburtenrate während und unmittelbar nach dem Ersten Weltkrieg und die demographischen Folgen des Zweiten Weltkriegs. Deshalb haben einige – ich zähle mich zu ihnen – bereits 1980 gesagt: Jetzt ist die Zeit, das gesetzliche Alterssicherungssystem so umzugestalten, daß es auch nach dem Jahre 2010 noch voll funktionsfähig ist. Wir haben also damals einen Zeitraum von dreißig Jahren ins Auge ins Auge gefaßt.

Was aber geschah? Nicht nur von der Politik, sondern auch von Teilen der Wissenschaft wurde uns entgegengehalten: Was in dreißig Jahren ist, braucht uns heute nicht zu sorgen. Kommt Zeit, kommt Rat. Die Bundesregierung verfaßte mit viel Steuergeld Hochglanzbroschüren, in denen die demographische Wirklichkeit schlicht unterdrückt und die Bevölkerung – gewollt oder ungewollt – irregeführt wurde. Nunmehr ist man langsam bereit, die demographischen Veränderungen anzuerkennen. Doch das hat anderthalb Jahrzehnte gedauert. Auch erste Reformmaßnahmen wurden in die Wege geleitet. Das ist sicherlich beachtlich, aber völlig unzulänglich.

Und jetzt heißt es, bis zum Jahre 2010 sei doch noch alles in Ordnung, es gebe keinen Anlaß für tiefgreifende Veränderungen. All das, Herr Kannengießer, ist das genaue Gegenteil dessen, was Sie und ich von einer verantwortungsvollen Politik erwarten. Bei dieser Vorgehensweise besteht die Gefahr, daß eines Tages Bundestag und Bundesverfassungsgericht sagen: Die Grundlage der gesetzlichen Rentenversicherung ist entfallen. Jetzt muß ein ganz neues System eingeführt werden. Für mich wäre eine solche Entwicklung verhängnisvoll. Ich plädiere für lange, gleitende Übergänge unter voller Wahrung erworbener Ansprüche. Gerade deshalb ist es aber erforderlich, mit dem gründlichen Umbau jetzt zu beginnen und hiermit nicht bis zum Jahre 2010 zu warten. Jetzt, und nicht erst in 10 oder 20 Jahren muß die Bevölkerung auf den neuen Weg gebracht werden. Das ist unser Problem.

W. Glatzer: Herr Miegel, Sie haben gesagt, daß inzwischen die Mehrheit der Bevölkerung der Auffassung ist, daß Ihr Modell das beste für die Alterssicherung in Deutschland sei. Wie kann man dann sagen, die Zeit sei vertrödelt worden? Ist da nicht eine sehr wichtige Bewußtseinsbildung in Ihrem Sinn erfolgt?

M. Miegel: Ich möchte das gleich richtigstellen: Die Bevölkerung sagt nicht, die Grundsicherung sei das beste System, sondern sie sei das System, mit dem sie im Alter zu rechnen habe. Sie haben recht: Das ist eine erhebliche Bewußtseinsveränderung. Aber sie vollzieht sich gegen die offizielle Politik. Es ist doch bemerkenswert, daß die Bevölkerung viel realistischer ist als viele Politiker. Die Bevölkerung hat offenbar zwei und zwei zusammengezählt. Die große Mehrzahl der Politiker aller Parteien versucht ein altes System weiterzubetreiben, während die Bevölkerung längst auf ein neues System eingestellt ist.

W. Kannengießer: Bevor ich Frau Babel als Politikerin das Wort gebe, möchte ich eine Frage an Herrn Henke stellen. Hat eigentlich die Politik mit ihren Entscheidungen über die Pflegeversicherung – finanziert im Umlageverfahren – eine Jahrhundertfehlentscheidung getroffen? Hat sie die Chance verpaßt, in einem Teilbereich des sozialen Sicherungssystems ein System aufzubauen, das sehr viel stärker in privater Vorsorge und vor allen Dingen im Kapitaldeckungsverfahren finanziert ist, was ja bekanntlicherweise auch zu Wachstumsimpulsen führt? Herr Miegel hat gesagt, wir müssen mehr in Sachkapital, nicht nur in Humankapital investieren. Hat die Politik hier nicht eine große Chance verpaßt, etwas besseres in die Welt zu setzen als das, was wir bisher haben?

K.-D. Henke: Ich gehe gerne auf diese Frage ein, die Sie ja zum Teil schon beantwortet haben, und versuche, der privaten Pflichtversicherung etwas breitere Unterstützung zu geben, denn ich teile Ihre Auffassung, daß die Chance zur sozialen Erneuerung unseres Systems der Sozialversicherung mit dieser Pflegeversicherung nicht genutzt worden ist. Wenn man sich überlegt, wie der Arbeitgeberbeitrag jetzt gewissermaßen wegfinanziert wird durch die Abschaffung von Urlaubs- oder Feiertagen, erscheint dies doch als eine Lösung, bei der der Versicherte dann letztlich bezahlt. Wenn man aber das gewollt hätte, dann hätte man von Anfang an die private Pflichtversicherung einführen können. Dafür hat es gute Modelle von Baden-Württemberg und Bayern gegeben. Die Bundesbank hat sich immer wieder für diese Entwicklung eingesetzt, auch vor dem Hintergrund der Wachstumsförderung, und die Fünf Weisen haben sich ebenfalls dafür ausgesprochen. Für einen kleinen Bereich innerhalb dieser großen Summe von 500, 600 Milliarden DM, um

die es oft gleich geht bei Fragen der Sozialversicherung, hätte man einmal versuchen
können, diese Entwicklung zu beobachten.

Aus Erfahrung weiß ich natürlich, daß
man immer, wenn man private Pflichtversicherung sagt, in die Kritik gerät: das sei
unsozial, zwei Klassen. So ist private
Pflichtversicherung aber nicht zu verstehen. Es ist vielmehr so, daß derjenige, der
wirklich bedürftig ist und die Beiträge
selbst nicht zahlen kann, sozusagen eine
Subvention bekommt. Das ist ein unab-
dingbarer Bestandteil des Modells. Nur
unsere Privatversicherungsbranche fühlte
sich immer so fein, daß sie so ein Beitrags-
einzugssystem nicht mitmachen wollte.

Hier sind auch viele Fehler in der privaten Marktwirtschaft zu beklagen, die die
Dynamik dieser Entwicklung nicht erkannt und aufgegriffen hat. Das – so
nenne ich es einmal – Vertragsgeschäft
zwischen Kassen, Ärzten und Leistungs-
anbietern, dem wir die Herzklappenaffäre
verdanken, wäre etwas gewesen, das private Versicherer einmal hätten anders machen können. Sie hätten das Kapital der
jungen Leute nehmen und damit Pflegeheime bauen können und hätten diese
Pflegeheime in ihren Leistungspaketen anbieten können. Ich trenne bewußt zwischen junger und alter Bevölkerung – man
muß doch nicht immer die Vorstellung
haben, im Bereich der Sozialversicherung
müsse alles gleich für 80 Millionen Menschen von heute auf morgen eingebaut
werden. Man sollte sich doch einmal der
Idee gegenüber zumindest aufgeschlossen
zeigen, daß man für eine junge Bevölkerung eine andere Versorgungsform sucht
und wählt als für die Gesamtbevölkerung.
Dann bräuchte man nicht immer mit dem
Hinweis auf die Gesamtbevölkerung die
innovativen Prozesse totzumachen.

Das wäre ein vernünftiger Weg gewesen,
der nun aber nicht begangen worden ist.

Die von Herrn Miegel geäußerte Idee,
daß man Kollektivleistungen etwas zu-
rückführt und die Grundsicherung in den
Vordergrund stellt – diesen Gedanken der
privaten Pflichtversicherung sollte man
auch für die finanzielle Absicherung des
Krankheitsrisikos generell diskutieren. In
einem Forum wird man ja einmal Gedanken diskutieren können, die man vielleicht
nicht gleich umsetzen kann. Ich könnte
mir vorstellen, daß man der jüngeren Generation diese Aufgabe übergibt und sagt:
Ihr müßt selber für euch vorsorgen; zahlt
15 Jahre, 20 Jahre ein, dann ist das Kapital
da, das ihr erstellt und aufgebaut habt. Das
entspricht der privaten Pflichtversicherung, die bei der finanziellen Absicherung
des Krankheitsrisikos immer eine Alternative und im Falle der Pflegeversicherung
nicht genutzt worden ist.

Jetzt haben wir ein System, das im Umlageverfahren weiterläuft. Ich könnte mir
eine Konvergenz zwischen privater und
gesetzlicher Krankenversicherung vorstellen: Die private Krankenversicherung
geht ein bißchen ins Umlageverfahren hinein und die gesetzliche Krankenversicherung macht Zusatzversicherungsge-
schäfte. Der gesetzliche Rahmen erlaubt
das zur Zeit zwar nicht, aber so könnte
etwas Konvergenz entstehen. Das ist aber
ein neues Thema. Auf Ihre Frage zurück-
kommend würde ich sagen, daß die
Chance der sozialen Erneuerung bei der
Einführung der finanziellen Absicherung
des Pflegerisikos nicht so genutzt worden
ist, wie wir es uns hätten vorstellen können.

Gisela Babel, MdB: Meine Damen und
Herren, die Vorträge haben wirklich sehr
eindringlich die Probleme dargestellt.
Aber ich möchte nicht, daß man sich nur
an diesem Vormittag einigt, daß die Dinge
verbessert werden müssen. Um etwas zu
verbessern, müßte man erst einmal die Po-

litik verändern. Schließlich ist sie es ja, die die Augen schließt und nicht versteht, was notwendig ist.

Ich habe in jeder Phase die Pflegeversicherung verhandelt und habe diese Republik, die Parteien, die Verbände und auch die Presse sehr gut kennengelernt. Ich kann Ihnen sagen: Es gibt keine Resonanz für eine Veränderung in Ihrem Sinne; vielleicht in der Wissenschaft – aber die lebt ja etwas separat. Sie kennt nicht die Probleme, die Politiker haben, mit einer Lösung herüberzukommen, die fachlich sehr schwierig zu verstehen ist und deren langfristige Wirkungen einfach nicht beeindrucken. Auch mit dem Medien ist es sehr schwierig: Wir haben in den drei Jahren heftigster Diskussion über die Pflegeversicherung nicht ein einziges Mal die Möglichkeit gehabt, in einem der öffentlich-rechtlichen Medien ausführlich und gründlich dieses neue System, diesen anderen Weg – von dem jetzt alle sagen, er wäre der richtige gewesen – auch nur darzustellen, während der hochbegabte Norbert Blüm unzählige Male die Gelegenheit hatte, uns mit seinen Appellen an die Mitmenschlichkeit und Solidarität in die falsche Richtung zu locken. Die Vorwürfe an die Politik sind so lange nicht berechtigt, wie der öffentliche Resonanzboden so beschaffen ist. Nach Überzeugung der Volksparteien gewinnen Sie Wahlen eher mit einem Umlageverfahren der Sofortbeglückung machen als mit einem der langfristigen Sicherung. Ich glaube, daß die Bürger unterschwellig schon verstehen, daß das wohl nicht richtig ist. Aber zunächst einmal ist unisono und auf breitester Ebene die Pflegeversicherung im Umlageverfahren begrüßt worden.

Und jetzt erlauben Sie mir noch zwei, drei Sätze zu dem heutigen Thema. Ich beklage, daß wir die Themen der Alterssicherung immer etwas isoliert diskutieren, und daß wir nicht von vornherein den Ansatz wählen, der langfristig denkt. Die beiden Schlüsselworte für soziale Sicherungssysteme der Zukunft heißen Beschäftigung und Humankapital. Das heißt: Wie machen wir schon heute eine Familienpolitik, eine kinderfreundliche Politik, die dazu führt, daß alte Menschen später eine Sicherung finden? Denn eines ist völlig richtig: Ohne eine solche Familienpolitik wird man eine Senioren- oder Alterspolitik nicht betreiben können. Man wird sie auch nicht betreiben können, wenn nicht die Verlagerung von Arbeitsplätzen ins Ausland gestoppt wird und die Arbeitsplätze hier wieder attraktiv gemacht werden. Die Weichenstellung, die heute notwendig ist, muß deshalb an diesen beiden Punkten ansetzen.

Friedrich J. Mommsen: Ich bin der Meinung, daß das Versagen der Regierung in der Familienpolitik in den letzten Jahrzehnten einer der Gründe dafür ist, daß wir über die Altersversorgung so sprechen. Als Gemeindepfarrer habe ich viele Familien erlebt, die sagten: Wir können kein zweites Kind mehr haben, weil die Frau arbeiten muß; sonst ist es nicht zu schaffen; außerdem haben wir keine ausreichende Wohnung. Nehmen wir meine Familie als Beispiel: Sie können es durchrechnen, was es bedeutet, mit einem einzelnen Gehalt A14 vier Kinder durch ein Hochschulstudium zu bringen. Das BAFÖG ist 1982 hundertprozentig auf Darlehen umgestellt worden: Das will man für seine Kinder nicht. Und die letzte Entscheidung der Bundesregierung ist: Wenn mein Sohn jetzt in den Semesterferien arbeitet, bekomme ich das abgezogen. Vier Kinder, das sind die Zahler in späterer Zeit. *Jetzt* müßte die Familienpolitik umgestellt werden, so daß die Zahl der Kinder wieder zunimmt. Das wäre eine langfristige humane Investition. Die Not bei weniger verdienenden Menschen, die Familie haben, ist größer, als wir uns das in der Regel klar machen. Hier besteht für mich schon lange ein Defizit in unserer Politik.

W. Kannengießer: Ich bin zwar nicht sicher, ob mit zusätzlichen Leistungen an die Familien die Geburtenrate wesentlich zu steigern ist; dennoch sollte man es tun, auch aus Gründen der sozialen Gerechtigkeit. Aber wir wollen das jetzt nicht vertiefen, wir kommen gleich auf das Thema zurück im Zusammenhang mit der Ausgestaltung der Rentenversicherung.

W. Glatzer: Darf ich noch einmal an die Grafik erinnern, auf der das Sozialhilferisiko nach Altersgruppen gezeigt wurde: Es war so, daß 1970 die Älteren das viel höhere Sozialhilferisiko hatten als die Jüngeren. Jetzt haben wir ein weit höheres Sozialhilferisiko für die Kinder, und die Älteren haben sich relativ verbessert. Was eben vorgebracht wurde, ist kein Einzelfall, sondern kommt strukturell in der Sozialhilfe-Statistik zum Ausdruck.

Hans-Günter Krüsselberg: Ich vertrete hier in Marburg die Wirtschafts- und die Sozialpolitik und war Mitglied der Fünften Familienberichtskommission. Der Familienbericht liegt gerade vor unter dem Titel „Familienpolitik – Zukunft des Humanvermögens". Zukunft des Humanvermögens: Das ist das Generalthema, und wenn wir hier über soziale Sicherung im Alter reden, dann reden wir alle über ein Modell, für das wohl wesentlich mehr an Aufklärung erforderlich ist. Die Politik muß aufklären über die Grundideen dieses Modells sozialer Sicherung per Umlageverfahren.

Wenn wir vom Generationenvertrag reden, den einige ja offensichtlich jetzt abschaffen wollen, weil er sich nicht bewährt, dann liegt diesem eine Idee zu-

grunde, von der ich meine, daß sie gesellschaftspolitisch entscheidend ist. Die Idee ist, daß sich Gesellschaft um Familien organisiert. Hier geht es um die einfachen Wahrheiten, auf die Herr Miegel aufmerksam machen möchte. Von dem hier zentralen Problem haben wir gerade gehört – das Generationenproblem ist jedenfalls in der Rentenkonzeption nach Wilfried Schreiber so gesehen worden, daß da Eltern sind, die zum Beispiel zwei Kinder erziehen und gleichzeitig die Alterslast tragen, wie das heute unsinnigerweise heißt. Gemeint ist damit: Sie schulden ihren Eltern eine Gegenleistung dafür, daß sie erzogen und soweit qualifiziert worden sind, daß sie „arbeitsfähig" wurden. Mit anderen Worten: Dieses System funktioniert nur, wenn eben die Elternbelastung als natürlich angesehen wird in dem Sinne, daß man für die eigenen Eltern einzustehen hat; zudem muß man auch dafür sorgen, daß Kinder da sind, die wiederum die Versorgung für die jetzige Elterngeneration übernehmen. Seitdem über Rentenversicherung in Deutschland diskutiert wird, ist immer darauf aufmerksam gemacht worden, daß dieses System symmetrisch angelegt ist. Die Elternlast ist immer auf zwei Schultern verteilt: einmal als Kinderlast und zum anderen als Alterslast. In dem Augenblick, in dem diese Gleichmäßigkeit der Belastung nicht anerkannt wird, wird dieses System entarten.

Diejenigen, die aus welchen Gründen auch immer nicht zu Eltern werden, schulden gleichwohl der Gesellschaft diese Aufbringungsleistung für die Kinder. Wir können sicherlich nicht davon ausgehen, daß diejenigen, die dieses Geld sparen, es auf die Seite legen und nach eigenem Gutdünken nutzen können. Exakt dieser Teil persönlicher Bereicherung wäre einzuzahlen in einen Kapitalfonds – und zwar nach Maßgabe der durchschnittlichen Belastung, die Eltern etwa für zwei Kinder haben, wenn gesellschaftliche Gerechtigkeit herrschen soll. Nur so wäre das System symmetrisch. Das ist der entscheidende Punkt, und um diese Wahrheit drücken sich alle herum.

Wie dramatisch und auch belastend es im einzelnen sein mag, kinderlos zu sein – das ist nicht der gesellschaftlich relevante Tatbestand. Die individuelle Entlastung von Kosten, die wir alle aufbringen müssen, um überhaupt Zukunft zu haben, ist der kritische Tatbestand. Diejenigen, die kinderlos sind und ihre Einzahlungen in die Rentenversicherung leisten, zahlen ja nur das zurück, was sie von ihren Eltern empfangen haben. Sie erwerben keinen Anspruch auf Sicherung, denn diesen Anspruch können sie nur erwerben, indem sie für die Kinder leisten, die ihre Renten später aufzubringen haben.

Von Anbeginn haben die Versicherungswissenschaftler darauf aufmerksam gemacht, daß nur unter dieser Voraussetzung dieses System funktioniert. Wenn diese Voraussetzung aufgekündigt wird oder sich durch Politikfehler nicht realisieren läßt, dann – so meine ich gleichwohl – spricht das nicht gegen das System, denn Gesellschaften leben nur durch Familien und stellen sich nur dar über Familien. Diejenigen, die kinderlos sind, haben nach der Logik dieses Systems keinen Rentenanspruch. Das wissen wir seit etwa 50 Jahren, seit Schreiber darüber diskutiert hat, seit dieses System, das ja doch wirklich ganz einfach ist, in der politischen Debatte ist. Mit anderen Worten: Wo auch immer wir ansetzen, der entscheidende Punkt ist der, daß wir Familientätigkeit rententechnisch gleichwertig machen müssen, das heißt, daß wir im Sinne dieser eben geschilderten finanziellen Äquivalenz denken.

Genau in diesem Sinne spricht der Fünfte Familienbericht über die „Zukunft des Humanvermögens": Es geht um Vermögen, nicht um Kapital – Kapital ist Geld für Investitionszwecke, Vermögen ist verkörperte Leistungsfähigkeit. Was ich bisher über diesen Bericht in der Presse gelesen habe, zeigt mir, daß offensichtlich nicht erkannt wurde, worum es geht. Wenn wir die Familienpolitik nicht verändern, dann verspielt die Gesellschaft ihre Zukunft, aber auch das Vertrauen, das sich um das System der sozialen Sicherung aufgebaut hat.

Um dieses zu stabilisieren, so meinen einige, soll eingewandert werden. Aber alles, was heute festzustellen ist, zeigt, daß deutsche junge Menschen als potentielle Elterngeneration Kinder haben wollen. Es ist kein Indiz dafür zu finden, daß Kinderlosigkeit als Familienwunsch oder als Wunsch der jungen Generation existiert. Die jungen Familien haben nur die Rahmenbedingungen nicht, die es ihnen ermöglichen, die Kinder zu haben, die uns vor vielen drängenden Zukunftsproblemen bewahren können.

M. Miegel: Ich freue mich sehr über die klaren Aussagen dieses Berichtes. Sie waren überfällig. Aber ich will das Problem noch ein wenig zuspitzen.

Nüchtern betrachtet wurde die dauerhafte Funktionsfähigkeit der gesetzlichen Rentenversicherung mit der großen Rentenreform von 1957 zerstört. Insofern war diese Rentenreform ein Mißgeschick. Der geistige Vater dieses Systems, Wilfried Schreiber, hat von einem Adler mit zwei Schwingen – und zwar einer Alten- und einer Jugendschwinge – gesprochen. Die Politiker zuckten vor den Kosten eines solchen Zwei-Schwingen-Systems zurück. Also unterließen sie die Finanzierung der Jugendschwinge und meinten mit Konrad Adenauer, Kinder hätten die Leute immer. Damit war das Konzept der gesetzlichen Rentenversicherung von Anfang an verdorben.

Mittlerweile läßt sich die Fehlkonstruktion des Systems sehr eindrucksvoll mit Zahlen belegen. Wer zwei Kinder großzieht, leistet dafür alles in allem einen Vermögensaufwand von rund einer Million Mark. Hätte er statt zweier Kinder dieses Vermögen als Sachvermögen gebildet, dann hätte er im Alter eine Versorgung von monatlich etwa 6.000 DM. Und was gewährt ihm die Rentenversicherung bei zwei Kindern? Wenn es hochkommt, drei Prozent dieses Betrages. Mindestens ebenso problematisch ist jedoch, daß denen, die aus was für Gründen auch immer keine Kinder haben, nicht mit allem Nachdruck gesagt wird, daß sie dann ihre ersparten Aufwendungen für ihre Altersversorgung zurücklegen müßten. Und weil viele das nicht wissen, gehen sie freiwillig keiner Erwerbstätigkeit nach, genießen lange Ferienzeiten und konsumieren reichlich. Wenn sie dann alt sind sagen sie: Nun versorgt uns mal schön, ihr Kinder, die ihr großgezogen worden seid von irgendwelchen Leuten, die deswegen, weil sie euch großgezogen haben, kein Vermögen bilden konnten.

Das ganze ist völlig widersinnig: Wir bilden weder genügend Sach-, noch genügend Humankapital. Als Folge muß das Alterssicherungssystem notleidend werden. In einer solchen Situation halte ich es für unverantwortlich, zu sagen: Dann treffen wir uns im Jahre 2010 wieder und sprechen über das Problem. Ich kann nur wiederholen: Nicht 2010, sondern jetzt muß gehandelt werden, wenn das System einigermaßen sozial verträglich umgestellt werden soll.

R. Hauser: Ich fühle mich nun doch gedrängt, zwei, drei Punkte etwas differenzierter anzusprechen. Zunächst einmal: Die Rentenreform von 1957 als Mißgeschick zu bezeichnen, heißt natürlich, alle hochindustrialisierten Länder miteinzube-

ziehen. Es gibt in den großen Ländern nur im Umlageverfahren finanzierte Systeme, wobei manche voll auf Steuern zurückgreifen, um das System zu finanzieren, andere ein beitragsfinanziertes System haben oder ein Mischsystem.

W. Kannengießer: Auch die Grundrente von Herrn Miegel ist ja ein umlagefinanziertes System.

R. Hauser: Natürlich. Auch die Grundrente wäre den gleichen demographischen Belastungen ausgesetzt wie ein beitragsfinanziertes System. Die Belastungen wären nur geringer, weil die Grundrente geringer wäre. Das ist der einzige Unterschied.

Man muß sehen, daß der Begriff Bevölkerungspolitik im Dritten Reich so diskreditiert wurde, daß es noch heute niemand wagt, zu sagen: Wir wollen bewußt Kinder fördern, und zwar weil wir die Kinder brauchen, nicht weil wir die Familien entlasten wollen. Die Zahl von einer Million ist sicherlich eine Zahl, die auch gleichzeitig den Einkommensausfall von sonst erwerbstätigen Frauen mit einbeziehen würde. Es ist eine sehr hohe Zahl, und die Berechnung unterstellt, daß man Kinder nur erziehen kann, wenn man bis zum 18. oder noch höheren Lebensalter eines Kindes nicht erwerbstätig ist. Wir bewegen uns ja gerade in eine Richtung, Erwerbstätigkeit und Kindererziehung zu verbinden.

Hier kann man sicherlich noch viel tun, aber in der politischen Situation, in der man Maßnahmen des Familienlastenausgleichs verstärken möchte – und dafür würde ich stark plädieren, denn die Tatsachen sind offensichtlich –, kann man vermutlich nicht mit bevölkerungspolitischen Argumenten werben. Erstens ist der Erfolg von Maßnahmen des Familienlastenausgleichs – der Erfolg in in Richtung auf mehr Kinder – sehr unsicher. Selbst in der ehemaligen DDR, in der man einiges in dieser Richtung getan hat, hat es nur eine relativ kurzzeitige Erhöhung der Geburtenrate gegeben, dann ist sie wieder abgesunken. Aber es bleibt natürlich der Entlastungseffekt für die Familien, die Kinder aufziehen, und das sind bessere Rahmenbedingungen für den Kinderwunsch, ohne daß man sicher sein könnte, daß der Kinderwunsch dann tatsächlich realisiert wird.

E. Tack: Es reizt mich natürlich, dazu etwas zu sagen, weil ich aus einem Ministerium komme, in dem auch die Zuständigkeit für Familienpolitik angesiedelt ist. Ich bin dankbar für den Beitrag zum Familienbericht, der ja im Parlament in dieser Woche beraten wird. Nur: Es ist schon gesagt worden, das sogenannte generative Verhalten, also die Entscheidung dafür, Kinder in die Welt zu setzen, läßt sich nach den Erfahrungen, die wir bisher haben, allein mit Geld nur sehr bedingt verändern.

Wir haben eine neue Generation junger Frauen im erwerbsfähigen Alter, die mit anderer Einstellung an ihr Leben gehen und die auch im großen Durchschnitt anders ausgebildet sind als die Frauen früherer Generationen. Das zentrale Thema, wenn man mehr Kinder haben will, ist die Frage, wie löst man die Vereinbarkeit von Familie und Beruf, weil nämlich eine wachsende Zahl von Frauen auch den Beruf als eine lohnende Aufgabe sieht. Dann muß man sehen: Was tun die Frauen, die qualifiziert ausgebildet sind, während der Phase, in der sie Kinder und Familie haben, und was tun sie, wenn diese Kinder wieder aus dem Haus sind? Darüber denken viele Frauen heute nach. Wenn wir mehr Kinder haben wollen, müssen wir Rahmenbedingungen schaffen, die Familie und Beruf miteinander vereinbaren lassen. Ganz sicher: Man kann nicht nur mit der

Steigerung von Entlastungsleistungen für Familien – die wirklich notwendig sind – die Zahl der Geburten in die Höhe bringen.

Es reizt mich natürlich, zu dem Vorwurf der Hochglanzbroschüre der Bundesregierung etwas zu sagen, Herr Miegel. Sie haben das sehr schlüssig und eingängig dargestellt. Aber Ihre Position ist nicht die einzige, die in der politischen Diskussion und unter Wissenschaftlern vertreten wird, sondern es gibt durchaus kompetente Vertreter, die sagen: Wir können auch Lösungen im Rahmen des vorhandenen Systems finden. Wir müssen nicht aus diesem System aussteigen und in etwas Neues übergehen.

Und was die Grundrente angeht, Herr Miegel, nur ein Punkt dazu: Wie lösen Sie denn die 40 Jahre Übergangszeit? Rentenansprüche sind eigentumsgeschützte Ansprüche. Ich teile nicht die Auffassung, die Herr Kannengießer in einem Nebensatz erwähnt hat, daß sich die Situation vielleicht so verändern könnte, daß irgendwann das Bundesverfassungsgericht dem einmal nachgibt und sagt: Also, wir revidieren unsere Rechtsprechung von 1985. Nein. Der Systemwechsel würde die jetzt erwerbsfähige Generation über mehrere Jahrzehnte hinweg in eine massive Mehrfachbelastung bringen. Ich weiß nicht, wie es möglich sein soll, dafür die Zustimmung zu finden. Das Thema Grundrente so zu diskutieren, wie Sie es tun, Herr Miegel, scheint zwar auf Anhieb schlüssig, aber man muß dann auch die Probleme benennen.

Und was die Diskussion in der Politik angeht: Der Bundestag hat in dieser Legislaturperiode eine Enquetekommission von Wissenschaftlern und Politikern zum Thema demographischer Wandel eingerichtet. Der erste Zwischenbericht dieser Enquetekommission ist vergangene Woche vorgelegt worden – ein hochinteressantes Papier, in dem sich viele der Fragen, die wir heute angesprochen haben, wiederfinden. Und es gibt den Vorschlag, in der kommenden Legislaturperiode erneut eine solche Enquetekommission einzurichten, die diese Fragen vertiefend weiterbehandeln kann. Die politische Diskussion und die Suche nach Lösungen hat also durchaus schon begonnen. Da schläft niemand, die Politik ist wach geworden.

W. Kannengießer: Das Thema Familienpolitik ist sehr komplex, und es ist zweifellos ein wichtiger Teilaspekt des Gesamtthemas. Ich möchte aber noch eine andere Frage diskutieren.

Es gibt in jüngster Zeit eine ganze Reihe von Vorschlägen von sehr namhaften Politikern, die versuchen, über die Einnahmeseite die Finanzierungsprobleme wenigstens zu mildern. Die gibt es einmal die Diskussion um die Fremdlasten, die man aus dem System herausbringen möchte, wobei man natürlich genau schauen muß, was da als Fremdlast bezeichnet wird. Außerdem lösen Verlagerungen von Finanzmassen auf andere Haushalte das Belastungsproblem der Volkswirtschaft nicht – es sind allenfalls marginale Verteilungswirkungen damit verbunden. Was mich etwas beunruhigt, sind zwei Diskussionspunkte: Der eine geht von der Krankenversicherung aus – das ist das Thema, was Herr Henke schon angeschnitten hat -: die Erweiterung der Beitragsbemessung auf alle Einkommensarten. Hier will man die steuerliche Bemessungsgrundlage für einen Sozialbeitrag zugrundelegen, mithin den Sozialbeitrag in eine Art zweite Einkommenssteuer verwandeln, was natürlich auch weitreichende Konsequenzen für die langfristige Entwicklung des Sozialsystems haben muß. Das zweite ist sowohl in dem neuen Buch von Schäuble als auch in einem Aufsatz, den neulich Herr Seehofer veröffentlicht hat, angesprochen

worden: Beide thematisieren wieder einmal das Thema Wertschöpfungssteuer – populär gesagt Maschinensteuer – zur Entlastung des Sozialsystems, weil sie natürlich sehen, daß man bei der Belastung der Löhne bis an die Grenze gegangen ist. Nun versucht man, mit anderen Bemessungsgrundlagen die Einnahmeseite des Systems zu stützen.

K.-D. Henke: Herr Kannengießer, es sind viele Fragen, die Sie angesprochen haben. Sie sind alle wichtig. Aber wir sollten hier trennen: die finanzielle Absicherung des Krankheitsrisikos, die ein Zweig der Sozialversicherung ist, auf der einen Seite, und Altersbezüge mit den verschiedensten Hintergründen auf der anderen Seite. Ich sehe natürlich deren Verwobenheit. Arbeitslosigkeit und Unfall sind weitere Risiken; die Pflegeversicherung ist jetzt dazu gekommen. Ich will aber davor warnen, diese fünf Säulen immer simultan zu diskutieren, weil man irgendwie das Gefühl hat, das ist doch alles eins. Auch die finanziellen Beziehungen zwischen diesen verschiedenen Trägern – dieser Verschiebebahnhof, wie es immer heißt –, müßten etwas transparenter sein, um zu erkennen, daß man hier vielleicht deutlicher trennen kann im Dienste der Aufklärung und eines neuen Kostenbewußtseins.

Daß in den verschiedenen Zweigen versicherungsfremde Leistungen gibt, ist ein Thema, das hier angesprochen wurde, und es sind auch immer wieder Zahlen in der Diskussion. Hierbei handelt es sich um eine Kostenverlagerung. Es wird also aus einem Zweig der Sozialversicherung etwas herausgenommen und gesagt, das müßte aus allgemeinen Deckungsmitteln, aus Steuern aufgebracht werden. Diesen Versuch gibt es in der Krankenversicherung auch, aber: Es ist ein Kostenverlagerungsmodell. Man kann da nicht abspekken und sagen, wir haben gespart.

Bei der Gesetzlichen Krankenversicherung handelt es sich um ein ganz anderes System als bei der Rentenversicherung handelt. Bei der GKV haben Sie immer eine doppelte Finanzierung. Sie holen zunächst in einer primären Finanzierung – entweder über Sozialversicherungsbeiträge, über risikoproportionale Beiträge oder über Steuern – genau wie bei der Rentenversicherung Geld herein. In der Rentenversicherung geht dieses Geld mehr oder weniger sofort in die Rentenzahlung und wird dort zu Konsum- oder Sparvermögen. In der gesetzlichen Krankenversicherung ist das vollkommen anders. Dort geht es in die verschiedensten Leistungssektoren. Da werden Zahnärzte bezahlt und Krankengymnasten, die Krankenhäuser, die zahnmedizinische Versorgung und der Unfallrettungsdienst.

Dieses Vertragsgeschäft – ich nenne es einmal Beschaffungsmanagement – von Gesundheitsvorleistungen hat mit der Rentenversicherung nichts zu tun. Darum bin ich der Meinung, man sollte in den Debatten und den Finanzierungsfragen die äußere Finanzierung von der inneren Finanzierung trennen. In diesem Beschaffungsmanagement liegen enorme Wirtschaftlichkeitsreserven. Das würde ich, Herr Kannengießer, in die Finanzierungsprobleme einbeziehen.

Durch die Liberalisierung des Vertragsrechts in dem Sie, Herr Heinz, als Kassenvertreter eine Rolle spielen werden, ist eine Bewegung feststellbar. Die ganze Kassenartenlandschaft wird zur Zeit aufgebrochen und wettbewerblich orientiert im besten Sinne des Wortes. Dafür fehlt es an einem Rechtsrahmen, und ich denke manchmal, daß auch das zu einer Finanzierung beitragen wird innerhalb der inneren Finanzierung.

Ihre eigentliche Frage war aber vielleicht mehr bezogen auf die sieben Einkunftsarten: Die sieben Einkunftsarten sind für mich – wenn ich einmal etwas Politisches sagen darf – doch etwas mehr Steuerstaat. Sie bekommen neben ihrer Steuererklärung mit den sieben Einkunftsarten eine Sozialabgabenerklärung als freiwillig versicherter Rentner, müssen dort Angaben machen, und aus dieser breiteren Bemessungsgrundlage kann – je nachdem, ob es aufkommensneutral läuft oder nicht – ein niedriger Beitragssatz oder bei gleichem Beitragssatz ein höheres Aufkommen erzielt werden. Noch einmal auf einer weiteren technischen Ebene: Kaum jemand macht sich Gedanken darüber, wie eigentlich das Inkassoverfahren laufen soll. Die Versicherungsbeiträge werden heute ja über das Lohnbüro von Unternehmen überwiesen. Wenn wir jetzt aber mit sieben Einkunftsarten dort hinübergehen, dann sagt das Lohnbüro: Das weiß ich nicht. Kapitaleinkünfte, Gewerbebetrieb, das sind Einkunftsarten, von denen habe ich gehört, aber das weiß ich von unseren Arbeitnehmern nicht. Ich will es nicht dramatisieren – wir müßten uns aber schon ein neues Inkassoverfahren überlegen. Sieben Einkunftsarten kann man vor dem Hintergrund einer Leistungsfähigkeitsbesteuerung begründen. So sind sie auch entstanden. Es gibt die wenigen Millionäre, die aus unselbständiger Tätigkeit ein Minimaleinkommen erzielen, damit alle Benefits der gesetzlichen Krankenversicherung in Anspruch nehmen und die Millionen aus anderen Einkunftsarten haben. Die Frage, die sich für mich stellt, ist, ob man das Finanzierungssystem nicht doch grundlegender und ordnungspolitisch neuartig diskutieren muß, ehe man – weil das vielleicht fünfmal passiert ist – dann gleich sieben Einkunftsarten sozusagen zur generellen Bemessungsgrundlage macht.

Dann haben Sie die Wertschöpfungsabgabe erwähnt – den Maschinenbeitrag. Auch das hat – ein wenig – mit den Einkommensarten zu tun. Man betrachtet Löhne und Gehälter als den schon belasteten Faktor Arbeit. Nun will man auch den Faktor Kapital – Unternehmereinkünfte und Erträge aus Vermögen – belasten: Das ist etwas, was bei den sieben Einkunftsarten auch geschehen würde. Ich glaube nicht, daß das Wege sind, um aus Finanzierungsmiseren herauszukommen, wobei ich das insbesondere für die gesetzliche Krankenversicherung begründet habe. Für die Rentenversicherung – meine ich – ist es wieder ein anderes Thema, aber wegen der großen Verwobenheit und der Tatsache, daß wir in den Medien die komplexen Themen, die wir hier diskutieren, überhaupt nicht herüberbringen können, kann die Öffentlichkeit sich kein genaues Bild machen. Es fehlt in der Presse – mit Ausnahmen natürlich – an Möglichkeiten, diese Dinge, die wir hier im Forum Philippinum verhandeln, an eine große Öffentlichkeit zu bringen, ohne daß man es immer mit der Geschichte verbindet, da sei ein Millionär und dort sei jemand gestorben. Es wäre hilfreich, in der Öffentlichkeit einmal in Ruhe die konzeptionellen Grundlagen der Weiterentwicklung unserer Sozialversicherung vor der demographischen Herausforderung zu diskutieren.

G. Heinz: Ich möchte nur ganz wenige Sätze zu dem Thema Finanzierung sagen. Ich warne davor, nach Wegen zu suchen, die die Probleme über die Einnahmenseite lösen. Das führt uns nicht weiter. Ich habe schon ausgeführt, daß eine weitere Steigerung der Abgabenlast die Wettbewerbsfähigkeit der deutschen Wirtschaft ruinieren würde.

Zum Thema Fremdlasten: In der Tat ist es so – ich gebe Ihnen Recht, Herr Henke –, daß die Verschiebung von Leistungen aus einem Sozialleistungssystem in das Steuersystem zunächst einmal

nichts spart. Ich glaube aber, daß es sich die Politik zu leicht macht. Man benutzt die Sozialleistungssysteme – oder mißbraucht sie sogar –, um Belastungen geräuschloser zu verteilen. Wenn alle versicherungsfremden Leistungen aus dem Steuertopf finanziert werden müßten, würde dem Gebot der Sparsamkeit mehr Rechnung getragen. Deswegen plädieren wir dafür, die Leistungen, die nicht in das System der sozialen Sicherung gehören, aus dem Steuertopf zu finanzieren.

Und schließlich zum Thema Maschinensteuer oder Wertschöpfungssteuer: Ich glaube, die Diskussion darüber ist eigentlich abgeschlossen. Sowohl die Arbeitgeberseite als auch der Deutsche Gewerkschaftsbund sind sich darüber einig, daß das keine Lösung sein kann, weil man damit den Produktivitätsfortschritt behindert und letzlich die Quellen verstopft, aus denen die sozialen Sicherungssysteme gespeist werden.

R. Hauser: Ich will noch einmal betonen, daß diese Kostenverlagerung das demographische Problem überhaupt nicht ändert. Es verteilt möglicherweise diese Belastung auf etwas andere Schultern.

Der nächste Punkt ist: Man muß wirklich Krankenversicherung und Rentenversicherung unterscheiden. Die Krankenversicherung hat einen hohen Umverteilungsanteil, weil letzlich für jeden Patienten oder für jeden Versicherten die Leistung gleich hoch ist, aber die Beiträge einkommensproportional erhoben werden bis zu einer Obergrenze; hier ist eine Ausweitung der Bemessungsgrundlage, die dann eher einer Art steuerlichen Bemessungsgrundlage ähnelt, einsehbar. In einer Rentenversicherung, die ja immer noch weitgehend nach dem Äquivalenzprinzip ausgerichtet ist, führt jede Verbreiterung der Bemessungsgrundlage auch zu Konsequenzen auf der Leistungsseite.

Wenn man auf der Beitragsseite eine andere Beitragsgestaltung zulassen würde und einen anderen Finanzierungsanteil über den jetzigen Staatsanteil hinaus, der ja gerade die Fremdlasten decken soll, dann würde das auch eine andere Rentenberechnung erfordern; oder es wäre ein allgemeiner Zuschuß. Das gleiche gilt für die Ausweitung der Bemessungsgrundlage für die Rentenversicherung. Es gäbe kein Argument, einer Person, die Beiträge aus 3.000 DM Arbeitseinkommen und weitere Beiträge aus 2.000 DM Mieteinnahmen zahlt, nur eine Rente zu gewähren, die auf dem Arbeitseinkommen von 3.000 DM beruht. Hier sehe ich keine Möglichkeit, wenn man nicht noch stärker und ziemlich willkürlich vom Äquivalenzprinzip abweichen will.

W. Kannengießer: Ich würde dem uneingeschränkt beipflichten, Herr Hauser, nur habe ich ein Problem: Warum eigentlich sollen die Zinseinkünfte, die Sie hoffentlich neben Ihrem Beamtensalär oder Ihrer späteren Pension haben, eine höhere Rentabilität haben als die Zinseinkünfte eines Arbeitnehmers oder eines Rentners? Warum soll das sozialpflichtig werden, während Ihres nicht sozialpflichtig ist? Denn Sie müssen ja sehen: Der Krankenversicherungsbeitrag ist eine Umverteilungsabgabe, jedenfalls ein Beitrag mit einem stark umverteilenden Effekt. Warum soll eigentlich nur der Kreis der gesetzlichen Krankenversicherer zu dieser Umverteilung beitragen?

R. Hauser: Ich glaube, daß hier wieder ein kleines Mißverständnis vorliegt. Ich sagte, daß eine Ausweitung der Bemessungsgrundlage für die Krankenversicherung wegen dieser umverteilenden Wirkung angemessen sein könnte. Da wäre ich eher geneigt, zuzustimmen, sogar ohne Beitragsbemessungsgrenze.

W. Kannengießer: Meinen Sie damit eine allgemeine Versicherungspflicht auch der Beamten und aller Selbständigen?

R. Hauser: Warum nicht? Sie wissen, daß die Beamten die Hälfte ihrer Krankheitskosten ohnehin privat versichern müssen, ohne irgendwelche Ermäßigungen, sondern pro Kopf. Das war nicht der Punkt. Der Punkt war, daß man in der Rentenversicherung nicht ohne weiteres eine Verbreiterung der Bemessungsgrundlage vornehmen kann, weil in der Rentenversicherung höheren Beiträgen – aus welcher Bemessungsgrundlage auch immer – notwendigerweise höhere Renten gegenüberstehen würden. Überdies wäre diese Überlegung auch völlig konträr zu der Vorstellung, daß man die Rentenversicherung auf eine Regelversicherung beschränkt und das darüber Hinausgehende der privaten Vorsorge überläßt. Die Zinsen unterliegen ja der Besteuerung außer im Rahmen dieses Freibetrages von 6.000 DM, den ich persönlich für zu hoch halte.

W. Kannengießer: Ich stimme Ihnen in dem Punkt, der die Unterscheidung zwischen Renten- und Krankenversicherung betrifft, uneingeschränkt zu.

Meine Damen und Herren, wir haben die Zeit erreicht. Ich bin ganz sicher, daß es noch viele ungelöste und nicht einmal angesprochene Probleme gibt, aber jede Zeit und auch eine solche Diskussion hat ihre Grenze. Ich hoffe, es war aufschlußreich für Sie. Ich habe es anregend gefunden, mit Disziplinen in Verbindung zu kommen, mit denen ich üblicherweise keine Verbindung habe, wie Herrn Howe und auch Herrn Glatzer. Ich finde, das hat unsere Diskussion bereichert. Ich danke allen auf dem Podium, daß sie es mir so leicht gemacht haben und schließe damit die Diskussion.

Peter Borscheid: Ganz herzlichen Dank Herrn Kannengießer und allen Referenten auf dem Podium für diese mitreißende Diskussion.

Zum Schluß lassen Sie mich noch ganz kurz etwas zum Generalthema dieser Veranstaltung sagen. Wir haben auf dem letzten Forum Philippinum vor zwei Jahren einen Eröffnungsvortrag gehört, der über komplexe Systeme handelte, und wir haben dabei gelernt, wie schwierig deren Handhabung ist. Das heutige Thema hat genau dies demonstriert. Es hat gezeigt, was ein komplexes System ist und wie wir damit umgehen müssen. Die drei Tage haben insgesamt verdeutlicht, daß wir von sehr vielen Seiten aus, das heißt von sehr vielen Disziplinen aus, an diesen Themenkomplex herangehen müssen, wenn wir Lösungen finden wollen, ohne daß es zu Unstimmigkeitslücken kommt.

Das diesjährige Forum Philippinum war für mich persönlich eine Ermutigung. Es war schon frappierend, wie die verschiedenen Disziplinen miteinander geredet, wie sie eine gemeinsame Sprache gefunden haben und allesamt zu diesem gewaltigen Problem etwas sagen konnten. Ich habe dies als Aufforderung verstanden, auch an den Fachbereichen dieser Universität, an denen man oft sehr isoliert arbeitet und mit Scheuklappen nur in eine Richtung schaut, über genau dieses Thema zusammenzuarbeiten und nach Lösungsmöglichkeiten zu suchen. Hier sind die Gerontologen und die Geriatriker aufgefordert, die Wirtschaftswissenschaftler und die Soziologen, die Kulturwissenschaftler und Historiker sowie andere mehr. Ich glaube, es stände dieser Universität gut an, Alter und Altern unter interdisziplinärer Perspektive in ihren Forschungskatalog aufzunehmen.

Herzlichen Dank für Ihre Teilnahme, herzlichen Dank an alle Helfer und vor allem an den Marburger Universitätsbund, der diese drei Tage erst ermöglicht hat. Ganz herzlichen Dank Ihnen allen.

Forum-Teilnehmer

Alpar, Paul, Prof. Dr., Marburg
Arendt, Gerhard, Marburg
Arndt, Irmgard, Marburg
Augustin, Erika-Lony, Marburg
Autsch, Siegen

Babel, Dietrich, Prof. Dr., Marburg
Babel, Gisela, Dr., MdB, Marburg
Bahls, Wiebke, Marburg
Balks, Elisabeth, Herten
Barth, Dirk, Dr., Marburg
Baumert, Erika, Bad Endbach
Becker, Gisela, Marburg
Becker, Siegfried, Dr., Marburg
Bentler, F., Weimar
Berger, Edeltraut, Marburg
Bickert, Rainer, Rotenburg
Bienert, Wolfgang A., Prof. Dr., Marburg
Bimmer, Andreas, Dr., Marburg
Bock, Hans-Erhard, Prof. Dr. Dr. h. c., Tübingen
Böttcher-Bühler, Eckhard, Frankfurt
Borscheid, Marie-Hélène, Dr., Cölbe
Borscheid, Peter, Prof. Dr., Cölbe
Braun-Elwert, Wilhelm, Dr., Marburg
Brendl, Charlotte, Niederweimar
Brunner, Thomas, Marburg
Bringéus, Nils-Arvid, Prof. Dr., Lund
Buske, Waldemar, Marburg

Dellbrügge, Gretel, Marburg
Dickhaut, Eva-Maria, Marburg
Dietrich, Wolfgang, Marburg

Dilg, Peter, Prof. Dr., Marburg
v. Ditfurth, Benedikte, Marburg
Dülfer, Eberhard, Prof. Dr., Marburg

Ebel, Ernst, Frankenberg
Eberhardt, Gudrun, Marburg
Egner, Toni, Marburg
Engebrecht, Lidia, Marburg
v. Engelhardt, Dietrich, Prof. Dr., Lübeck

Fiedler, Dr., Meschede
Flemming, Elke, Lahntal
Förster, Wolfgang, Prof. Dr., Weimar/
   Lahn
Foltin, H. F., Prof. Dr., Marburg
Freitag, Eberhard, Marburg
Friedrich, Arnd, Dr., Haina/Kloster
Friedrich, Ruth, Haina/Kloster

Gaethgens, Heinrich, Dr., Marburg
Gareis, Hansgeorg, Prof. Dr., Marburg
Glatzer, Wolfgang, Prof. Dr., Frankfurt
Gmeiner, A., Marburg
Gokorsch, Helga, Dillenburg
Gottschlich, Hannelore, Marburg
Groll, Ruth, Marburg
Günther, Klaus-J., Prof. Dr., Marburg

Hardach, Gerd, Prof. Dr., Marburg
Hauser, Richard, Prof. Dr., Frankfurt
Heinz, Gustav, München
Henke, Klaus-Dirk, Prof. Dr., Hannover
Heß, Friedhelm, Prof. Dr., Marburg

Hoberg, Kathrin, Marburg
Höhmann, Bernd, Marburg
Hoevel, Ruth, Marburg
Howe, Jürgen, Prof. Dr., Vechta
Hübner, Jürgen, Prof. Dr., Heidelberg

Imhof, Arthur E., Prof. Dr., Berlin

Jockel, Beate, Frankenberg
Jockel, Rudolf, Frankenberg
Jungraithmayr, Herrmann, Prof. Dr.,
  Marburg

Kannengießer, Walter, Bonn
Karges, Recklinghausen
Karle, Sabine, Marburg
Keil, Siegfried, Prof. Dr. Dr., Marburg
Kilian, Ursula, Hagen
Koch, Günther, Marburg
v. Köller-Pernice, Sigrid, Bonn
Korflür, Eduard, Marburg
Korn, Gunthild, Dr., Marburg
Kraatz, Martin, Dr., Marburg
Krafft, Fritz, Prof. Dr., Weimar
Krausnick, Mathilde, Marburg
Krideland, Raimund, Prof. Dr., Marburg
Krüger, A., Marburg
Krüsselberg, Hans-Günther, Marburg
Krukenberg, Frauke, Marburg
Kruse, Andreas, Prof. Dr., Greifswald

Langer, Ingrid, Prof. Dr., Marburg
Lauer, Hans H., Prof. Dr., Marburg
Lehr, Claus-Michael, Prof. Dr., Marburg
Löwer, Gerhard, Dr., Homberg/Efze
Loogen, Rita, Prof. Dr., Lahntal
Lotta, Margarete, Marburg

Markowetz, Bernd, Dr., Marburg
v. Marnitz, Ilse, Marburg
v. Marschall, Friedrich, Marburg
Martini, Elisabeth K., Marburg
Martini, G. A., Prof. Dr., Marburg
Marx, Ruth, Dr., Marburg
Mauss, Christiane, Köln
Mauss, Hans, Dr., Köln

Meinke, Dieter, Dr., Marburg
Melsheimer, Gretl, Marburg
Melsheimer, Volker, PD Dr., Marburg
Menk, Gerhard, Dr., Marburg
Menk, Horst, Marburg
Merk, Ingrid, Haina/Kloster
Merk, Walter, Haina/Kloster
Metker, Thomas, Bonn
Miegel, Meinhard, Prof. Dr., Bonn
Milinski, E., Marburg
Mommsen, F.J., Dr., Marburg
Mommsen, Hannelore, Marburg
Müller, Gerhard, Marburg

Nau, Irmgard, Kirchhain
Navosak, Hanny, Marburg
Nedde, Dietmar, Dr., Frankfurt
Neie, Herbert, Dr., Fulda
Neie, W., Fulda
Neuefeind, Bernd, Dr., Marburg

Olias, Edith, Marburg
Olias, Ursel, Marburg
Pampuch, Dorothea, Marburg
Papenberg, Maren, Marburg
Penkert, Annette, Marburg
Perabo, Christa, Marburg
Pfeifer, Emil, Marburg
v. Pirscher, Vera, Marburg

Renner, Rudolf, Marburg
Rentsch, Thomas, Prof. Dr., Dresden
Rösler, Frank, Prof. Dr., Marburg
Rohde, Heidi, Rosbach
Rosenmayr, Leopold, Prof. Dr., Wien
Rotta, Christian, Dr., Stuttgart
Rubert, Ingeborg, Marburg

Schaal, Werner, Prof. Dr., Marburg
Schade, Karlheinz, Marburg
Scharfe, Martin, Prof. Dr., Marburg
Schiffler, Hildegard, Marburg
Schiller, Theo, Prof. Dr., Marburg
Schimassek, Hans, Prof. Dr., Nieder-
  asphe
Schipprazk, Ulrike, Homberg/Efze

Schmidt, Gudrun, Bad Endbach
Schmidt, Markus, Marburg
Schmidt, Roderich, Prof. Dr. Dr. h.c.,
  Marburg
Schmidts, Ilse, Marburg
Schmidt-Wiegand, Ruth, Prof. Dr., Marburg
Schmitt, Erich, Dr., Gießen
Schmitt, Marianne, Gießen
Schröter, Rainer, Marburg
Schulze-Stampe, Ursula, Marburg
Schumacher, Jochen, Marburg
Schumann, Herbert, Marburg
Schwick, Hans-Gerhard, Prof. Dr. Dr.,
  Marburg
Seidel, Heinrich, Siegen
v. Seydlitz, Friedrich, Kirchhain
v. Seydlitz, Gudrun, Dr., Kirchhain
Siebert-Wörenkämper, Luela, Marburg
Simon, Dietrich, Prof. Dr., Marburg
Sommer, Manfred, Prof. Dr., Marburg
Stamm, Karl-Heinrich, Dillenburg

Stamm, Ursula, Dillenburg
Stübig, Heinz, Prof. Dr., Marburg

Tack, Eduard, Bonn
Trouvain, Franz-J., Dr., Friedrichsdorf

Uhlig, Claus, Prof. Dr., Marburg
Urban, Gerda, Marburg

Vießmann, Hans, Dr. Dr., Battenberg

Wagner, Harald, Prof. Dr., Marburg
Wagner, R., Marburg
Walter, Claus, Marburg
Weber, Hansjörg, Prof. Dr., Marburg
Weber, Herbert, Dr., Marburg
Welter, Hanns, Marburg
Werkmüller, Dieter, Prof. Dr., Kirchhain
Wiese, Bettina, Marburg
Winkler, Annemarie, Marburg

Zimmermann, Horst, Prof. Dr., Marburg

Marburger Fora Philippina

1959 Probleme der Aktienrechtsform

1960 Arbeitsmüdigkeit und Erholung des tätigen Menschen als Gegenwartsproblem

1961 Hochschulreife – Lebensbewährung

1964 Das Arzneimittel in unserer Zeit

1966 Eigentum – Gesellschaft – Mitbestimmung

1969 **Genetik und Gesellschaft** (G.G. Wendt, Ed.)
Aus dem Inhalt:
Sozialgenetik – Ursachen des Schwachsinns – Das behinderte Kind – Mutations-
belastung – Genetische Beratung – Populationsgenetik – Molekulargenetik – Ethik
und Genetik
mit Beiträgen von:
H. Baitsch, P.E. Becker, H. Bickel, F. Böckle, H. Grüneberg, H.W. Jürgens, F. Kau-
dewitz, W. Lenz, K. Nitsch, L.S. Penrose, H. Ritter, H. Schipperges, G. Schwalm,
F. Vogel, G.G. Wendt und einem Vorwort von K. Winnacker

1972 **Umwelt und Gesellschaft** (W. Brommer, Ed.)
Der gefährdete Lebensraum in der Verantwortung der Gesellschaft
Aus dem Inhalt:
Umwelthygiene – Schadstoffe – Beeinflussung der Atmosphäre – Pestizide –
Fremdstoffe in der Nahrung – Stromversorgung und Umweltschutz – Umwelt-
freundliche Technik – Umweltpolitik – Umweltschutz
mit Beiträgen von:
D. Behrens, W. Bommer, J. Borneff, K. Buchwald, H.W. Georgii, R. Kallenbach,
J.H. Koeman, W. Koransky, H. Frh. v. Lersner, H.G. Wolters und einem Vorwort
von K. Winnacker

1973 **Computer und Gesellschaft** (F. Krückeberg, W. Walcher, B.-A. Brandt, Eds.)
Aus dem Inhalt:

Die Herausforderung durch den Computer – Mathematische und technische Grundlagen – Möglichkeiten der Datenverarbeitung – Evolutionsprozesse auf dem Computer – Computer im Bildungswesen – Computermedizin – Biosignalanalyse – Computer in der Gesetzgebung – Sozialdatenbank – Datenschutz – Planungsinformationssysteme – Sozioökonomische Aspekte
mit Beiträgen von:
H. Donner, K. Eyferth, H. Fiedler, H. Fischer, R. Fugmann, P. Hoschka, H. Kuhlendahl, W. Merzenich, E. Pestel, A. Proppe, L. Richter, U. Seidel, P. Winkler und einem Vorwort von K. Winnacker

1974 Immunologie und Gesellschaft (H.G. Schwick, Ed.)
Impfung/Allergie/Autoaggression/Transplantate/Tumorimmunologie
Aus dem Inhalt:
Impfstoffe – Impfpolitik – Kosten-Nutzen-Analysen – Impfung in Entwicklungsländern – Allergie – Arzneimittelallergien – Prophylaxe und Rehabilitation – Autoimmunität – HL-A-System – Organtransplantation – Rhesus-Prophylaxe – Genmanipulation – Tumorimmunologie – Tumorprophylaxe – Krebs und Gesellschaft
mit Beiträgen von:
P. Bockelmann, H.D. Brede, W. Brendel, E.P. Chain, F. Deinhardt, H. Finger, H. Fischer, K. Fischer, H.D. Flad, E. Fuchs, R. Haas, W. Hennessen, P. Kallós, M. Klausing, E. Marcher, L. v. Manger-Koenig, P.A. Miescher, M. Mussgay, R.A. Reisfeld, J.J. van Rood, E. Schöpf, H.G. Schwick, R. Siegert, G.F. Springer, O. Westphal, E.-L. Winnacker und einem Vorwort von K. Winnacker

1976 Information und Gesellschaft (F.-H. Philipp, Ed.)
Bedingungen wissenschaftlicher Publikation
Aus dem Inhalt:
Verantwortung des Wissenschaftlers gegenüber der Öffentlichkeit – Wissenschaftler und seine Publikationen – Formen und Arten – Maß und Umfang – Qualitätskriterien – Ökonomische Aspekte – Rechtsprobleme – Sammlung und Speicherung – Literaturversorgung – Programm der Bundesregierung: Information und Dokumentation – Wissenschaftliche Information und Öffentlichkeit
Mit Beiträgen von:
H. Maier-Leibnitz, R. Schubert, H. Götze, E. Mittler, B. Eckmann, S. Sudhof, C. Michaletz, P. Katzenberger, H. Arntz, R. Kluth, G. Pflug, S. Foerster, F.-H. Philipp, F. Lohner, R. Flöhl und einem Vorwort von K. Winnacker

1977 Wissenschaft und Gesellschaft (R. Schmitz, Ed.)
Herausforderungen und Wechselwirkungen in ihrer Zeit
Aus dem Inhalt:
Wissenschaft und Öffentlichkeit – Tradition und Emanzipation – Universität und humanistische Akademie – Wissenschaftsorganisation – Naturwissenschaftliche Entdeckungen – Herausforderungen der Zeit – Traditionalismus – Wissenschaft und Moral – Rechtswissenschaften und Politik – Tradition und Gegenwart – Universität + Zukunft?

mit Beiträgen von:
E. Bartholomé, L. Boehm, A. Diemer, S. Dresden, H.-G. Gadamer, B. Kirchgässner, W. v. Loewenich, D. V. McQueen, H. Mohr, W. Rüegg, R. Schmitz, E. Seidler, H.J. Vogel und einem Vorwort von K. Winnacker

1979 Kunst und Gesellschaft (H. Klotz, Ed.)
Grenzen der Kunst
Aus dem Inhalt:
Grenzen der Kunst – Schein der Kunst – Kunst als Vorbild – Jeder Mensch ein Kunstwerk – Gegenwartskunst – Gefährdung der Kunst – Avantgarde – Risiken eines Museumsdirektors – Kulturpolitik
mit Beiträgen von:
E. Beaucamp, D. Bohrer, B. Brock, H. Hoffmann, P. Iden, W. Schmalenbach, O.M. Ungers, W. Vostell, M. Warnke und einem Vorwort von K. Winnacker

1980 Archäologie und Gesellschaft (B. Andreae, Ed.)
Forschung und öffentliches Interesse
Aus dem Inhalt:
Archäologie und moderne Welt – Historisches Bewußtsein – Ägyptomanie – Angebot der Archäologie – Umweltprobleme – Gesetzgebung zum Schutz des Kulturgutes – Weltarchäologie – Olympia heute – Ökonomie der Archäologie
mit Beiträgen von:
C.A. Andreae, K. Ayiter, A.H. Borbein, E. Buchner, F.G. Maier, N. Nissiotis, I. Scheibler, S. Settis, D. Wildung und einem Vorwort von K. Winnacker

1981 Medizin und Gesellschaft (G.A. Martini, Ed.)
Ethische Verantwortung und ärztliches Handeln
Aus dem Inhalt:
Grenzen ärztlichen Handelns – Medizinische Ethik – Medizin und Technik – Intensivtherapie – Genetische Manipulation – Therapeutischer Versuch am Menschen – Ethikkommissionen – Gesundheitsanspruch des Patienten
mit Beiträgen von:
F. Deinhardt, W. Dölle, F. Fischer, R. Flöhl, R. Kautzky, A. Motulski, H.L. Schreiber, J. Siegrist, P. Sporken, J. Waldenström und einem Vorwort von K. Winnacker

1982 Ernährung und Gesellschaft (E. Ehlers, Ed.)
Bevölkerungswachstum und agrare Tragfähigkeit der Erde
Aus dem Inhalt:
Weltbevölkerung und Welternährung – Bevölkerungswachstum im vorindustriellen Europa – Bevölkerungswachstum heute – Bevölkerungsexplosion – Ökologische Grundprobleme – Steigerung der Erzeugung im Pflanzenbau und Tierhaltung
mit Beiträgen von:
F. Böckle, E. Ehlers, J.A. Hauser, H.R. Hemmer, H. Kötter, R. Korte, O. Matzke, D. Redlhammer, D. Saalfeld, W. Weischet, H. Zucker und einem Vorwort von K. Winnacker

1983 Chemie und Gesellschaft (G. Boche, Ed.)
Herausforderung an eine Welt im Wandel
Aus dem Inhalt:
Chemie und Gesellschaft – Die Stellung der Chemie in Deutschland – Gedanken nach 118 Semestern Chemie – Forschung in der chemischen Industrie – Produktionsverantwortung und Umweltbewußtsein – Werkstoffe und Wirkstoffe – Chemie und Öffentlichkeit – Chemie und Umwelt
mit Beiträgen von:
E. Biekert, G. Boche, E. Bouillon, R. Lüst, E. Noelle-Neumann, G.C. Pimentel, V. Prelog, R. Sammet, E. Weise, G. Zbinden, F. Zimmermann und einem Vorwort von W. Kröll

1984 Jugend und Gesellschaft (H. Remschmidt, Ed.)
Realitätsbewältigung, Krisen und Auswege
Aus dem Inhalt:
Jugend: Gesellschaftliche Lagen oder gesellschaftliches Versagen – Historische Anmerkungen zur Situation der Jugend – Aggression und Anpassung – Perspektiven unseres Bildungssystems – Zur Identität der Jugend – Jugend der 50er und 80er Jahre – Jugend zwischen Resignation und Hoffnung
mit Beiträgen von:
K. Allerbeck, O. Ewert, W. Fuchs, W. Hornstein, H.R. Laurien, H. Remschmidt, H. Scarbath, M. Schmidt, H. Schüler-Springorum, H. Sinn, F.H. Tenbruck und einem Vorwort von H. Gareis

1986 Arbeitnehmer oder Arbeitsteilhaber? (V. Beuthien, Ed.)
Zur Zukunft des Arbeitsrechts in der Wirtschaftsordnung
Aus dem Inhalt:
Sinn der Arbeit, Sinn des Lebens – Das Arbeitsverhältnis im Wandel – Durch Mitbestimmung der Arbeitnehmer zum unternehmerischen Teilhaberverhältnis? Vermögensteilhabe der Arbeitnehmer; Wege, Nutzen, Grenzen – Betriebliche Vermögensbeteiligung in der Praxis – Aufgaben der Koalitionen in einer sich fortentwickelnden Unternehmensordnung
mit Beiträgen von:
G. Backhaus, H. Besters, V. Beuthien, G. Brakelmann, F.G. Breckwoldt, E. Gaugler, M. Kittner, M. Lieb, D. Reuter, F.-J. Säcker, R. Scholz, R. Thüsing, H. Wiedemann und einem Vorwort von H. Gareis

1987 Die Zukunft der Staatsfinanzierung (H. Zimmermann, Ed.)
Aus dem Inhalt:
Staatsfinanzen und Staatsbürger – Änderungen in der Struktur der Staatsfinanzierung – Steuerpolitische Ideale der Gegenwart – Die heutige Steuerreformdiskussion vor dem Hintergrund struktureller Wandlungen des Steuersystems – Änderung der Steuerstruktur in Richtung auf mehr Ausgabenbesteuerung? – Finanzpsychologische Aspekte der Staatsfinanzen – Langfristige Finanzierbarkeit der gesetzlichen Rentenversicherung – Langfristige Finanzierbarkeit der gesetzlichen Krankenversicherung – Was kann die Staatsverschuldung in der Zukunft leisten? –

Wählerverhalten als Grenze der Umverteilung? – Gesamtwirtschaftliche Effizienz, gesellschaftliche Umverteilung und Wachstum der Staatstätigkeit: ein Überblick
mit Beiträgen von:
W. Albers, K.-H. Hansmeyer, K.-D. Henke, G. Hirai, G. Kirchgässner, R.A. Musgrave, F. Neumark, A. Peacock, W.W. Pommerehne, O. Sievert, H. Zimmermann und einem Vorwort von H. Gareis

1988 Kirche und Gesellschaft (W. Härle, Ed.)
Analysen – Reflexionen – Perspektiven
Aus dem Inhalt:
Das Selbstverständnis der christlichen Kirchen – Kirche und Gesellschaft. Orientierungspunkte in einem weiten Feld – Das Verhältnis von Glaube, Kirche und Gesellschaft aus soziologischer Sicht – Religion und Organisation. Die gesamtgesellschaftliche Funktion der Kirche aus der Sicht der evangelischen Theologie – Gesellschaftspolitische Mitverantwortung der Kirche – Leitideen verantworteter Technik – Evangelische Verantwortung in einer demokratisch verfaßten Gesellschaft – Triumphe der Aufklärung und Katastrophen der Seele – Heilendes und krankmachendes Wirken der Kirche – Gesellschaftliche Erwartungen und der Auftrag der Kirche
mit Beiträgen von:
H. Gärtner, W. Härle, E. Herms, Fr.-X. Kaumann, W. Korff, D. Rössler, G. Schmidtchen, H. Simon, K. Stoll, K. Thomas und einem Vorwort von H. Gareis

1989 Medien und Gesellschaft (W. v. Bredow, Ed.)
Auf dem Weg zu einem Analphabetismus für gehobene Ansprüche?
Aus dem Inhalt:
Regierungskommunikation und Medien – Auf dem Wege zu einem Analphabetismus für gehobene Ansprüche? – Medien-Ethik aus der Sicht der empirischen Journalismus-Forschung – Wissenschaft und Massenmedien – Selbstverständnis und Auftrag der öffentlich-rechtlichen Medien – Ergebnisse der Medienpolitik in den elektronischen Medien – Kommunikationspolitik als Erfolgsfaktor für Unternehmen – Medienfreiheit zwischen Medienverantwortung und Verrechtlichung – Der tolpatschige Riese. Von guten Absichten und bösen Folgen in der Medienwelt – Glanz und Elend der Medienkultur – Die Sinne und die Medien oder: Das Recht am eigenen Bild – Der Untergang des Abendlandes? Kommerzielle und publizistische Aspekte der Medienentwicklung – Presse in der Provinz.
mit Beiträgen von:
W. Bergsdorf, W. v. Bredow, W. Donsbach, R. Flöhl, H. Kelm, H.J. Kleinsteuber, C. Mast, J. Scherer, G. Schmidtchen, O. Schwemmer, B. Sichtermann, S. Weischenberg, G.W. Wittkämper und einem Vorwort von H. Gareis

1990 Parteien und Gesellschaft (Th. Schiller, Ed.)
Aus dem Inhalt:
Parteien und Gesellschaft. Thematische Perspektiven – Parteien, Gesellschaft und Politik im 20. Jahrhundert – „Europäisierung" der amerikanischen Parteien? – Parteien aus dem Nichts. Der Aufbruch in Polen – „Nationalpopulismus". Der

neue Rechtsextremismus – Parteienstaat. Der Staat als Beute? – Versagen die Parteien vor den Zukunftsproblemen? – Bürgerbewegungen, Parteien und Runder Tisch – Das Ende des Provisoriums Bundesrepublik – An den Grenzen der Parteiendemokratie
mit Beiträgen von:
H.H. v. Arnim, Chr. Fenner, B. Guggenberge, C. Leggewie, P. Lösche, H.-J. Puhle, Th. Schiller, U. Thaysen, K. Ziemer und einem Vorwort von H. Gareis

1991 Fortschritt und Gesellschaft (E.-L. Winnacker, Ed.)
Aus dem Inhalt:
Fortschritt und Gesellschaft – Forschung und Fortschritt – Fortschritt und Bewahrung – Evolution als Modell für den Fortschritt – Der Geist, der aus dem Fortschritt kommt – Die Ambivalenz der Modernen. Religiöse Fortschrittskritik und ethische Fortschrittsrationalität – Energie war die Währung der Vergangenheit, Energie ist die Währung der Zukunft. Was können und wollen wir uns dafür kaufen? – Gelöste, ungelöste und unlösbare Probleme. Zu den Bedingungen wissenschaftlichen Fortschritts – Die Kultur fortschreitender Naturerkenntnis – Verantwortung für den technischen Fortschritt – Grenznutzenerfahrungen im Fortschritt
mit Beiträgen von:
W. Gerok, F. W. Graf, B. Guggenberger, P. Janich, H. Lübbe, H. Markl, O. Marquard, H. Mohr, K. Pinkau, D. Rössler, G. Vollmer, E.-L. Winnacker und einem Vorwort von H. Gareis

1992 Psychologie und Gesellschaft (F. Rösler/I. Florin, Eds.)
Aus dem Inhalt:
Psychologie als Wissenschaft – Vom Umgang mit einer komplexen Welt – Über die Ausblendung unerwünschter Informationen – Sprechen lernen und sprechen können – Einprägen und Vergessen – Kinder sind schlauer als manche Pädagogen meinen – Alte Menschen: Pflegefälle, Sündenböcke oder leistungsfähige Mitbürger? – Wenn man vor lauter Angst weglaufen möchte ... – Mehr leisten und sich trotzdem besser fühlen – Wer wird zum Straftäter? – Wahre und falsche Geständnisse
mit Beiträgen von:
M. Amelang, D. Dörner, I. Florin, D. Frey, A.D. Friederici, Th. Hermann, U. Lehr, J. Margraf, F. Rösler, L. v. Rosenstiel, H. Wegener, Fr. Wilkening und einem Vorwort von Hansgeorg Gareis

Die Reihe des Marburger „Forum Philippinum" erscheint seit 1969 in der Wissenschaftlichen Verlagsgesellschaft mbH, Stuttgart, und Umwelt & Medizin Verlagsgesellschaft mbH, Frankfurt, seit 1987 ausschließlich in der Wissenschaftlichen Verlagsgesellschaft mbH, Stuttgart.